本书获得中国社会科学院大学中央高校基本科研业务费优秀博士学位论文出版资助项目经费支持,谨以致谢!

中国社会科学院大学文库
优秀博士学位论文系列
UCASS EXCELLENT
DOCTORAL DISSERTATION

②

杨绛的人格与风格

陈浩文 著

中国社会科学出版社

图书在版编目(CIP)数据

杨绛的人格与风格/陈浩文著．—北京：中国社会科学出版社，2022.7（2022.9重印）

（中国社会科学院大学文库．优秀博士学位论文系列）

ISBN 978-7-5203-9451-2

Ⅰ.①杨… Ⅱ.①陈… Ⅲ.①杨绛(1911-2016)—人物研究 Ⅳ.①K825.6

中国版本图书馆CIP数据核字(2021)第270086号

出 版 人	赵剑英
责任编辑	李金涛
责任校对	臧志晗
责任印制	李寡寡

出　　版	中国社会科学出版社
社　　址	北京鼓楼西大街甲158号
邮　　编	100720
网　　址	http://www.csspw.cn
发 行 部	010-84083685
门 市 部	010-84029450
经　　销	新华书店及其他书店
印　　刷	北京明恒达印务有限公司
装　　订	廊坊市广阳区广增装订厂
版　　次	2022年7月第1版
印　　次	2022年9月第2次印刷
开　　本	710×1000 1/16
印　　张	16
字　　数	223千字
定　　价	98.00元

凡购买中国社会科学出版社图书，如有质量问题请与本社营销中心联系调换

电话：010-84083683

版权所有　侵权必究

中国社会科学院大学文库
优秀博士学位论文系列
编辑委员会

主　任　　张政文　王新清
副主任　　林　维　张　波　张　斌
编　委　　（按姓氏笔画排序）
　　　　　　王　炜　向　征　刘　强　刘文瑞　杜智涛
　　　　　　李　俊　何庆仁　张菀洺　赵　猛　赵一红
　　　　　　皇　娟　徐　明　高海龙

中国社会科学院大学优秀博士学位论文系列

序　　言

呈现在读者面前的这套中国社会科学院大学（以下简称"中国社科大"）优秀博士学位论文集，是专门向社会推介中国社科大优秀博士学位论文而设立的出版资助项目，属于中国社会科学院大学文库的重要组成部分。

中国社科大的前身，是中国社会科学院研究生院。中国社会科学院研究生院成立于1978年，是新中国成立最早的研究生院之一。1981年11月3日，国务院批准中国社会科学院研究生院为首批博士和硕士学位授予单位，共批准了22个博士授权学科和29位博士生导师。截至2020年7月，中国社科大（中国社会科学院研究生院）拥有博士学位一级学科17个、硕士学位一级学科16个，博士学位二级学科108个、硕士学位二级学科114个，还有金融、税务、法律、社会工作、文物与博物馆、工商管理、公共管理、汉语国际教育等8个硕士专业学位授权点，共有博士生导师757名、硕士生导师1132名。40多年来共授予科学学位硕士7612人、博士6268人，专业硕士学位6714人。

为鼓励博士研究生潜心治学，作出优秀的科研成果，中国社会科学院研究生院自2004年开始评选优秀博士学位论文。学校为此专门制定了《优秀博士学位论文评选暂行办法》，设置了严格的评选程序。秉持"宁缺勿滥"的原则，从每年答辩的数百篇博士学位论文中，评选不超过10篇的论文予以表彰奖励。这些优秀博士学位论文有以下共同特点：一是选题为本学科前沿，有重要理论意义和实践价值；二是理论观点正确，理论或方法有创新，研究成果处于国内领先水平，具有较好的社会效益或应用价值与前景；三是资料翔实，逻辑严谨，文字流畅，表达确当，无学术不端行为。

《易·乾》曰："君子学以聚之，问以辩之。"学术研究要"求真求实求新"。博士研究生已经跨入学术研究的殿堂，是学术研究的生力军，是高水平专家学者的"预备队"，理应按照党和国家的要求，立志为人民做学问，为国家、社会的进步出成果，为建设中国特色社会主义的学术体系、学科体系和话语体系做贡献。

习近平总书记教导我们：学习和研究"要求真，求真学问，练真本领。'玉不琢，不成器；人不学，不知道'。学习就必须求真学问，求真理、悟道理、明事理，不能满足于碎片化的信息、快餐化的知识"。按照习近平总书记的要求，中国社科大研究生的学习和学术研究应该做到以下三点。第一，要实实在在地学习。这里的"学习"不仅是听课，读书，还包括"随时随地的思和想，随时随地的见习，随时随地的体验，随时随地的反省"（南怀瑾先生语）。第二，要读好书，学真知识。即所谓"有益身心书常读，无益成长事莫为"。现在社会上、网络上的"知识"鱼龙混杂，读书、学习一定要有辨别力，要读好书，学真知识。第三，研究问题要真，出成果要实在。不要说假话，说空话，说没用的话。

要想做出实实在在的学术成果，首先要选择真问题进行研究。这里的真问题是指那些为推动国家进步、社会发展、人类文明需要解决的问题，而不是没有理论意义和实践价值的问题，也不是别人已经解决了的问题。其次，论述问题的依据要实在。论证观点依靠的事例、数据、观点是客观存在的，是自己考据清楚的，不能是虚假的，也不能是自以为是的。再次，要作出新结论。这里说的新结论，是超越前人的。别人已经得出的结论，不能作为研究成果的结论；对解决问题没有意义的结论，也不必在成果中提出。要依靠自己的独立思考和研究，从"心"得出结论。做到"我书写我心，我说比人新，我论体现真"。

我希望中国社科大的研究生立志高远，脚踏实地，以优异的学习成绩和学术成果"为国争光、为民造福"。这也是出版本优秀博士学位论文集的初衷。

王利清

2021 年 12 月 9 日

序

我很少给人写序。熟悉我的人都知道,我有一个"三不政策":不申报课题,不主动参加评奖,不给人写序。所以,有朋友来请序,我总是鼓励他自己写。"文章千古事,得失寸心知",自己研究和创作上的甘苦,只有自己最清楚。既然如此,就用不着曲里拐弯,舍近求远,假手于人。与其请别人来说一通言不及义的话,还不如径直自报家门,从实招来,向读者说几句很切实、很贴心的话。

然而,给自己的博士生写序,当不受这"三不政策"的拘限。因为,在三四年的时间里,导师和学生一起学习,对他的个性和能力,也就比较了解。尤其是进入博士论文的写作阶段,从最初的商量和确定选题,到最后一字一句地修改定稿,师生之间,密切合作,反复交流,共同经历了春种秋收的全过程。这样,由导师来给学生即将出版的博士论文写序,似乎也是合适的。

关于当代文学专业的博士论文撰写,我有这样一个看法,那就是,与其在较短的时间里匆促地研究宏观性的问题,不如从容地研究一些比较微观的问题。也就是说,与其泛泛地研究涉及面很宽广的现象,不如细细地研究具体的作家。因为,研究具体的作家,不仅可以培养学生文学上的感受力、鉴赏力和批评能力——对当代文学的研究者来讲,这些能力至关重要;而且,还有助于拓宽学生的文化视野和文学视野,甚至有助于丰富他们的人生经验,提高他们对人生的理解。因为,一个重要的值得研究的当代作家,不仅是一个文学成就很高的人，还是一个关联度极高的人——一个与生活和文学有着广泛关联的人。在他的文学经验和文本世界里，你可以看见他的精神成长史，可以看见特殊时代的面影，可以看见一张他接受古今中外文学影响的关系图。这样，通过一个作家，你看到了一个世界。汪曾祺、杨绛、宗璞、路遥、史铁生和王小波都属于值得在博士论文中研究的当代作家。

杨绛是一个文化身份复杂的作家。她是学者、翻译家和作家；就作家身份来看，她是散文家、小说家，还是戏剧家。她的文学成就，是中国当代文学宝库中一份特殊而珍贵的财富。她的作品显示着一种幽默而尖锐、淡然而坚正的精神气质。她的语言朴素而又俊逸，克制而又通脱，平易而又典雅，骎骎然臻于炉火纯青之境界。比较起来，钱锺书的语言，妙譬迭出，妙趣横生，引经据典，汪洋恣肆，非好学深思者不能悉其意，不能知其美；杨绛的语言，大都清白如话，很少比譬，也很少用典，即或用之，也与上下语境水乳交融，无间然矣，使人一望而知其意。故，钱锺书之文章可赏而不可学，杨绛之文章可赏亦可学。她的《干校六记》等作品，大可以成为青年作家学习汉语写作的典范。

杨绛的人格，也是卓特而不俗的。在关键时候，她甚至显得比男性还要冷静和镇定。20世纪80年代中期，钱锺书欣赏一位写实文学作家，便手书"铁肩担道义，辣手著文章"送给他。未几，风云突变，这位写实作家运交华盖，一夕之间，成了众矢之的。钱锺书有些紧张和慌乱，就请在他与那位作家之间奔走的文学所晚辈来，在客厅里商量对策。只见杨绛从室内走出来，抗声说道："送就送了，我们不怕。"钱锺书得此鼓励，也镇定了下来，跟着说道："对，送就送了，我们不怕。"显然，假如没有杨绛的陪伴和守护，那么，无论在海水群飞、淞滨鱼烂的战争年代，还是在四海翻腾、五洲震荡的时代，钱锺书恐怕都很难熬过来。

陈浩文博士论文的题目，是《杨绛的人格与风格》。单看这题目，就可以看见她论文写作的目的和主题。就纵向的维度看，她从创作流变的角度，考察了杨绛文学创作的发展史；就横向的维度看，她从女性叙事、女性形象、主体间性思维、文学研究与文学翻译、创作与学术的关系、文学风格等方面，系统而深入地研究了杨绛的文学活动和文学成就。在"杨绛的意义"一节中，浩文这样写道："从杨绛的文学成绩来看，她未必能够跻身伟大作家之列。但是她的为人与为文，对今天的知识分子、作家乃至普通读者而言，都有值得追慕借鉴之处。对于知识分子而言，20世纪90年代之后，知识分子精神的群体性失落造成的身份边缘化和价值虚无化，是当代人文领域一直在讨论并试图解决的问题。杨绛作为经历了百年历史风云的知识分子，在面对各种各样的人性困境时做出的选择，足以成为当今知识分子的精神榜样；对于普通读者而言，杨绛对事业和婚姻的处理方式，可以为现代女性提供一些经营婚姻和事业的经验；对于主要以汉语写作的作家群体而言，杨绛作品中的精神广度和汉语纯粹性，可以唤起他们对于某些古典人文价值的记忆。乔治·斯坦纳说：'伟大的文学充满了优雅世俗之人在经验中获得的东西，充满了他可支配的经验真实的大量成果。'杨绛也许未可用'伟大'来评价，但她的作品提供给人们的真实经验，在今天受到越来越多人的关注，证明了杨绛的确是一个有人文价值的'优雅世俗之人'。"这样的评价，无疑是建立在扎实研究之上的妥实之论。由此一段文字，亦可察见浩文思致和行文的特点：切实而有情味。

2021年6月，浩文求职，某大学来公函，要我对自己的学生做个评价，供他们参考。我认认真真地完成了他们布置的作业。其中的几段话，是这样写的：

> 陈浩文性格温和，踏实认真。热情、真诚和善良是她身上最突出的品质。她谦虚，低调，自抑，几乎能与任何人和谐地相处，也能与任何人愉快地合作。她做起事来，非常用心，从不马虎和敷衍。她很善于与人沟通，具有当教师的素质和能力。

陈浩文读书很用功，也很用心，同时，又有极好的悟性。对老师的指导和提点，她不仅能心领神会，而且还能举一反三，多有自己的体悟和心得。所以，从研究生阶段开始，她就显示出较高的学术热情和较好的研究能力，在多家核心期刊发表了多篇论文。

陈浩文的博士论文是《杨绛的人格与风格》。这个题目看似容易，实则很有难度。陈浩文在大量阅读和占有资料的基础上，用人文互证的研究方法（以人证文，以文证人），通过细致的文本解读，妥实的人格分析，将杨绛研究推向深入，提供了新的学术成果。她的博士论文获得了专家和答辩委员会的一致好评，也获得了中国社会科学院研究生院2019年度优秀博士论文奖以及出版资助，将在中国社会科学出版社出版；其中的一个章节，则被安排在2020年第4期《文学评论》的头条位置发表。

由于以上原因，我愿意推荐她到贵校从事教育工作，也相信她在教学和科研两方面都能胜任。

老师评价自己的学生，难免会有一点儿私爱，所以，略有过誉，恐亦难免。但是，我的结论，大体上是根据自己的观察和印象得出来的，因而，大体上是不谬的。大家如若有证实的兴趣，不妨亲自了解一下浩文的为人，也请顺便翻一翻她的这本研究杨绛的著作。

李建军

2021年7月14日于北京

目　　录

绪　论 ………………………………………………………………（1）

第一章　杨绛研究现状和启示 …………………………………（9）

第二章　杨绛的文化人格 ………………………………………（30）
　　第一节　杨绛与西风东渐下的中国学术 ……………………（33）
　　第二节　杨绛与"京派"文化精神 ……………………………（42）
　　第三节　"含忍"与"自由"：杨绛的生存哲学 ………………（48）
　　第四节　"隐身衣"：杨绛的审美人生 ………………………（55）

第三章　杨绛的性别身份建构 …………………………………（64）
　　第一节　女性独立：从男性想象到自我言说 ………………（65）
　　第二节　突围与困境：悲剧《风絮》的女性叙事 ……………（75）
　　第三节　杨绛文学创作中的女性形象 ………………………（90）
　　第四节　对话与超越：杨绛的主体间性思维 ………………（108）

第四章　杨绛的文学研究与翻译 ………………………………（126）
　　第一节　中西互证的文学研究 ………………………………（126）
　　第二节　杨绛的翻译理念与翻译策略 ………………………（137）

第五章　杨绛创作与学术之关系 ………………………………（150）
　　第一节　"文学学者"：学术思维对杨绛创作的影响 ………（151）

第二节 "文""学"互动:杨绛的小说研究与创作 …………（156）

第六章 杨绛的文学风格 …………………………………（173）
  第一节 宽厚:摹写人性的尺度……………………………（176）
  第二节 节制:理智与情感的张力…………………………（188）
  第三节 中和:文质相谐的美学形态………………………（203）

结语 杨绛的意义 ………………………………………（213）

参考文献 ………………………………………………（222）

后　记 …………………………………………………（236）

绪　　论

进入杨绛研究之前，首先需要明确的一点就是杨绛身份的多重性。作为中国现代历史上的文化名人，杨绛不单纯是一个作家，同时也是学者和翻译家，更是现代独立女性中完美地兼顾了事业和婚姻家庭的典范。与许多在时代浪潮中沉浮挣扎的风流人物相比，杨绛无疑是稳健的。在跨越民国和共和国两段历史的百年岁月中，她的文学活动从未长时间中断。尽管长期以来，她的名字总是与钱锺书相伴出现，甚至在大众舆论视野中，钱锺书夫人这一身份比杨绛的作家、学者和翻译家身份更让人感兴趣，但是杨绛在文学创作、研究和翻译上精进不止、老而弥坚的精神，以及她在个人生活、事业和时代转换之间的过人智慧，都说明杨绛是一个兼具文学史意义和文化意义的女性学者作家。

在文学创作方面，自1933年在《大公报·文艺副刊》上发表处女作《收脚印》到2014年在人民文学出版社出版小说《洗澡之后》为止，杨绛（1911—2016）的写作生涯算起来有80多年的时间，主要作品包括：散文《干校六记》（1981）、《丙午丁未年纪事》（1986）、《将饮茶》（1987）、《杂忆与杂写》（1992）、《我们仨》（2003）、《走到人生边上——自问自答》（2007），小说《倒影集》（1981）、《洗澡》（1988）、《洗澡之后》（2014），戏剧《称心如意》（1944）、《弄真成假》（1945）、《风絮》（1947）。

在文学研究和翻译方面，杨绛在20世纪50年代之后，一度放下了文学创作，转入外国文学研究和翻译的领域。杨绛在20世纪

50—80年代之间的文学研究成果被收入《春泥集》(1979)和《关于小说》(1986)两部论文集中。杨绛的译著，除了20世纪30年代的《共产主义是不可避免的吗?》、1948年翻译的《1939年以来英国散文作品》和1999年完成的《斐多》之外，其他都是小说翻译作品，如《堂吉诃德》(1978)、《吉尔·布拉斯》(1956)、《小癞子》(1950)等。

从杨绛的文学接受史来看，她在中国现当代文学史上经历了一个成名—沉寂—重新被发现的过程。在民国时期，杨绛主要因为戏剧创作而为人所知，在之后的几十年内，她基本处于文坛边缘地位，甚至难以进入文学史的叙述话语之中。究其原因，大约有以下几点。

第一，就文学创作而言，尽管杨绛在散文、小说、戏剧等领域都有涉猎，且都曾引起过不小的反响，但是与职业作家的创作成绩相比较，杨绛一生的文学作品并不算太多。王德威曾感慨杨绛"学识素养并不下于钱……可惜作品嫌少，否则足以与张爱玲相提并论"[1]。

第二，作为身处学院象牙塔的文学学者，杨绛的工作和生活范围始终没有溢出知识分子圈和小家庭成员之间的日常交往。她不像现代主流文学史上许多职业作家，有目的地深入社会各界进行观察；也不像当代文学史上的许多青年作家，因为时代因素辗转于城市与农村之间，获得切身的生活体验。尽管杨绛自认为"生平做过各种职业"，但这些职业基本上不是教师就是科研人员。这些外在因素限制了杨绛文学创作的题材。

第三，杨绛一生的重心大部分时候放在了家庭生活上。20世纪30年代刚刚踏入文坛之时，杨绛就开始了与钱锺书的婚姻，并随夫出国游学。在欧洲游学期间，杨绛生活中的几件大事无非读书、生子与照顾钱锺书而已。20世纪40年代杨绛凭借几部喜剧获得上海文

---

[1] 王德威：《小说中国：晚清到当代的中文小说》，麦田出版社1993年版，第314页。

艺界的关注时，又自愿做了"灶下婢"①，承担起所有的家庭事务，以支持钱锺书完成小说《围城》。杨绛真正能够心无旁骛进行文学创作的时候，已经是古稀之龄了。老年作家的文学创作，在人生阅历、思想境界、艺术风格等方面当然有青年作家难以比拟的成熟，但由于老年作家的个性思想早已定型，兼之老年人创作生命力早已不在鼎盛时期，写作多少会出现气力不逮的情况。

第四，杨绛的写作始终与时代主流保持着距离。杨绛最初引起文坛关注的是20世纪40年代两部喜剧作品《称心如意》和《弄真成假》。在一个救亡成为主题的年代，杨绛的创作反映的却是上海普通市民的世态人情和婚恋问题。新时期以来，随着思想解放运动的展开和文学氛围的渐趋正常，伤痕文学、反思文学、先锋文学和寻根文学先后引领当代文学潮流。声嘶力竭的控诉、痛彻心扉的感悟、张扬的自我以及充满精英主义和青春叛逆意味的形式实验，构成了整个新时期以来文学的基调。杨绛的《干校六记》却以一种温婉的笔调表现了艰苦条件下的生活情趣。《洗澡》则用一种幽默、反讽的叙述口吻描写了一群性格上充满缺陷的知识分子。20世纪90年代以来，当中国进入消费主义时代，在某种价值虚无的危机弥漫之际，在知识分子精神受到大范围的质疑和嘲谑之时，杨绛反而通过《我们仨》《走到人生边上》等作品，塑造了一个具有高度精神价值的知识分子家庭形象和自我形象。

以上种种原因，都可解释为何杨绛长期处于文学史书写的边缘地带。知识分子作家的"边缘"状态常常意味着一种逆流姿态，一种打破惯常逻辑的思维模式和"有能力持续地揭穿、粉碎那些刻板印象"②的新鲜感受。在杨绛这里，"边缘"状态甚至是一种自觉的选择：它使得杨绛不必卷入各种主义和潮流之中，在保有自我的同

---

① 杨绛：《杨绛全集》卷2，人民文学出版社2014年版，第172页。
② [美]爱德华·W.萨义德：《知识分子论》，单德兴译，生活·读书·新知三联书店2002年版，第24页。

时能够以局外人的眼光对世事做出清醒的判断——毕竟，当"主体性"变成一种潮流的时候，主体在某种意义上也有可能消失在集体无意识中。因此，尽管杨绛在晚年接受《文汇报·笔会》的采访时，强调过自己的写作"从未刻意回避过大家所熟悉的'现代气息'"①，但杨绛的精神向度在事实上造成了作品与时代不自觉的疏离。这种疏离使杨绛成了一个"风格"型的作家——她自成一派的文学观念、文学语言和精神气质都足以让人去想象现代汉语白话文学史发展脉络中的另一种可能性。

这种可能性意味着中国古典文学传统与现代文学之间的连接，也意味着中国当代文学的世界性。与"十七年"文学相比，20 世纪 80 年代中国文学的生态环境发生了巨大的变革。对"主体性"问题的讨论，对文学审美意识形态的标举，使文学得以回到文学本身。而文学史书写范式的转变，对"五四"以来中国现代文学史的反思，则使那些长期以来遮蔽在主流文学史话语之下的"边缘"作家得以浮出历史地表。加之，随着全球化时代的到来，中西文化新一轮的碰撞带来了新的挑战。面对西方文化的冲击，现代中国如何在保证民族文化独立性的同时，参与全球化的进程之中，实现与西方平等对话，成了亟待解决的问题。在文学领域内，发现具有民族意义和世界意义的作家，从文化层面而言，是可以促进中国与西方的交流的。

然而，诚如一些论者所言，在 1949 年以后或者说"当代"成长起来的作家，"大多缺乏全球化的国际视野，传统文化的根基也只是成长年代表层的记忆"②。与"五四"前后一批幼承庭训，既有扎实的国学根基，又受到西学洗礼的作家相比，这些新生代作家没有足够的视野和能力去承担起新时代的文化使命，也没有同样的文学修

---

① 杨绛：《杨绛全集》卷 4，人民文学出版社 2014 年版，第 346 页。
② ［美］陈瑞琳：《涛声依旧：来自两个世纪的回响！——鸟瞰当代"海外新移民文学"的时空坐标》，《世界文学评论》2011 年第 1 期。

养能够推动新时代文学达到理想的高度。在这样一个传统式微、大师远逝的年代,杨绛被重新发现,几乎是历史的必然。

20世纪90年代后,中国消费主义盛行下出现的"怀旧"文化,在一定程度上也成了杨绛进入大众视野的推手。书香门第的出身,与钱锺书一生相伴、不离不弃的婚姻关系,清华和牛津的学习经历,才学兼备的现代女性知识分子身份,任何一样拿出来都足以刺激大众对文化黄金时代的追慕,使人们通过杨绛文学生活和日常生活的光晕,来"稳定自身的心灵平衡、重新寻得某种灵魂归宿感"[①]。

从新时期以来对杨绛的研究和接受过程看,杨绛的重新"被发现"和"被阐释",包含了一种当代中国学人在多元文化格局之下,确立文化身份的诉求。自清末民初以来,中国历史在现代化进程中遭遇了传统与现代、中国与西方几种不同文化的冲突碰撞。在这个过程中,中国现代知识分子的身份同样面临前所未有的断裂和重建,"五四"新文学运动以及新时期以来的林林总总的文学实验,都在不同层面上反映了现代知识分子个体自我在时代变动之中的价值焦虑。

杨绛的文学活动,正是因其成熟的观念和风格,因其明晰独立的人文品格,成为中国现当代文学史上不可忽视的文学现象。这意味着在解读杨绛的时候,不能将她单纯视为一个作家,就创作谈创作,就文本谈文本。由于杨绛本人及其文学活动自身特殊的历史性和文化性,只有回到具体的历史情境之中,才能理解杨绛提供的文本如何得以发生;而同时也只有通过对文本的解码,才能理解文本自身所包含的"事件"与"情境"。正如萨义德在20世纪面对欧美文本中心主义泛滥的批评现象时强调的那样,"文学是由人类在时间之内并在社会之中所生产出来的,人类本身又是他们实际历史的中介者,以及颇有几分独立性的历史参与者"[②]。谈论杨绛,需要将她

[①] 赵静蓉:《怀旧——永恒的文化乡愁》,商务印书馆2009年版,第306页。
[②] [美]萨义德:《世界·文本·批评家》,李自修译,生活·读书·新知三联书店2009年版,第273页。

提供的文本视为发生在复杂文化冲突与交流之下的话语系统，去考察文本发生的历史文化语境，考察她的文学创作对古今中外不同思想资源的统摄，考察她的创作与女性身份、学术及翻译活动之间的内在关联，考察她提供的文本中所呈现的精神内涵、艺术风貌之于整个当代中国文学文化的意义。

在这个前提下，本书试图从以下几个部分完成论述。

第一章集中讨论到目前为止海内外杨绛研究的基本状况。

第二章试图从历史、伦理和个人经历三个层面来阐述杨绛所处的历史文化语境，即杨绛文学观念、创作动机、心理图式、叙事态度和策略等形成过程中所面对的文化资源、时代环境、社会价值观念及主流思维方式等，把握杨绛的文化人格与现代中国社会风气、学术思潮和文学流脉之间的联系。杨绛虽然被视为一个"当代"作家，对她的文学史分期一般是划分到新时期之后，但不可否认，杨绛的精神根源、知识积累和人文修养，形成且大体成熟于1949年之前。通过对清末民初以来西风东渐下的中国教育与学术环境、杨绛与京派之间的联系等问题的梳理，考察杨绛在不同时期文学与人生观念的发展，可以对她文化人格的构成做出更为全面的阐释。

第三章选取的阐释视角是杨绛的"女性"身份。作为女性知识分子，杨绛在文学史上很多时候是被"去性别化"的。这里"去性别化"的意思不是说将杨绛等同于男性作家，而是说很少有研究者从女性主义的角度对杨绛进行阐释。然而，作为一个会通中西，在文坛上的声名不下于丈夫钱锺书的独立女性知识分子，杨绛在何种程度上实现了女性的自我言说，她的叙事反映了一个现代女性怎样的精神世界，她的家庭婚姻生活反映了中国现代化进程中新文化与旧传统什么样的碰撞纠葛，都是值得深入思考的问题。从杨绛的"女性"身份入手，考察她对两性关系的文学表达以及对女性世界的描摹和观感，是探讨杨绛面对传统与现代的文化心态的必要路径，也是对杨绛文化人格的一种补充。

第四章和第五章着重考察杨绛"学者"身份和"作家"身份之

间的关系。作为文学学者，近代中国西风东渐的文化气氛，在杨绛这里最直接的呈现就是她的文学研究和翻译活动。第四章将重心放在对杨绛文学研究的学术理路、翻译理念及方法的梳理，意在考察杨绛对中西文化的"会通"程度。

在"传统"与"现代"，"中国"与"西方"的文化坐标之上，第五章试图进一步从"互文性"的角度，考察不同的文学文化传统对杨绛创作的影响。杨绛身为学者作家的特点在于，她的阅读兴趣和专业背景，深深地渗透到了自身的文学创作之中。杨绛的文学创作世界，很大程度上也是学养的具化和感性呈现。这一部分的重心，就是考察不同的文学文化资源如何在杨绛的创作中得以统摄、重构，并影响杨绛文学创作在结构形式上的呈现。

在通过语言符号编织起来的文本世界中，文学所处理的是和现实生活、和人的心灵相关的经验。卡西尔认为，艺术揭示的是生命本身的一种动态灵魂运动。作为一种审美形式，人类的情感由此可转变为一种自由而积极的状态。在艺术家的作品中，"情感本身的力量已经成为一种构成力量（formative power）"[①]；在文学创作中，作家的情感、人格、审美趣味、道德姿态，同样也是一种"构成力量"。徐复观在谈论孔子的"为人生而艺术"音乐观时指出："由孔子所传承、发展的'为人生而艺术'的音乐，决不曾否定作为艺术本性的美，而是要求美与善的统一，并且在其最高境界中，得到自然的统一；而在此自然的统一中，仁与乐是相得益彰的。但这并不是仅由艺术的本身即可以达到的。……艺术是人生重要修养手段之一；而艺术最高境界的达到，却又有待于人格自身的不断完成。"[②]也就是说，文学艺术的根本问题，不仅仅是作家、艺术家的某种伦理的或政治的观念表达，而是一个感性形式的世界如何在作家或艺

[①] ［德］恩斯特·卡西尔：《人论》，甘阳译，上海译文出版社2004年版，第206页。

[②] 徐复观：《徐复观文集·中国艺术精神》（修订本），湖北人民出版社2009年版，第26页。

术家的自我完成的过程中得以呈现。这个感性形式的世界所能唤起的生活经验和生命真实的程度，有赖于作家主体"构成力量"的强度。

因此，本书在考察"文"与"学"互动基础上的杨绛创作的艺术特征之后，需要进一步讨论杨绛的创作精神和审美趣味。由于文学本质上是一种审美活动，创作风格倾向、审美情感和趣味等因素都是构成作家主体精神的重要组成部分。在杨绛的一生中，写作始终是一种个人行为，写作就是"写心"。如柏格森所言，"艺术的目的，总是在于个性的东西。画家画在画布上的，总是他在某一个地点、某一天、某一个小时所看到过的东西，他所用的色彩也是人们永远不会再看到的。诗人所歌唱的也总是他自己、仅仅他自己的某一种独特的心境，一种一去不复返的心境"[①]。杨绛对创作所秉持的"随遇而作"、率性而为的个人立场，以及对人生真相的理性探求、对人性缺陷的反思，都是作家主体人格的外化和延展。对杨绛的创作精神与审美趣味进行分析，是在前面几章的基础上对杨绛的为人与为文进行深化理解，并在最后一章延伸到对杨绛之于中国当代文学与文化发展意义的整体性思考。

[①] ［法］亨利·伯格森：《笑之研究》，载伍蠡甫主编《西方文论选》下卷，上海译文出版社1979年版，第280—281页。

第 一 章

杨绛研究现状和启示

学界对杨绛的关注度和杨绛的创作情况密切相关。杨绛最早进入学界批评视野，可以追溯到1937年的《文学杂志》创刊号。当时杨绛是随夫留学英国的文坛新人，陆续有几篇小说和散文发表。其中，散文《阴》就引起了朱光潜的注意。而杨绛真正名声大振，受到更多评论家关注，则是在20世纪40年代定居于上海的沦陷区时期。这一阶段，杨绛集中创作了《称心如意》《弄真成假》等喜剧，在上海文艺界引起轰动。但当时关注杨绛的批评家仅限于在上海沦陷区工作的李健吾、孟度、董乐山等人。

20世纪50—70年代，由于时代限制，杨绛的文学创作一度中断，从创作转入专业翻译与外国文学研究领域。批评界对杨绛的关注度也随之降低。20世纪80年代，杨绛重拾创作事业，进入文学创作的井喷期，学界对杨绛的关注和批评开始恢复，与其相关的学术论文也逐渐增加。从单一的文本解读、鉴赏和批评，到后来对杨绛文学创作的题材、艺术特征、创作风格到文学流派、精神向度等方面的研究，讨论的范围、层次和深度都有所拓展。

不过，杨绛真正成为学术研究热点，是她去世的前后几年。这一时期，以杨绛为研究对象的论文数量呈现出爆发式增长，形成了一个研究高潮。从知网上所获得的信息来看，在1996年之前，与杨绛有关的评论类和研究类的文章每年不超过10篇；在1996年至2010

年之间逐年递增，但数量每年在百篇之内；2013—2017 年，以杨绛为主题的文章每年超过 200 篇。

到目前为止，能够查找到的、已出版的杨绛研究专著共有两部：一是于慈江在其博士论文基础上修订而成的《杨绛，走在小说边上》，二是火源的《智慧的张力：从哲学到风格——关于杨绛的多向度思考》。除此之外，笔者通过各渠道查找到的与杨绛研究相关的学位论文超过了 130 篇。其中，来自港台的硕士论文除于慈江博士论文中已提及的姚金维、叶含氤、陈佳盈、张嘉文等人的成果外，还包括王建宇《晚境风华——杨绛散文的美感研究》（台湾清华大学，2015）。来自海外的博士论文包括法国巴黎国立东方语言与文明研究所的刘梅竹博士的《杨绛笔下的知识分子人物》，和美国明尼苏达大学的杰西·菲尔德的《写作生涯在中国：以杨绛为例》（Writing Lives in China: the Case of Yang Jiang）。中国内地高校共有两篇博士论文，皆出自北师大，作者分别是于慈江和吕亚兰（笔名吕约），后者的博士论文是迄今为止第一部对杨绛进行总体性研究的博士论文成果。

刘梅竹《杨绛笔下的知识分子人物》是目前有据可查的第一部杨绛研究博士论文，对中国学者如于慈江的杨绛研究产生过比较重要的影响。

于慈江的《杨绛，走在小说边上》是中国第一部杨绛研究专著，也是第一部对杨绛的文学写译实践进行讨论的学术成果。这在杨绛研究领域中，可以说是具有开拓意义的。于慈江的这部专著特点在于，问题切入点小，但能以小见大。虽然作者讨论的只是杨绛小说写译方面的问题，但是在论证过程中，以文本细读、文献钩沉、比较研究等方式对杨绛文学创作、研究和翻译之间的关系进行比较深刻的解读。其次，作者在著作中对杨绛学术研究成果和文学作品初始版本的考据、对海外研究第一手资料的掌握都极大地丰富了杨绛研究的视野。不过，由于于慈江的论文仅限于对杨绛小说方面问题的探讨，而未能深入到杨绛的戏剧、散文创作等领域，因此，于慈江的研究虽说精深，但不能算全面①。

吕亚兰的《杨绛论》是迄今为止第一部专门针对杨绛的文学创作进行全面研究的博士论文。该论文侧重于文本的审美研究和历史研究。作者将杨绛的文学创作按文体进行分类，从戏剧创作、小说创作和散文创作三个方面对杨绛的作品进行文本细读，在考察杨绛不同历史时期、不同体裁中的主要文本的艺术表现形式和审美特征的基础上，总括性地论述杨绛在语体、结构等方面的风格。吕亚兰这部博士论文的特点在于，能够将文学的"内部研究"和"外部研究"有效地结合起来，发现杨绛文学创作中"修辞"与"修身"、"风格"与"人格"之间的关系。但是，由于作者的文本中心观念，将杨绛等同于一个职业作家，而忽略了她的学者与翻译家身份，以至于在考察杨绛文学创作与文学史传统之间的关系时，忽略了她的学术与创作之间的互动关系，并且在对杨绛与同时代作家之间的比较研究方面也比较欠缺②。

火源的杨绛研究则从杨绛的哲学观、心理特征、艺术特点、文学风格以及杨绛与京派文学、上海沦陷区文学、新时期文学之间的联系等方面，对杨绛进行了全面而立体的考察。与吕亚兰注重文本中心，通过对文本的爬梳来获取杨绛与历史传统关联的研究路径相比，火源的研究思路更为宏观些。他侧重的是杨绛创作与生活、创作与时代之间的互动，在宏观研究的大框架下对杨绛的具体作品进行具体分析，对作家主体进行了多层面多向度的拓展研究。不过，火源的研究同样存在对杨绛身份单一化，忽略杨绛学术研究和翻译活动的问题③。

杰西·菲尔德的杨绛研究具有很强的历史意识。作者以杨绛的文学活动时间为线索，对杨绛的文学批评、短篇小说、长篇小说、

---

① 于慈江：《杨绛，走在小说边上》，世界图书北京出版公司 2014 年版。
② 吕亚兰：《杨绛论》，博士学位论文，北京师范大学，2014 年。
③ 火源：《智慧的张力：从哲学到风格——关于杨绛的多向度思考》，中国文联出版社 2016 年版。

散文等新时期以来的写作进行了文本与历史的互证。杰西·菲尔德的研究思路是由内而外的，首先从杨绛文学创作的情感表达形式、与中国古典诗学传统的衔接，以及具体的修辞特征等方面对文本进行细读。在这一前提下，作者将杨绛放在中国人文主义思潮起落的历史背景中，去考察历史在杨绛文学活动中的作用，并试图揭示这样一个现代中国作家的内心生活和精神气质。杰西·菲尔德认为，杨绛的意义在于，她对明末清初知识分子话语的浓厚兴趣，在"个人叙事"中揭示"人文精神"，使她能够像周作人一样，塑造一种现代性的另类传统，一种回避主流的传统①。

杰西·菲尔德的论述角度是近年来海外杨绛研究中的一种典型视角。如果说国内的杨绛研究试图从杨绛的文本中发现一种与古典文学血脉相连的现代文学传统，并塑造一个具有世界文学意义的中国作家形象，那么，海外杨绛研究则对杨绛的写作与现代中国的历史、政治状况之间的关系更感兴趣。这些海外研究者将作家主体作为历史主体进行文化考察的研究思路，给中国的杨绛研究提供了一个想象和叙述中国现当代文学史的不同方式。

海外的杨绛研究，近年来比较重要的研究成果，还有 2010 年加拿大大不列颠哥伦比亚大学亚洲研究系举办的"钱锺书和杨绛：百年透视"国际研讨会论文集《中国的文学世界主义者：钱锺书、杨绛和文学世界》。② 在这部论文集中，艾米·杜琳（Amy D. Dooling）的《杨绛的战时喜剧——严肃的婚姻交易》（Yang Jiang's Wartime Comedies; Or, The Serious Business of Marriage）、梅朱迪（Judith M. Amory）的《杨绛小说中的自欺与自知》（Self-Deception and Self-Knowledge in Yang Jiang's Fiction）、罗鹏（Carlos Rojas）的《如何以言行事：杨绛和翻译的政治》（How to Do Things with Words: Yang

---

① Jesse L. Field, *Writing Lives in China: the Case of Yang Jiang*, ph. D. dissertation, UMN, 2012.

② Christopher Rea ed., *China's Literary Cosmopolitans: Qian Zhongshu, Yang Jiang, and the World of Letters*, Boston: Brill., 2015.

Jiang and the Politics of Translation)、温迪·拉森（Wendy Larson）的《低调的乐趣：杨绛与中国革命文化》（The Pleasure of Lying Low: Yang Jiang and Chinese Revolutionary Culture）、雷勤风（Christopher Rea）的《制度心态：钱锺书、杨绛论婚姻与学院》（The Institutional Mindset: Qian Zhongshu and Yang Jiang on Marriage and the Academy）、杰西·菲尔德（Jesse Field）的《"我一个人思念我们仨"：杨绛的新知交》（"All Alone, I Think Back on We Three": Yang Jiang's New Intimate Public）等论文从不同角度拓宽了杨绛研究的思路和方法。余承法认为，该论文集的意义在于，它重新定义了钱锺书和杨绛在世界文学范围内的地位和贡献，也是英语世界中第一次比较完整地对杨绛的作品进行的研究，这将推动"杨绛作品在世界范围内的译介和传播"[①]，也有益于中西方学界在钱锺书和杨绛研究上的交流互动。

20世纪80年代以来，中国学界对杨绛的关注，则主要集中在以下几个方面。

一是作为历史的亲历者，杨绛在20世纪70年代以后的记忆书写所展现出来的视角、姿态和叙事风格。

新时期以来，杨绛以政治运动为背景的作品主要有散文《干校六记》《丙午丁未年纪事》和小说《洗澡》。在读者中反响最大的是《干校六记》和《洗澡》。学界关注最多的也是这两部作品。

就《干校六记》而言，在整个新时期初充斥着"伤痕文学"和"反思文学"的大环境下，杨绛这部散文集以其日常性细节和朴素的风格为读者展示了历史的侧面。作为《干校六记》最早的读者之一，敏泽给予这部散文集极高的赞誉。他认为，《干校六记》就其历史性而言，一能使亲身经历过干校生活的人们在阅读中找到自己的记忆，二能使年轻人从中获得历史的启迪。杨绛细微的观察能力和精湛的

[①] 余承法：《文学世界主义研究的最新力作——〈中国的文学世界主义者：钱锺书、杨绛和文学世界〉述评》，《当代作家评论》2016年第2期。

艺术修养，使"她善于在冷酷的现实中发现诗意"①，这是《干校六记》在叙事风格上淡远优雅的原因之一。在思想内涵上，《干校六记》的"幽默感"和乐观精神，又能使读者看到在特殊环境下老一辈知识分子从不放弃自我的高尚情操。

《干校六记》的早期读者对这部散文集的评价为后来的批评者奠定了一个基调。但凡谈到《干校六记》的叙事风格，总离不开它的冷静与节制。张晓东借新批评派"反讽"的概念与中国古诗文中的"缘情"批评进行比较，对《干校六记》重新进行了解读。"反讽"，就是基于语境压力"克制陈述"。张晓东认为，杨绛在这部散文集中最平静之处，往往是作者承受现实重大折磨之处，体现的是"一言难尽的至情至性"。而散文中的"我们感"，是杨绛的散文呈现出节制风格的关键。这种基于集体的情感体验，使杨绛得以克制在特殊年代中的感时忧愤，将"喜"与"悲"、理智与迷狂等相互冲突的部分相抵消，达到艺术上的"圆融完整、对立统一"②。

在比较的语境中，将杨绛的这部散文集与同时代其他作家的历史叙事相对照，考察不同作家之间的异同，也是常见的一种批评方式。

像杨绛一样，丁玲、宗璞、陈白尘、巴金等作家都曾对知识分子在20世纪六七十年代之间的遭遇以散文的方式进行过记录和反思。在女作家中，宗璞和杨绛在散文精神上存在一定的相似度。这首先是因为两位女性作家的散文成熟期都是在经历了世事沧桑的中年时期；其次，宗璞和杨绛都具备学者的理性精神，以及儒者式的文化品格。但是在具体的散文叙事手法和个性气质上，李咏吟认为，杨绛和宗璞还是存在较大差异的。他指出，从杨绛的《干校六记》《乌云和金边》等散文中可以看到杨绛个性幽默乐观，具有男性智

---

① 敏泽：《〈干校六记〉读后》，《读书》1981年第9期。
② 张晓东：《"缘情"与"反讽"：重评〈干校六记〉》，《青岛海洋大学学报》（社会科学版）1994年第1期。

慧，她的悲剧性深藏于喜剧的外表；宗璞作为哲学家的女儿，个性中理性和严肃的成分较重，她的散文较之杨绛更为"凝重、庄严"①，悲剧意识也更为外露。

丁玲的《"牛棚"小品》和杨绛的《干校六记》在叙事视角上颇为相似。像杨绛一样，丁玲的《"牛棚"小品》叙写的也是知识分子下放期间的琐事，且都通过对具体的人物和事件的刻画，展现那一段人性受到摧残、知识分子尊严受到践踏的特殊历史。李钦业将丁玲和杨绛的散文进行比较阅读之后，认为两位女作家的历史叙事虽然都展现了知识分子"顽强的生存精神"，但是就散文的整体风格而言，丁玲的《"牛棚"小品》在日常琐事的描写中，夹杂大量抒情文字，情景交融，感情色彩浓烈；而杨绛的《干校六记》则较为含蓄蕴藉，"具有一种淡淡的引人苦笑的幽默味儿"②。

在男性作家中，陈白尘的《云梦断忆》历来被认为和杨绛的《干校六记》一样是新时期干校文学中影响最大、成就最高的作品。吕东亮从创作心理和文体风格两个方面对杨绛和陈白尘的散文进行比较，指出在对干校往事的选择上，两位作家不约而同地回避了重大的政治场面，而注重对人与人之间的亲情、友情的刻画，在"肯定改造、革命初衷的合理性"基础上表现整体的历史荒诞。两位作家在"回忆"侧重点上的相似，与他们平民化的自我意识、卑微的写作姿态是分不开的。吕东亮还注意到了杨绛、陈白尘这类散文和巴金等作家在回望历史时的不同姿态。他认为，巴金精英主义的自我意识和具有使命感、斗争性的写作姿态，让巴金将叙述重点始终放在了"残酷的人和事"上。巴金的叙述姿态和杨绛、陈白尘相比，前者是"立法"性的批判和反思，后者则是对人情人性之美

---

① 李咏吟：《存在的勇气：杨绛与宗璞的散文精神》，《当代作家评论》1993年第6期。

② 李钦业：《丁玲的〈"牛棚"小品〉与杨绛的〈干校六记〉》，《汉中师院学报》（哲学社会科学版）1989年第4期。

的吁求①。

不过,《干校六记》既不唱赞歌,也不控诉的特殊叙事风格,在学界引起了很大的争议。批评者争论的焦点集中于《干校六记》的叙事方式和知识分子人格之间的关系。杜昆认为,引起争论的原因主要在于历史叙事的复杂性和知识界"犬儒"现象的存在。对现实社会的关注与批判不够确实是杨绛部分作品中存在的问题,但她所持的叙述立场,使其历史叙事对构建作家自我形象与身份认同更直接有力②。一些研究者也认为,与巴金、丁玲等作家相比,尽管老生代作家的忆旧散文,都存在反思历史、悼念故人等共性,但与这些作家富于激情的忏悔、斗争、控诉等自我意识相比,杨绛的温度无疑是不够的。同时,杨绛在对这一历史的记忆选择上,基本上回避了对惨痛现实的直面描写。贺仲明将杨绛的回避归结为她的"智性"思维和文化心态。他认为,从杨绛的作品可以看到,和一般女作家偏重感性的写作方式相比,杨绛在写作中呈现出来的生活姿态始终是高高在上的,对世界充满了冷峻和理性的考量。与早期杨绛的"智性"主要表现在保全自我不同,新时期以来杨绛创作中的"智性"主要表现为对往事的豁达和宁静。这种豁达和宁静,既是对生活的彻悟,也是对生活的圆通,更是一种基于对人性道德充分肯定的、"仁""智"合一的强者姿态。但也正是这种强者姿态,使杨绛部分创作中出现了骑墙主义的倾向和安于现状的人生态度。这是纯粹的"智"对作家真性情的伤害。在这一点上,杨绛的"隐身衣"式的智慧,对文学创作的艺术魅力存在着削弱作用③。

事实上,不仅仅是杨绛的《干校六记》呈现出淡化政治色彩、

---

① 吕东亮:《干校文学的双璧——〈干校六记〉和〈云梦断忆〉的回忆诗学与文化政治》,《江汉论坛》2012 年第 2 期。

② 杜昆:《试论杨绛"文革"书写的身份认同》,《廊坊师范学院学报》(社会科学版) 2016 年第 4 期。

③ 贺仲明:《智者的写作——杨绛的文化心态论》,《首都师范大学学报》2001年第 6 期。

注重从日常生活中审视普遍人性的特点，新时期以来杨绛的小说创作，同样怀有冷静克制的叙事姿态。龚小凡以杨绛的《洗澡》为例，通过分析小说中许彦成和姚宓含蓄安静的情感状态以及知识分子在时代浪潮中形状各异的精神状态，指出杨绛对待小说中各色人物的态度是有距离的观察，而不带有文以载道的目的①。作为知识分子题材的小说，《洗澡》常被拿来与《围城》比较，认为在解构知识分子群体这一方面，《洗澡》可称《围城》的续篇。与散文着重表现困境中的日常琐事相比，杨绛的"小说家言"对运动的反思得到了更直接的反映。从"运动"前后的结果看，杨绛关注的焦点在于"改造"是否使知识分子精神真正焕然一新。一些论者认为，杨绛在《洗澡》中"无意于批判，却意在重建"②，看重的是知识分子独立自由的精神境界。

针对围绕杨绛历史叙事风格的争议，陶东风指出，问题的重点不在于杨绛"怨而不怒"的叙事风格是否体现了知识分子人格的高度，而应该去考察杨绛为什么要选择以这样的方式书写历史。他认为，从《干校六记》的题材和叙事语调看，散文充满了一种非政治化的自觉和身处外围的"旁观者"视角。联系到杨绛自身的个性经历，不难看到，由于杨绛并非和中国革命文化纠缠很深的知识分子，"没有过高的期待和热切的骨肉认同"③，在叙事方法和主题模式上，才能始终保持"局外人"的另类和冷静。

也正是因为"局外人"的身份，杨绛在新时期的写作，除了对政治运动之下的人事记录之外，对生活在这一时期的小人物也有颇多关注。其中，《老王》是杨绛散文中一篇被看作比较特殊的，经常

---

① 龚小凡：《〈洗澡〉：那个时代的"说话"方式——读杨绛小说〈洗澡〉》，《小说评论》2011年第6期。

② 关峰：《〈洗澡〉与杨绛的知识分子批判》，《渤海大学学报》（哲学社会科学版）2015年第3期。

③ 陶东风：《戏中人看戏——从杨绛〈干校六记〉说到中国革命的文学书写》，《中华读书报》2016年6月8日13版。

被用来与鲁迅的《一件小事》进行比读的作品。这主要是由于这篇散文突出体现了在特殊的历史语境之下杨绛的知识分子立场和民间命题。"愧怍"是这篇散文的核心。在这篇作品中，"我"与老王的交往，深刻体现了杨绛散文写作的知识分子人文情怀。孙绍振认为，杨绛在这篇文章中隐藏着一条思绪的转折，从同情到"愧怍"，是从俯视到仰视的姿态转变，反映了杨绛的自我解剖和自我批评①。

张立新指出，正是"历史"造成的杨绛创作活动的中断，使她得以完成知识分子"启蒙者"到民间叙述人的身份转换。杨绛对非人道的政治历史的淡化，并非是刻意的回避和忘却，而是"从民间那种乐天知命的生存哲学中找到一种个体生命摆脱历史的挤压得以舒展的支点"。这种下沉式的叙述立场暗合了杨绛的"隐身衣"哲学，使她能够在与"浊世"隔离之余，保存知识分子的内心高洁，剥离政治话语的遮蔽，揭掉强加于"知识分子"和"劳动人民"群体的种种意识形态符号，洞察真实的人生②。

二是从文体、修辞、结构等方面来把握杨绛作品的美学特征和艺术风格。

从已有的研究成果看，论者一般注重对杨绛散文创作的整体把握，具体的作品分析集中于《干校六记》《我们仨》等文本，对杨绛1949年之前的散文创作则关注不多。这方面的文章只有一篇对杨绛早年散文《阴》的作品赏析，以及罗维扬的《纯净精致的美文——杨绛早期散文四篇赏析》。这主要是因为批评者一般认为杨绛的散文创作高峰在新时期之后。杨绛民国时期的散文则由于年龄、阅历等方面的限制，在艺术上尚未成熟。不过，也有一些论者对杨绛早年的散文持有不同的意见。洪静渊等人通过对《阴》这篇散文进行解读，认为杨绛这一时期的散文写作多少受到了现代派艺术的影响。

---

① 孙绍振、孙彦君：《隐性抒情意脉和叙述风格——读杨绛〈老王〉》，《语文建设》2012年第17期。

② 张立新：《流落民间的"贵族"：论杨绛新时期创作的民间立场》，《当代作家评论》2007年第6期。

同时，散文中丰富的意象和对光影变化真切细致的描摹，表现了杨绛在文字调度上精确表达的能力[1]。罗维扬尤其对杨绛早年的四篇散文《阴》《风》《流浪儿》和《窗帘》表达了极高的赞赏。《阴》和《风》是两篇描写自然现象的散文。罗维扬认为，杨绛以其艺术感受力使这两种题材脱离了科普化和知识化的套路，在对自然的描摹之中兴寄了一份人生况味。《流浪儿》和《窗帘》则摆脱了美学随笔的窠臼，成为韵味十足的艺术散文。这四篇散文纯净精致、从容含蓄的特点，甚至能与朱自清的《荷塘月色》《绿》等散文相媲美。在审美方面，这四篇散文是要超出《干校六记》等作品的[2]。

对杨绛散文具体文本的解读和批评，主要以杨绛的《干校六记》《我们仨》等作品为主。如李兆忠的《疏通了中断多年的中国传统文脉——重读〈干校六记〉》、吴方的《小窗一夜听秋雨——重读杨绛〈干校六记〉》、冯植康的《苦难中的自我超越——解读〈"小趋"记情〉》、温左琴的《论杨绛先生〈我们仨〉的文本结构与解析空间》系列论文从不同角度对杨绛的这些作品进行了解读。其中，李兆忠对杨绛的《干校六记》与中国古典文学传统的关系解读值得注意。他认为，杨绛的《干校六记》不仅以"含而不露、返璞归真"的美学境界超出了大多数注重功利性意图而忽略艺术追求的"反思文学"和"伤痕文学"，更重要的是，《干校六记》在叙事立场、叙事笔法以及美学追求上与明代沈复《浮生六记》之间的承继关系，显示了中国文化的生命力，也使得《干校六记》不仅有助于接续"中国当代文学"与"中国现代文学"的断层，也"疏通了中断多年的中国传统文脉"[3]。

---

[1] 洪静渊、张厚余：《阴阳变化景多姿　妙笔绘"阴"见深思——读杨季康的散文〈阴〉》，《名作欣赏》1983年第6期。

[2] 罗维扬：《纯净精致的美文——杨绛早期散文四篇赏析》，《名作欣赏》2000年第4期。

[3] 李兆忠：《疏通了中断多年的中国传统文脉——重读〈干校六记〉》，《当代文坛》2009年第5期。

吴方则关注了《干校六记》的"矛盾的统一",认为这六篇记体散文,在意图与结果之间,在日常琐事的描写和整个历史背景之间,隐含着讽刺性的差距。杨绛在此中流露的情感和心态很难以"达观"或超脱来概括,在整个作品散淡中和的气氛中,"平静中有着抗议,讽刺里有着同情,自慰中有着自嘲",造成了文类的"不定式"①。

在对杨绛散文创作整体艺术特点的把握上,研究者大多注重杨绛在散文中运用的幽默、反讽等修辞方式,以及这种修辞方式带来的艺术效果。谷海慧在幽默之外提出了"诙谐"的概念,认为幽默是功利性的,要引人深思的,而诙谐则是非功利的,不给读者增加思想负担的,由从容自由的人生心态产生的风趣。杨绛的诙谐是她一贯风格的自然流露,既体现了主体的创作自由,也给予了客体充分的阅读鉴赏的自由②。刘思谦从语境对写作的限制问题出发,指出解读杨绛的散文需要看到历史语境对作者话语表达的限制和作者的反限制。反讽修辞作为在语境压力下"通过调整语言而实现的一种机智的审美置换,一种语言的和生存的智慧",构成了杨绛散文的整体语言风格,这"既是时间的积累沉淀对她的话语启示,也是她对自己文化素质审美心智优长的一种发挥"③。

王彩萍则重点分析了杨绛语言的节制性。她认为,杨绛对历史经验含蓄节制的情感处理,主要来源于儒家的中和审美意识的影响。在语言的艺术特征方面,杨绛的创作则表现出纯正、圆融的语言审美境界,其"语言的节制已经内化到了生命的节制中,语言的刚健也已经融入生命的圆融中。生命是自然而然的又是刚健有力的,外

---

① 吴方:《小窗一夜听秋雨——重读〈干校六记〉》,《当代作家评论》1991年第2期。

② 谷海慧:《"文革"记忆与表述——"老生代"散文的一个研究视角》,《上海师范大学学报》(哲学社会科学版) 2008 年第 1 期。

③ 刘思谦:《反命名和戏谑式命名——杨绛散文的反讽修辞》,《郑州大学学报》(哲学社会科学版) 2002 年第 2 期。

表看起来那样圆融,但是内里蕴藏着打不倒的力量。这时的语言与生命开始合一"①。

一些研究者还试图对杨绛与钱锺书在散文艺术上的特点进行比较。范培松等人认为,杨绛和钱锺书的散文,在中国散文史上,后者有终结意义,前者有重启意义。与钱锺书《写在人生边上》中那个冷寂孤独的"自我"相比,杨绛散文中的"自我"是不动声色的。二人在散文创作中的业余心态,使他们能够打破散文创作的常规,比较自由地进行写作,尤其是杨绛戏剧作者、翻译家和小说家的身份,使她的散文创作能够兼容戏剧和小说的创作方法,以流畅朴实、虚实相生、言简义丰、智性幽默的语言范式开启新时期散文的文类觉醒②。

关于杨绛的小说创作,许多研究者也注意到了她与中国古典小说写作传统之间的关系。孙歌在对《洗澡》的品读中同样指出了杨绛文学创作中的古典精神脉络。她认为,在新时期业已形成的,有关知识分子群体悲剧性抒写的文学成规之下,《洗澡》的价值在于,以一种不断消解人物间激烈冲突的结构方式,正面地描写了知识分子并不具备悲剧色彩的丑恶。这种"莫安排"的结构意识,再现了《儒林外史》式的古典幽默,并通过许彦成在"恋爱"和"洗澡"两个问题的选择,为读者提供了古典写作成规与现代精神的连接点③。

一些研究者在对《洗澡》这部小说进行文本解读时,还试图将《洗澡》与《红楼梦》等古典小说进行比较,从中探讨杨绛小说与古典小说中的具体文本之间的对应关系。譬如邹世奇将《洗澡》中许彦成、姚宓与杜丽琳的人物三角关系与《红楼梦》中宝、黛、钗的关系进行比较后指出,施蛰存所评价的《洗澡》是"半部《红楼

---

① 王彩萍:《杨绛:情感含蓄与大家气象——儒家美学对当代作家影响的个案研究》,《学术探索》2008年第1期。

② 范培松、张颖:《钱锺书、杨绛散文比较论》,《文学评论》2010年第5期。

③ 孙歌:《读〈洗澡〉》,《文学评论》1990年第3期。

梦》"主要指二者在婚恋叙事中的人物结构存在相通之处①。

许江则关注了杨绛小说中某些符号性、趣味性、故事性的文本因素，指出从杨绛的小说和论文中可以看到，杨绛一方面从简·奥斯丁这里获得了关注人类"傲慢与偏见"本性的灵感，并以中性的立场和中国式的宽厚精神走出了奥斯丁的"围城"；另一方面，福尔摩斯使杨绛以敏锐的、怀疑的冷静目光去勘破"生活虚伪的表象"。推理小说和世情小说的艺术特征巧妙地混合在杨绛的小说中，形成了独特而成熟的艺术风格②。

学界对杨绛的戏剧研究未成气候。尽管目前知网上能查到的有关杨绛戏剧研究的论文也有几十篇之数，但是真正有价值的研究成果并不多。比较值得注意的是庄浩然的《论杨绛喜剧的外来影响和民族风格》、刘琴的《喜剧语境中的"味外之旨"——杨绛〈弄真成假〉美学品格新探》、孟竹的《论杨绛喜剧对莫里哀的接受》以及吉素芬的《论杨绛剧作中的残缺意识及其形成原因》等论文。总体来看，对杨绛的戏剧研究，具体作品的评析较少，对杨绛喜剧艺术风格的讨论居多。其中，庄浩然从题材内容、思想观点等方面分析了杨绛对欧洲及俄国风俗喜剧的借鉴，认为杨绛喜剧的民族性表现在：在戏剧内容上真实地反映了旧中国都市小资产阶级青年的生活，在结构形式上运用流浪汉小说的结构贴合了中国观众的戏剧观赏趣味，美学风格上追求含蓄婉转的讽刺效果，在戏剧语言上则多从现代日常口语中提炼文学语言，有效地规避了 20 世纪二三十年代戏剧语言的欧化缺陷③。

此外，专门从语言学角度关注杨绛创作的语言艺术及风格的研

---

① 邹世奇：《杨绛〈洗澡〉人物三角关系析论——从〈红楼梦〉的角度》，《扬子江评论》2016 年第 3 期。

② 许江：《福尔摩斯与奥斯丁——重读杨绛的小说》，《文学评论》2015 年第 3 期。

③ 庄浩然：《论杨绛喜剧的外来影响和民族风格》，《福建师范大学学报》（哲学社会科学版）1986 年第 1 期。

究逐渐成型。这方面的学位论文包括许建忠的《杨绛散文语言艺术探讨》、何昆的《杨绛散文语言风格研究》、魏东的《杨绛作品的语言艺术探讨》以及王娟的《杨绛作品语言风格研究》。这四篇硕士论文都考察了杨绛作品中对方言、口语、文言等语言成分的运用，以及杨绛作品中比较常见的修辞方式。

三是通过对杨绛作品的细读来分析杨绛的创作精神。

智性、理性与喜剧精神几乎已经成为谈论杨绛作品时绕不开的内容。宋成艳的《"隐身衣"下的智性写作》、闫玉婷的《杨绛的智性散文》、夏一雪的《理性与智慧　选择与得失——杨绛简论》、杨靖的《站在人生边上的智性抒写——论杨绛小说〈洗澡〉》等硕士论文，都是通过对杨绛各种文类的创作来探讨杨绛的"智性"创作精神的研究成果。

其次是杨绛文学创作中的喜剧精神。黄科安的《喜剧精神与杨绛的散文》是一篇比较典型且全面的，从杨绛自身成长环境、喜剧精神渊源、喜剧精神内涵等方面来进行分析的文献。他将研究焦点集中在杨绛晚年的散文创作中，认为杨绛晚年散文创作中呈现出的喜剧精神与她和睦的家庭氛围，以及杨绛长期从事喜剧性作品的著译工作有关。在精神内核上，黄科安认为杨绛散文中的喜剧精神含有否定意识和理性批判的意味，也具备肯定人性之美、具备生存之勇和独立人格的乐观态度。在黄科安看来，具有如此精神内涵的杨绛喜剧精神，实质上是一种审美主体烛照世界的智慧和幽默[①]。

杨绛作品中的喜剧精神，大多时候是被给予了肯定的。但杨绛小说中常见的大团圆结局，却经常被读者予以理解之批评。龚刚通过比较杨绛和白先勇的同名小说《小阳春》，指出杨绛是"托尔斯泰式的清醒的博爱主义者，她深刻认识到了人性恶，也深刻认识到了生活的复杂与现实的残酷，但她的温和心性令她不忍血淋淋地解剖人生，也不忍令她的读者感到失望以至绝望，而她的源自亲情、

[①] 黄科安：《喜剧精神与杨绛的散文》，《文艺争鸣》1999年第2期。

母爱的博爱与同情,又令她致力于寻求和解与宽恕"①。这种"和解主义"在龚刚看来虽然体现了作家的宽厚心性,但终究不如悲剧性的文学处理方式更能深刻地揭示、反思人性之恶。

事实上,杨绛文学作品中喜剧精神的复杂性,是一个常常被忽视的问题。林筱芳比较早地注意到了杨绛作品中喜剧风格的双重特质。她指出,潜藏于喜剧性背后的悲剧性,使得杨绛在"清醒的现实主义认识和喜剧的非现实主义夸张之间把握住了一种微妙的平衡"②。由于悲剧意识在杨绛的作品中常常以一种隐性状态潜藏于她的喜剧表达之中,对杨绛作品的悲剧性的考察是比较单薄的。这方面的文献主要有三篇硕士论文:吉素芬的《残缺意识与喜剧性超越》、邓月香的《论杨绛喜剧的性别意识与悲剧意蕴》和苏欢的《论杨绛小说中的"悲凉意味"——重申杨绛小说的风格和文学史价值》。其中,苏欢的硕士论文是这三篇中比较全面论述杨绛小说"悲剧"特征的文献。

此外,黎秀娥的《对话杨绛》系列学术论文是近年来解读杨绛创作精神的诸多论文中比较重要且有价值的学术成果。黎秀娥分别从杨绛的散文、小说、戏剧创作以及杨绛的翻译活动,及其暮年时期的创作中,探讨杨绛散文的诗性、小说的反抗意味、戏剧的精神游牧以及暮年思索中儒道精神和独立思想等问题。其中,《对话杨绛(一):散文中的诗意还乡》以散文这一文体作为解读杨绛精神世界的路径,在读者和作者的对话中,发现在喜剧精神之外,杨绛的散文更是一种生命的诗意还乡。作为一位始终过着合乎自己本性生活的知识分子,杨绛散文中所体现的生命状态有着拒绝干扰的真和不受阻挠的自由。当向外求真的路被封锁,杨绛便转向内心,在文字的世界重构精神家园,恢复被异化的人性。杨绛散文的诗意还乡,

---

① 龚刚:《"中年危机"叙事的早期范本——杨绛、白先勇同名小说〈小阳春〉比较分析》,《扬子江评论》2017年第4期。

② 林筱芳:《人在边缘——杨绛创作论》,《文学评论》1995年第5期。

对一个虚无主义和消费主义大行其道，出现信仰危机和道德崩溃的时代而言，她的意义在于"恢复人类被蒙蔽的智性和被压抑的情趣"①。

四是从性别和伦理角度考察杨绛的文学创作。

与诸多高调宣扬女性独立、追求自由爱情的现代女性作家相比，杨绛在文学史和大众舆论中的形象总是更为传统些。一般认为，杨绛的创作并不具备十分明显的女性主义色彩。所以早期的杨绛研究，注重性别立场，从女性主义文学批评的理论视野出发的研究成果并不多。但是随着杨绛研究的深入，杨绛作为女性作家的身份特点逐渐为人们所关注，一些研究者开始试图将杨绛作为一个女性文学的案例，从女性文学批评的角度重新观照杨绛的生平和创作。其中，仅硕士学位论文就有吴燕的《女性意识的觉醒与女性身份的重建：中西文化双重影响下的杨绛解读》、吴嘉慧的《淡泊明志　宁静致远——由杨绛笔下的青年女性透视其人生姿态》、韩雪的《暗香疏影无穷意——论杨绛小说、戏剧文本的女性叙事》以及郑园园的《性别视野中的杨绛婚恋叙事研究》四篇。不过，由于这些研究者在性别研究上缺乏深厚的理论积淀和应有的历史反思，本身对妇女问题的认识没有太多深刻的体会，因而在杨绛的女性意识、性别立场和女性叙事等问题的研究思路和结论上大同小异，没有多少超出舆论常识的新见。

其他运用女性主义理论资源对杨绛的文学创作进行批评的学术论文中，吴学峰、朱凌等人的成果是比较引人注目的。吴学峰对杨绛小说中的男性形象和女性形象分别撰文细述，认为杨绛的小说中塑造了一批在性格上充满缺陷、在事业和情感上都不顺利、在生活上疲于奔命的男性形象，起到了消解男性神话、颠覆男性霸权、将男人和女人放在"同一平台上展览"的效果②。朱凌的《爱情从张

---

① 黎秀娥：《对话杨绛（一）——散文中的诗意还乡》，《关东学刊》2017年第1期。
② 吴学峰：《论杨绛小说中的男性形象》，《中北大学学报》（社会科学版）2014年第1期。

扬到落寂——论杨绛对"五四"知识女性"爱情神话"的颠覆》将杨绛放在"五四"女性文学的谱系中进行考察，指出杨绛对知识女性世俗化的描写，解构了"五四"女性作家建立起来的"爱情至上"的浪漫主义传统，这既是对"五四"爱情神话的反思，又是对中国文学现代化的开拓[1]。

由于杨绛家庭婚姻生活的相对美满，以及杨绛自身对"家庭"的重视，杨绛和钱锺书成为现代社会婚姻生活的一种理想。杨绛在现实生活和文学创作中体现出来的艺术特征和精神风貌，令许多研究者试图从伦理批评的角度探讨杨绛的家庭生活与创作之间的关系。

《我们仨》这部集中体现杨绛家庭关系的作品，被认为是以情动人的典范。牛运清对《我们仨》给予了高度评价，称之为中国式"追忆似水年华"，"营造出堪称文学研究界'第一家庭'的温馨世界"[2]。张瑷指出，作为传记文学，其根本的美学价值在于"传播生命之火"，杨绛的这部作品也在对最普遍、最平凡的亲情体悟中，超越一己之悲哀，直抵生命的意义[3]。

"家庭"之于杨绛的重要意义，也使得在杨绛研究中，钱锺书与杨绛的比较阅读是一大重镇。其中，钱锺书与杨绛在文学创作上的互文，是研究者感兴趣而尚未深入的一个领域，一般散见于杨绛创作的综合论述之中。在这个问题上，甚至还出现了一些过度解读，将钱杨夫妇的小说与二人的现实生活进行生搬硬套的比照，以至于有窥私之嫌的文章。比较有价值的单篇研究成果有朱瑞芬的《钱锺书杨绛眷属语象论》：由于钱杨夫妇相类的人生经历、审美趣味和艺术性格，二人的文学创作在设喻、标题、东西文化语象等方面都出现了"同谋同合"的现象。朱瑞芬采用了"眷属语象"这一概念，

---

[1] 朱凌：《爱情从张扬到落寂——论杨绛对"五四"知识女性"爱情神话"的颠覆》，《哈尔滨学院学报》2008年第2期。
[2] 牛运清：《杨绛的散文艺术》，《文史哲》2004年第4期。
[3] 张瑷：《温暖而美丽的生命之火——〈我们仨〉的思情价值》，《荆门职业技术学院学报》2006年第4期。

形象地概括阐述了钱、杨二人在人生、文学上的交相辉映①。

一些研究者还注意到了钱锺书和钱瑗相继离世给杨绛晚年创作所带来的影响。在近两年出现的研究成果中，蔡磊的硕士论文《杨绛晚近创作研究》就以钱锺书去世为界限，提出"晚近"这一时间概念，讨论了杨绛始于20世纪90年代末的创作活动。这篇论文以杨绛晚近精神世界的变化为起点，分析了杨绛晚年"死亡"体验和"清理"意识在坚定人生信仰、激发知识分子社会责任感和批判精神等方面对她的影响。作者认为，与之前"隐身"旁观者的态度相比，杨绛此时的写作凸显了知识分子的身份意识，整体呈现出"放达"的特点②。

纵观这些年的杨绛研究，可以看到学界对杨绛的定位首先是一个作家，然后是一个知识分子和翻译家。国内的研究对杨绛的学者身份和学术研究关注较少。在研究杨绛翻译活动的领域，除了于慈江的专著相对系统地对杨绛的小说创作和小说研究、小说翻译之间的关系进行过梳理和评析之外，国内与杨绛翻译有关的文章大多与杨译《堂吉诃德》出版前后的学界争议有关。就目前的情况而言，具有针对性、学理性的杨绛翻译研究成果寥寥无几，金其斌的《音译译名再探——从余光中、杨绛到当代汉学家》、吴琪的《杨绛的翻译观对科技翻译的启示》是其中比较有学术价值的研究成果，其余大多是泛泛之论。

此外，目前能找到的针对杨绛的学术研究进行讨论的学术论文，只有朱虹的《读〈春泥集〉有感》、陈家愉的《杨绛红学观点刍议》以及周宝东的《杨绛与〈红楼梦〉》三篇论文。杨绛作为文学学者，她的学术思想、学术研究理路、文学研究与翻译之间的关系、学术与创作之间的互动，杨绛在不同时代与不同时代文化语境、不同时代作家之间的联系，以及在这种联系之中产生的跨历史意义等等问

---

① 朱瑞芬：《钱锺书杨绛眷属语象论》，《铁道师院学报》1996年第3期。
② 蔡磊：《杨绛晚近创作研究》，硕士学位论文，首都师范大学，2016年。

题，依然没有得到深入的讨论。这是杨绛研究中目前存在的空白点。

杨绛的研究状况表明，虽然学界对杨绛的文学创作在语言、形式、文体等方面的研究有了相当数量的成果，甚至对某些问题已经形成共识，但是无论是以审美为中心的"内部研究"，还是以文化历史为中心的"外部研究"，都还存在大量尚待开拓的余地。

这首先是由杨绛身份的多重性造成的。如前所述，杨绛不只是一个作家，她作为现代知识女性的生活方式、她的学术活动都与她的文学创作之间存在不可分割的联系。以往研究者对杨绛作家身份的凸显，实际上忽视了杨绛作为学院学者作家与职业作家的差异，而很难真正对学院文学学者创作的优势与局限有比较清晰的认知。而形式主义的批评方式，又常常因为过分偏向文本，不自觉将研究变成一种对审美乌托邦的建构，而忽略了作家主体在整个历史文化系统中个体经验的复杂性。所以，尽管一些研究者在对杨绛的创作进行文本批评的时候，确实注意到了联系杨绛与中西方文学传统之间的联系，但最后结论往往流于杨绛是能够沟通中西方文化的作家之类的空论，但杨绛的文学活动在何种程度上实现了中西方文化的对话，这种沟通在何种程度使杨绛的文学创作呈现出不同于同时代作家的质地，以及杨绛所处的文学场域对其文学创作有何影响，这些问题都没有得到具体的回答。

基于以上情况，本书认为可以以"身份"为视点，在以往杨绛研究的止步之处"接着说"，通过对文本的细读以及对文本之外的"事件"与"情境"的考察，达到对杨绛从人格层面到风格层面进行重新阐释的目的。

所谓"身份"，按照佛克马的说法，"在某种程度上是由社会群体或是一个人归属或希望归属的那个群体的成规所构成的"[1]，而一个人通常并不只属于某一类群体，由于个人身份由"他所掌握的成

---

[1] ［荷兰］D. 佛克马、E. 蚁布思：《文学研究与文化参与》，俞国强译，北京大学出版社1996年版，第120页。

规构成"①，一个人在不同群体或者说环境中可以遵从不同的成规、扮演不同的角色，强调属于那一群体的角色特征，因而一个人的身份也可以有很多重。洪子诚认为，当个人的某一种身份特征凸显的时候，其他的身份（角色）特征有可能处于被压抑的状态，而"这些被压抑的特征，也会影响、制约到所激活的特征的出现"②。从杨绛的人生轨迹看，她的几种身份总是同时出现、共时存在的。譬如，杨绛在抗战时期的文学写作，她在扮演"作家"身份的同时，也承担起了"知识分子"的社会功能；在1949年之后，杨绛则身兼"作家""翻译家""外国文学研究者"三重身份。而在这几种身份之间，杨绛的"女性"身份是始终贯穿其中的。这几种身份对杨绛的文学创作都有不同程度的影响。从"身份"的视角切入，考察杨绛的作家身份和其他身份之间的联系，就是希望对杨绛的为人和为文做出一个整体性的把握。

---

① ［荷兰］D. 佛克马、E. 蚁布思：《文学研究与文化参与》，俞国强译，北京大学出版社1996年版，第121页。

② 洪子诚：《问题与方法：中国当代文学史研究讲稿》，北京大学出版社2010年版，第212页。

第 二 章

杨绛的文化人格

什么是"文化人格"？现代的"文化"概念通常指的是"社会成员共享的价值、信仰和对世界的认识"[1]，而"人格"概念则具有心理学、伦理学乃至法学等层面的内涵。20世纪美国"文化与人格"学派从文化和人类学角度进入人格研究领域，将"某一社会文化是如何对该文化中的个体产生影响"[2]这一问题作为主要考察范围，提出了"人格类型的多元性对应着文化的多元性"[3]等理论假设。从"文化与人格"学派的研究可以看到，所谓"文化人格"的问题，就是处于某一特定文化系统中的个体或群体所蕴含的该文化根本特质的问题。这种研究思路在中国学者的文化研究中同样可以看到。譬如唐君毅在《中国文化精神之价值》中比较中西方文化精神的差异，实质上就是在比较中西方不同民族文化人格之间的差异。他提出"中国文化精神，因重具体而普遍者，而恒以人物人格概念为第一"[4]，而"第一流之文学艺术家，皆自觉的了解最高之文学艺

---

[1] [美] 威廉·A.哈维兰：《文化人类学》，瞿铁鹏、张钰译，上海社会科学院出版社2006年版，第36页。

[2] [美] 维克多·巴尔诺：《人格：文化的积淀》，周晓虹等译，辽宁人民出版社1989年版，第2页。

[3] [法] 丹尼斯·库什：《社会科学中的文化》，张金岭译，商务印书馆2016年版，第49页。

[4] 唐君毅：《中国文化精神之价值》，广西师范大学出版社2005年版，第13页。

术为人格性情之流露"①。唐君毅对中国文学艺术家人格的分析正是从文化尤其是从道德的角度进入的。

唐君毅的人格理论实质上还反映了文学研究领域的一种与结构主义批评相反的路径,也就是说,在文学批评中,"人"与"文"并不是两个可以相互剥离的系统。在中国以儒家美学观为中心的文学批评传统中,杰出的作品往往被认为是"人"与"文"达到高度统一的作品。类似的批评观实质上在西方现代批评家的理论中也有体现。譬如英国"新浪漫派"批评家米德尔顿·默里就指出:"了解一部文学作品,就是了解作者的灵魂,而作者也正是为了展示其灵魂而创作的。"②无论是中国还是西方,这类批评观实质上关注的都是创作主体精神的问题。它强调了在考察一个具备典型文化意义作家的过程中探讨创作主体人生实践和美学实践的重要性。

作为一个具备多元身份的作家,杨绛的文学创作、学术研究无一不是其人生实践、审美理想和伦理道德观念的表露,而"个人的活动余地很大程度上受到经济发展进程、社会运动与政治结构的限制,历史的内容远远超过人们相互之间的图谋"③。杨绛的一生,始终与现代中国的历史变迁相交缠,是个人的,也是时代的。正如陈众议在杨绛逝世后所言,"我国现代文坛最后一位女先生的后事","意味着一个时代的结束,一代大师的远去"④。杨绛生命中的一百多年,也是现代中国沧海桑田的一百多年。作为历史的参与者和见证者,杨绛的精神气质与近代以来变革中的中国社会风气、学术思想和文学浪潮之间存在怎样的联系?作为作家人生观和世界观的展示,杨绛的创作和研究,体现了一种怎样的创作个性和

---

① 唐君毅:《中国文化精神之价值》,广西师范大学出版社2005年版,第286页。
② [美] M. H. 艾布拉姆斯:《镜与灯:浪漫主义文论及批评传统》,郦稚牛等译,北京大学出版社2015年版,第265页。
③ [德] 科卡:《社会史:理论与实践》,景德祥译,上海人民出版社2006年版,第78页。
④ 周绚隆主编:《杨绛:永远的女先生》,人民文学出版社2016年版,第21页。

生存哲学？在作家的个人叙事中，杨绛提供了一幅怎样的中国历史图景？它和历史的宏大叙事之间存在什么样的距离或关联？从杨绛文化人格与文学精神的构成中，我们可以看到一种怎样的人生境界？……以上问题，以往的研究或多或少有所涉及，但依然留有大量的讨论空间。

譬如对杨绛人格与风格之间关系的研究，林筱芳使用了"边缘"的概念来定义杨绛的风格及其意义，并从观照视角和行为伦理等层面讨论了杨绛的"超而不脱"[1]的姿态。胡河清则将杨绛的人生经历与她的长篇小说《洗澡》进行了互文式的解读，从道家的神秘主义传统分析了杨绛在特殊时期的"退隐"，并盛赞其为"在当代中国文学中，文章家能兼具对于芸芸众生感情领域测度之深细与对东方佛道境界体认之高深者"[2]。余杰则对此不以为然，认为杨绛这种"隐身衣"式的"逍遥游"乃是一种"非道德化、非规范化、非政治化"的，"知而不行"的、躲避崇高的聪明和世故[3]。在对杨绛"隐身衣"智慧的解读上，余杰主要袭用了胡河清文中的第一手资料并过分注重对他的立义拆解，而被认为缺乏对杨绛写作姿态复杂性的"理解之同情"[4]。

这些学术观点多倾向于从作家众多作品之中寻求某种固定的艺术规律，进行整体的分析与判断。这主要是受到了杨绛文学活动时间的影响。与那些在民国时期就在文坛中享有盛名的同代作家相比，杨绛的文学成就主要存在于1949年之后。杨绛文学活动在时间上的非持续性和阶段性井喷，使得她在文学史上一出场便是一个在艺术上臻于成熟、风格上缺少变化、观念上圆融通达的老年作家形象。但是，从杨绛漫长的文学生命看，尽管其创作在数量上算不上惊人，尤其在民国时期发表的作品更是寥寥，但有限的作品依然清晰地反

---

[1] 林筱芳：《人在边缘——杨绛创作论》，《文学评论》1995年第5期。
[2] 胡河清：《杨绛论》，《当代作家评论》1993年第2期。
[3] 余杰：《知、行、游的智性显示——重读杨绛》，《当代文坛》1995年第5期。
[4] 李江峰：《余杰的疏误》，《书屋》2000年第9期。

映了作家在时间流转中的成长和变化。因此，讨论杨绛的文化人格，不能不从具体的历史语境出发，去考察这个亦古亦今、亦中亦西的作家的自我塑造过程。

第一节 杨绛与西风东渐下的中国学术

蒋梦麟在《西潮》中写道：

> 美孚洋行是把中国从"黑暗时代"导引到现代文明的执炬者。大家买火柴、时钟是出于好奇，买煤油却由于生活上的必要。但事情并不到此为止。煤油既然成为必需品，那么取代信差的电报以及取代舢板和帆船的轮船又何尝不是必需品呢？依此类推，必需的东西也就愈来愈多。很少有人能够在整体上发现细微末节的重要性。当我们毫不在意地玩着火柴或享受煤油灯的时候，谁也想不到是在玩火，这点星星之火终于使全中国烈焰滔天……①

这是一个知识分子对中国现代化进程的感性经验。中国的现代化，从社会学层面讲，是小农经济的社会生产方式向资本主义工业经济生产方式的转向。但是，与西方现代化进程是资本主义经济发展规律的结果相比，中国的现代化进程并不具有自发性。所有围绕中国现代化进程的历史命题，都带有鲜明的身份意识和民族焦虑。这主要是由近代中国与西方资本主义国家在经济、军事、政治力量上鲜明的强弱对比造成的。鸦片战争使中国从此在国际政治格局中处于被动地位；战争失败的阴影，则使近代中国知识分子更为迫切地想要寻找改变国家、民族现状的方式。

---

① 蒋梦麟：《西潮》，天津教育出版社2008年版，第33页。

19 世纪末 20 世纪初，从官方到民间，关心国家前途命运的有志之士纷纷创办报纸杂志宣传西学。如《益闻录》《万国公报》《时务报》等报纸杂志，都是当时介绍西方科技、制度、文化等方面信息的重要阵地。西方文明成为中国由传统向现代，由封闭孤立走向世界的主要风向标。1891 年的《万国时报》上，更是有人直言："夫今日天下之大势孰有急于西学者哉？而其有益于国计亦孰有过于西学者哉？"[①] 因而，近代中国从传统向现代的转向，在一定程度上也可以说是中国从华夏文明中心向西方中心主义的认知转向。钱穆曾撰文评价中国现代化进程中的这一特殊现象，认为中国的现代化，实则是一种将中国文化和西方文化放在不对等地位的全盘西化。他以中国新史学与新文学在治学方法和创作内容等方面对西方的效法为例，认为现代中国"一切学术，除旧则除中国，开新则开西方。有西方，无中国，今日国人之所谓现代化，亦如是而已"[②]。

钱穆的批评指出了中国传统文化在西方文化单向输入的时代浪潮下遭遇失语的问题。但是，无论持文化保守态度的知识分子如何评价中国现代化进程中的"西化"问题，以西方文明为坐标对中国传统文化进行清理和反思，成为中国现代化的既成事实。更不能否认的是，"现代化"的中国，确实是在与西方文化的交流中，重新获得发展的活力，成为"少年中国"的。

就学术上的变革而言，中国传统学术的现代转型，是在学术观念、学术方法、学术传统等方面的"现代化"。这首先离不开西学的引进和翻译。一些学者对严复、王国维、梁启超、胡适、金岳霖等近现代学者的翻译理念和翻译行为进行了考察，探讨了这些学者的翻译与中国现代学术话语之间的关系，认为严复等人的翻译活动，不仅仅是扮演了文化传播的角色而已，这些学者更是在翻

---

① 沈毓桂：《论西学为当务之急》，《万国公报》1891 年第 19 期。
② 钱穆：《现代中国学术论衡》，生活·读书·新知三联书店 2001 年版，第 6 页。

译活动中，受到西方学术思想的启发，"包容并拼合了古今中外的重要学术思想"①，对中国现代学术范式的形成起到了重要作用。

刘梦溪指出，严复的翻译，可以算是"中国现代学术发端的一个重要标志"②。他的大量译著，本身包含了学术思想的自觉性。从严复的译著范围，和他对西方学术精神的理解看，"自由"与"民主"是他学术译介和学术思想的核心。梁启超认为，有清一代的学术风气，重考据，崇古尚德，"后起者因袭补苴，无复创作精神；即有发明，亦皆末节"③。此外，中国传统学术始终强调学问的经世致用，学术无法从政治权力和伦理秩序的绑架中脱离出来，获得独立地位。严复等人的翻译和对西方学术思想的阐释，说明了晚清时期中国学人通过对西方学术观念的吸收，开始意识到学术的独立价值和意义。

其次是现代学制的建立。1905年清廷废除科举制度之后，同时诏令开放民间办学的权利。这在制度层面上使新式学堂得以快速兴起。新式学校在学制、授课内容等方面都与传统书院只注重经史子集的相关学问不同，具备了学科专门化的特质。中国的高等教育，也在模仿和借鉴西方大学教育理念的过程中，完成了从"太学"到"大学"的转型。大学作为专门的研究机构，为学术工作者提供了专心治学的外在条件，而现代中国高等教育仿效西方大学进行学生自治的办学实践，进一步促成了学术的独立。陈平原所谓"对于中国学术而言，大学制度的确立至关重要"④，其意义正在于此。

中国学术的现代转型，除了在学术观念上确立了学术的"自由

---

① 彭发胜：《翻译与中国现代学术话语的形成》，浙江大学出版社2011年版，第263页。

② 刘梦溪：《中国现代学术要略》，生活·读书·新知三联书店2018年版，第158页。

③ 梁启超：《清代学术概论》，四川人民出版社2018年版，第11页。

④ 陈平原：《中国现代学术之建立——以章太炎、胡适为中心》，北京大学出版社1998年版，第18页。

之思想，独立之精神"外，在方法上对西方学术也多有借鉴和转化。梁漱溟在《东方学术之根本》中谈及中国学术与西方学术的差异时指出，中国和印度文化讲求生命智慧，西方学术则讲求科学，"分析观察一切……将一切物观化。将现象放在外面，自己站在一边，才能看得清楚"①。在梁漱溟看来，东方学术的根本还是一种为人之学，与西方重实验和逻辑的学术不同。中国传统学术的这种特征，常常为人诟病为缺乏科学精神。而中国学术实现从传统向现代的转型，在方法论上极为关键的一点就是对科学方法的倡导。

提到"科学方法"，就不能不提胡适。在中国现代学人中，恐怕没有谁比胡适更注重研究的方法。他之所谓科学方法，总结起来就是"大胆的假设，小心的求证"②。胡适的这种实证主义倾向，主要是受到了赫胥黎和杜威的影响，他直言此二人使自己"明了科学方法的性质与功用"③。在西方实证主义哲学思想的影响下，胡适不仅将实证的方法运用到文学研究上，还重新发现和阐释了清代乾嘉朴学的传统。他认为乾嘉朴学的训诂考据，本质上就是"归纳和演绎同时并用的科学方法"④。尽管胡适对实证主义科学方法的极端推崇，使他的学术研究方法论在实践上毁誉参半，但确实在中国现代学术范式的变革中，开一代风气之先。自他之后，"青年皆知注重逻辑。视清末民初，文章之习显然大变"⑤。

在中国"近三百年前所未有之变局"下，学术现代转型的历史图景无疑是复杂的。面对新学与旧学、国学与西学之间的纠葛，如何在"拿来"的同时又不致使中国固有之价值全面崩盘，在交流碰撞中，使中国学术化得新生，就成了现代中国人文知识分子最大的

---

① 梁培宽、王宗昱编：《中国近代思想家文库·梁漱溟卷》，中国人民大学出版社 2015 年版，第 63 页。
② 欧阳哲生编：《胡适文集》卷 4，北京大学出版社 1998 年版，第 105 页。
③ 欧阳哲生编：《胡适文集》卷 5，北京大学出版社 1998 年版，第 508 页。
④ 欧阳哲生编：《胡适文集》卷 2，北京大学出版社 1998 年版，第 290 页。
⑤ 熊十力：《十力语要初续》，岳麓书社 2013 年版，第 22 页。

学术愿景。钱锺书曾于《谈艺录·序》中写道:"东海西海,心理攸同;南学北学,道术未裂。"① 作为"五四"一代学人的后辈,钱锺书提出中西文化融合会通的理论主张并非首创。早在王国维时期,他就从理论和实践两个方面试图会通中西,提出"学无新旧,无中西"② 之论,并在《红楼梦》研究中积极化用叔本华的哲学思想。陈寅恪在总结王国维的治学方法时就指其能"取外来之观念与固有之材料相互参证"③。钱锺书在清华时期的老师吴宓更是深受白璧德新人文主义的影响,将推动古今中西文化的融合视为己任:

> 世之誉宓毁宓者,恒指宓为儒教孔子之徒,以维持中国旧礼为职志;不知宓所资感发及奋斗力量,实来自西方。……亦可云,宓曾间接承继西洋之道统,而吸收其中心精神。宓持所得之区区以归,故更能了解中国文化之优点与孔子之崇高中正。宓秉此以行,更参以西人之注重效率办事方法,以及浪漫文学、惟美艺术,遂有为《学衡》、为《文学副刊》,对碧柳、对海伦之诸多事迹。④

吴宓这段心迹自剖,也是对中西方文化持"会通"态度的现代学人的基本主张。也就是说,所谓"会通"或"融合",是在理解东西方学术在学理上的普遍规律,坚持本民族文化价值的基础上,吸收化用西方学术经验。

王国维、陈寅恪、吴宓等现代学人不仅凭借自身的学术实践推动了中国现代学术传统的形成,更是通过在中国大学中的教学影响

---

① 钱锺书:《谈艺录》,商务印书馆2011年版,第3页。
② 王国维:《国学丛刊序(一)》,载贺昌盛主编《国学初萌》,浙江教育出版社2014年版,第175页。
③ 陈寅恪:《王静安先生遗书序》,载刘梦溪主编《中国现代学术经典·陈寅恪卷》,河北教育出版社2002年版,第854页。
④ 吴宓:《吴宓诗话》,吴学昭整理,商务印书馆2005年版,第214—215页。

了一批又一批青年知识分子，从而使自己的学术观念、方法以及学术精神得以传承。1925年，清华大学在曹云祥等人的筹备下，吴宓、王国维、陈寅恪、梁启超等人先后受聘进入清华研究院。其时，清华文科各系在教育方针、课程设置上进行了重大变革，又有中外名师群贤毕至。仅就普通文科部分，就有朱自清、孟宪承、钱基博等人教授"国文"，外国文学课程则有王文显、朱传霖、翟孟生、温德等中外学者负责。从课程设置上来看，清华文科的办学目的是与这一批知识分子"会通东西"的治学理念不谋而合的。1927年，清华大学出版了各文学系学程大纲，其中，西洋文学的课程总则明确其教学目标："使学生能（甲）成为博雅之士，（乙）了解西洋文明之精神，（丙）熟读西方文学之名著，谙熟西方思想之潮流，因而在国内教授英德法各国语言文字及文学，足以胜任愉快，（丁）创造今世之中国文学，（戊）汇通东西之精神思想而互为介绍传布。"[1] 延请第一流学者入校教学，将"博雅"和"汇通东西之精神思想"作为培养人才的目标，这种兼收并蓄的学校氛围使清华的学风一时之间真正是"新旧合冶""无问西东"[2]。

作为清华学子，杨绛并没有像钱锺书那样从本科起就在清华接受系统的学术训练——她在1933年考入清华研究院，此时的清华已非20年代的清华。在晚年杨绛的记忆中，仍以未能在清华鼎盛期入学为一大憾事。不过，出身于晚清留学生知识分子家庭，杨绛从小接受的教育就是中西兼并的。杨绛的父亲老圃先生是晚清留日学生，也是近代中国比较早从事译介工作的学者。据杨绛回忆，杨荫杭在1902年从日本留学归国后，第一份职业就是译书。虽然在近代翻译史上，和严复、林纾等人相比，杨荫杭不如前者广为人知，但他的《物竞论》与《名学》等译作在当时颇受中国知识分子重视，其中，周氏兄弟都是杨译《物竞论》的读者，周作人更是在日记中记载过

---

[1] 齐家莹编撰：《清华人文学科年谱》，清华大学出版社1999年版，第50页。
[2] 赵元任：《赵元任全集》卷11，商务印书馆2005年版，第272页。

自己反复研读杨译《物竞论》的事情①。杨绛在记载父亲的翻译工作时，也借冯自由《革命逸史》的评价说明了父亲翻译的历史影响："江苏人杨廷栋、杨荫杭、雷奋等主持之，以翻译法政名著为宗旨，译笔流丽典雅，于吾国青年思想之进步收效甚巨。"② 虽然在杨绛的回忆中，父亲并未鼓励过她进行翻译，但杨绛后来的翻译工作，与老圃先生的言传身教不能说是毫无关系。

除去家庭教育的影响，杨绛童年和少女时期先后进入的启明女校和振华中学也为她的中英文打下了坚实的基础。启明女校是教会学校。教会学校是近代中国接受西方文化输入的一个重要窗口。虽然教会学校的主要兴办人是来华传教士，其办学宗旨主要是传播宗教理念，介绍西方思想文化只是顺带，但是教会学校在近代中国的教育发展史上有着不可忽视的作用。首先是教育模式的改革。教会学校虽然以传教为主要目的，但是在教学内容、教学方法上都远远超出了宗教目的，具备现代学校教育的基本规模。这种不专门以经史子集的学习为目的，在学科设置上更为全面，教学理念上更为科学的西式学校之兴起，打破了中国传统私塾教育的单一模式，也推动了中国本土学校的改革。其次是东西方文化的交流。1811年，中国第一所西式学校在澳门建立之时，学校创建者就在计划书中写明办学宗旨是"交互教育中西文化，及传播基督教理"③。教会学校的办学宗旨，使得学校在课程设置上，极其重视语言的教学。杨绛在启明女校的三年时间，接受了最基础的国文课教育和英法文教育。她的散文《我在启明上学》记载了当时启明女校的教学情况：

---

① 据周作人壬寅年一月卅日、二月初五日的日记记载："外又书一缚，内系大日本加藤弘之《物竞论》、涩江保《波兰衰亡战史》各一册，皆洋装，可喜之至。""傍晚看《癸巳类稿》中释桥等数首，又阅《物竞论》。"引自张明高、范桥编《周作人散文》第四集，中国广播电视出版社1992年版，第170—171页。

② 杨绛：《回忆我的父亲》，载杨绛整理《老圃遗文辑》，长江文艺出版社1993年版，第936页。

③ 陈谷嘉、邓洪波主编：《中国书院史资料》（下），浙江教育出版社1998年版，第2025页。

> 列姆姆是苏格兰人，主管英语教学……每学年终了，大操场上总要搭上一个大舞台，台下摆满座位。学生像模像样地演几出戏，招待学生家长和贵宾。大班生和中班生演一出法文戏，一出英文戏……①
>
> 邹先生教大班生念四六文，还要作诗。……我是邹先生教的最低班，读《孟子》，每段都要背……邹先生班上作文，限在课堂上做。一次，题目是"惜阴"。我胡诌说："古之圣贤豪杰，皆知惜阴。"依姆姆看了课卷，满处称赞"小季康明悟好来！"……②

从杨绛的回忆中可以看到，启明女校的国文课程在内容和教学方法上，一方面带有旧式私塾背诵四书五经的传统教育方式的影子；另一方面，教会学校西化的教育结构，使学生在进行外语学习的时候，能够将课堂学习和课外实践很好地结合在一起，更深入地体会西方语言文化。

振华中学同样是传统教育和西式教育糅杂的学校。杨绛在振华学习期间，文言经典的学习在国文课上占了很大比例。杨绛在这一期间，不仅扩大了对传统经典的阅读，还开始接受了古诗文写作方面的训练。从现存的杨绛中学时期诗作来看，她的《斋居书怀》和《悯农诗》两首作品，虽然在表情达意上有为文造情的嫌疑，但好在辞句古朴，态度娴雅，不负"仙童好静"③的评语。

20世纪30年代，杨绛正式考入清华研究院外文系后，系统地接受了吴宓、梁宗岱、吴可读、温德、翟孟生、朱自清、王文显等学者在中外文学史知识及理论方面的训练，在杨绛后来的文学创作、文学研究和翻译工作中，都多少能看到杨绛与这些清华学者在学理

---

① 杨绛：《杨绛全集》卷3，人民文学出版社2014年版，第29页。
② 杨绛：《杨绛全集》卷3，人民文学出版社2014年版，第33页。
③ 吴学昭：《听杨绛谈往事》，生活·读书·新知三联书店2017年版，第41页。

和方法上的师承。而与钱锺书在欧洲长期的游学经历，则使杨绛能够深入欧洲文化环境中，广泛阅读外国文学经典原著，理解西方文化精神。在吴学昭所撰的《听杨绛谈往事》中，作者比较详细地介绍了杨绛在牛津陪伴钱锺书上学时的阅读状况：

> 十九世纪的狄更斯、萨克雷等大家，在我们心目中都是经典……二十世纪的作者比十九世纪多，越近代，作品越多。这类书都是从牛津市图书馆借的，借到就读，不能按着文学史的先后读了。戏剧、诗、小说，各大家至少看代表作三四部，有的借到就全看。……①

从吴学昭的这段记录中可以看到，杨绛在欧洲游学期间，对欧洲文学史上作家作品的了解不仅是全面的，而且是有重点的。

如果说，教会学校和振华中学新旧中西杂糅的教学方式，使杨绛在接受传统文化教育的基础上，初步了解了西方的语言思想文化，那么，在清华的学习，则令杨绛接受了一代清华学人开创的"无问西东"的学术传统。这甚至可以说是她一生的学术起点。钱锺书逝世时，学界曾有如此评价："钱锺书去世，意味着20世纪初涌现出来的那一代学人的终结。钱锺书学贯中西、融会古今，他的治学态度和学术成就堪称那一代学人中的一个代表……"② 学界对钱锺书的评价，说明了20世纪初叶在中西文化碰撞融合中诞生的一批知识分子，是以沟通古今中西的学养为特征的。杨绛在中国现代学术思想史上，虽然不具备钱锺书文化巨擘的淹博和广度，但是她的人生经历，以及她在文学研究和翻译上的造诣，同样表明她是典型的能够"会通中西"的现代学人。

---

① 吴学昭：《听杨绛谈往事》，生活·读书·新知三联书店2017年版，第41页。
② 任明耀：《怀念恩师钱锺书》，引自《求真斋文存》，浙江大学出版社2014年版，第153页。

第二节　杨绛与"京派"文化精神

自 1933 年沈从文在《大公报·文艺副刊》发表《文学者的态度》一文之后,"京派"与"海派"作为两个以地域为限制的文学派别概念,引起了无数的争端。在一般的文学史书写中,"京派"被认为是 20 世纪 30 年代以北平知识界为中心发展起来的文学流派。但在当时,公认的京派作家并没有形成统一的创作团体、组织、文学宣言,只有在审美趣味、文化观念等方面存在共通性的作家群体。一些研究者认为,"京派"的形成实质上是"五四"文学社团、流派在大革命落潮之后分化、重组的结果,"京派人物的身份是相对的,京派发生的时间也不便严格界定"[1],因而,对"京派"的界定,不能仅仅囿于"文学流派",将其视为一种文学群落或者文化现象更为恰当。

文学武认为,20 世纪二三十年代,"京派"之所以能够作为一种新的文学现象出现,得益于当时北平高校"自由、民主的空气和良好的学术环境"[2]。如前所述,20 世纪 20 年代后期,清华等高校通过学制改革,形成了"无问西东"的文化氛围和学术风气,这为自由主义文艺思潮提供了良好的生存土壤。自由主义文艺思潮催生的"京派"作家群体,有相当一部分就是当时清华、北大和燕京大学等高校的师生。如朱光潜、梁宗岱等都是当时任职于清华的教师,李健吾、何其芳、卞之琳等人是当时就读于清华、北大或燕京的学生。此外,一些作家虽非"京派"代表人物,如朱自清等人,由于他们与京派作家群体关系密切,也被纳入了"京派"的阵营。

---

[1] 周泉根、梁伟:《京派文学群落研究》,上海三联书店 2012 年版,第 9 页。
[2] 文学武:《多维文化视域下的京派文学研究》,东方出版中心 2013 年版,第 1 页。

由于没有统一的组织，京派作家之间的交往主要是通过文学沙龙、报纸期刊等媒介来达到交流文学观念、扩大文学影响力的目的。其中，《大公报·文艺副刊》《骆驼草》等杂志是当时京派文人开展文学活动的主要阵地。沈从文等人担任《大公报·文艺副刊》主编期间，挖掘了大批文学新人，以《副刊》为中心，形成了京派自由宽和的文学气象。

从杨绛步入文坛的因缘看，可以说她是在京派文人的影响和提携之下成长起来的。1933年，杨绛在《大公报·文艺副刊》上发表了散文处女作《收脚印》，这时她已经是清华研究院外文系的学生。据杨绛的回忆，《收脚印》和小说处女作《璐璐，不用愁！》都是在清华期间朱自清《散文》课上的习作。这两篇作品经由朱自清推荐，得以发表。杨绛的这两篇习作不仅得到了朱自清的称赞，其中小说《璐璐，不用愁！》更是被林徽因编入《大公报丛刊小说选》[①]。杨绛的早期作品被收入《大公报丛刊小说选》，从侧面说明了杨绛在文学创作上和京派文人的文学观念、审美趣味存在一致性。尽管杨绛在清华学习的时日颇短，但她在20世纪40年代归国后，与京派文人来往十分密切。杨绛20世纪40年代的文学活动，尤其在戏剧创作方面，和京派作家李健吾等人的鼓励、批评不无关联。杨绛和京派作家群体之间的渊源，使得一些研究者试图将其划入"京派"的圈子，甚至称之为"最后的京派"[②]。杨绛是否能够被纳入"京派"的流脉之中有待商榷，毕竟她并不曾像汪曾祺那样鲜明地标举自己和"京派"作家的师承关系。不过，杨绛从"京派"文学群体中获取了精神资源，形成自己独特的文化人格和文学精神面貌，是一个可以论证的话题。

黄键在《京派文学批评研究》中对"京派"文学群体有这样一

[①] 据《听杨绛谈往事》中记载，《璐璐，不用愁！》被林徽因编入《大公报丛刊小说选》是杨绛随夫出国后的事情。吴学昭：《听杨绛谈往事》，生活·读书·新知三联书店2017年版，第95—96页。

[②] 黄红春：《杨绛创作与京派的关系》，《社会科学》2016年第7期。

段总结:"'京派'在中国现代文化史上几乎是一个不可思议的奇异存在。时至今日,中国的人文知识分子提起他们的时候仍然带着几分莫名的欣羡与追怀之意。在人们的想象中,他们有时如同激流中滞重的沙石,有时又像是海市蜃楼里的一片桃林。"[1] 黄键的评述恰如其分地勾勒出了"京派"在中国现代文学史上的文化面貌。不同于"海派"作家的商业化,也不同于左翼作家的革命性,"京派"文人始终保持着与政治的距离,凭借他们学贯中西的文化修养,维护文学艺术的独立性,整体上呈现出一种"隐逸"的精神气质。

隐逸作为一种与"仕"相对的社会—文化行为,在漫长的历史发展过程中,其精神向度、理论内涵和审美意义被中国知识分子不断拓宽和加深。在古代家天下的君权社会结构中,处于士人阶层的传统知识分子一方面具有强烈的入世精神和积极的道义担当;另一方面,士人阶层在现实生活上普遍的无所依托,又常常使其不得不依附于统治者门下。这就造成了传统知识分子与统治者之间亦师亦友亦臣、既合作又附属的矛盾关系。传统知识分子需要通过和统治者的合作,来实现其政治理想,而道统和政统的分立,又使得统治者对知识分子往往采取既拉拢又打压的策略。对于"道"的承担者——中国传统知识分子群体来说,如何在和统治者的博弈中保持人格独立,守护"道"的纯粹,是他们面临的主要问题。对此,孔子指出的解决路径是:"笃信好学,守死善道。危邦不入,乱邦不居。天下有道则见,无道则隐。邦有道,贫且贱焉,耻也;邦无道,富且贵焉,耻也。"[2] 知识分子要"善道",便要"守死",历来诸家注解将"守死"解为"以死殉道"。儒家对知识分子道义承担的设想,是建立在保存自身的基础上的。远离政治、回归民间的隐逸行为则是保存自身的主要方式。

在传统知识分子,隐逸是明哲保身以成仁,也是"非暴力不合

---

[1] 黄键:《京派文学批评研究》,上海三联书店2002年版,第46页。
[2] 杨伯峻译注:《论语译注》,中华书局2006年版,第113页。

作"的人生姿态的具象表达。但是，对于本就缺乏固定职业的士人而言，不出仕就意味着要面临沦为庶民之后的贫困问题。要"无恒产而有恒心"，知识分子需要从其他方面求得精神慰藉，达到心理上的平衡。由庄子"逍遥游"生发而来的无物我之辩的超然心境在魏晋时期有了山水田园这一明确旨归。从此，邦无道，知识分子便隐入山水田园。从自然风光中获得审美愉悦，来切断现实人生的烦恼，成了中国士人传统中的一大特征。

与传统士大夫相比，京派作家整体上闲适豁达的趣味和田园牧歌式的情调，不仅发扬了隐逸文化中"不臣不仕"的政治伦理自由传统，更进一步通过创作的实践和理论的建设强化了隐逸传统的美学意义。同时，他们在文学上孜孜以求的对乡土乌托邦世界的建构，是基于现代化进程中，对城市—乡村/工业文明—农业文明的二元对立结构的认知；他们对自然人性的讴歌，与传统士大夫注重固穷守节、安逸人生相比，多了一层对"人"的关怀："在京派作家的文学功用观中，人的因素也占据着极为重要的地位——文学对社会施加影响同样是通过人，通过对国民的每一个个体的人格塑造来达成的。"[①]

京派作家"隐逸"倾向的形成，既有"五四"落潮之后知识分子个体失落的因素，又有佛道传统的精神影响。同时，京派作家群体中，许多人是有海外留学经历的学者，这使得他们的创作，在"心远地自偏"式的名士气派和归隐姿态中，自有一种关心人性与文化的现代精神。但对于京派作家而言，优雅清淡的语言、健康纯美的人性，不仅仅是一种至高无上的文学与文化理想，更是他们远离现实冲突，在学院象牙塔中陶然自得的自觉选择。这种唯美与唯趣的绅士做派，多少是不食人间烟火的。

杨绛20世纪30年代的创作，有浓厚的"京派"文学优美静穆的特点。譬如《收脚印》这篇课堂习作，就和20世纪80年代杨绛的散文写作风格差异极大。其格调浪漫而诗化，鲜明地表现出一种

[①] 黄键：《京派文学批评研究》，上海三联书店2002年版，第122页。

古典审美倾向，属于典型的"青春写作"。全文主要以鬼魂的视角，想象了一场异世活动，以轻灵的笔调，表现了青年知识女性特有的敏感愁思。这一时期的杨绛，尽管对生命的体验有其特有的纤细和聪慧，但在散文写作上多少有些"为赋新词强说愁"，缺少经过生活磨砺之后的圆融与通达。同时，从写作技巧上看，《收脚印》这篇散文雕琢意味较浓，主要胜在氛围的营造，与情绪表达的婉转曲折、层次丰富上。散文的想象是奇特的。鬼魂收脚印，本身极为空幻缥缈，杨绛却将这种看不见摸不着的鬼神之事，以实笔写出。墙阴、树影、淡月、黄昏、晚风、露珠、草丛、虫声……这些意象组合在一起，从视觉、听觉和触觉上带给了读者清寂凄凉的阅读感受。而生者世界中的灯光、窗户、照相架等实物，又反衬了鬼魂的无所依归。这样的想象方式，应该说，颇得屈骚三昧。如《九歌·山鬼》中，对于山鬼的描写，开篇即是"若有人兮山之阿"[①]，一个"若"字，奠定了全诗恍惚迷离的基调；而《收脚印》中，一句"听说人死了，魂灵儿得把生前的脚印，都给收回去"[②]，同样造就了一个阴森幽微的开头。而文章奇诡的意境、鬼魂传递出的空虚怅惘的情怀，又可以看到一种和李贺的《苏小小墓》一脉相承的内在气韵。

《阴》则写于杨绛婚后与钱锺书游学牛津期间。这篇散文与《收脚印》相比，更为含蓄蕴藉。全文白描多而抒情少，对树阴、墙阴、屋阴、山阴等不同的"阴"之情状描写娓娓道来，从容镇静，间或穿插精当的比喻，自有一番理趣。与钱锺书结为连理之后，很难说杨绛没有受到钱锺书学者式写作的影响。毕竟，从两篇散文的风格来看，《收脚印》还有如唐诗般的丰腴，到了《阴》这篇文章里，杨绛的散文风格开始转为宋诗一样的枯瘦了。

总的来说，杨绛在20世纪30年代发表的两篇散文，都不是"为人生而艺术"的。"五四"新文学发轫以来，那种青年直面现实

[①] （宋）朱熹撰，黄灵庚点校：《楚辞集注》，上海古籍出版社2015年版，第58页。
[②] 杨绛：《杨绛全集》卷3，人民文学出版社2014年版，第229页。

人生和社会问题的热忱、迷惘和痛苦，在这一时期的杨绛散文中了无痕迹。无论是《收脚印》还是《阴》，都明显倾向于从自然山水中，去阐发对普遍人生的哲思，表现对生命的直觉感悟。正像朱光潜在《文学杂志》1937年的《编辑后记》中评价的那样，杨绛的《阴》是"以浓郁色调渲染出一种轻松细腻的情绪"①，这种闲适自然的情致和气度，以及与时代有意无意地距离，恰恰暗合了京派文学的隐逸倾向。

不过，尽管杨绛出身于条件优渥的新式家庭，早期清华校园生活令她浸润于京派文学的氛围之中，在文化观念、审美趣味、语言体式、题材选择等方面都受到了京派文人的影响，但是父亲杨荫杭律师生涯所带给她的见闻，少女时期的家庭变故，以及杨绛早年在东吴大学所学政治专业，都使得她对于人生世态的体察与京派文学圈内的核心作家有所不同。

这种差异主要表现在杨绛的小说写作上。20世纪40年代之前，杨绛的散文写作明显遵从了京派作家一贯追求的和谐、静穆的审美趣味，以及追求散文的艺术性、重视创作技巧又反对"为艺术而艺术"的原则。20世纪30年代的两篇散文，都可以看到一种偏于诗化的人生理想。杨绛的小说则不然。《璐璐，不用愁！》这篇小说，写的是青年女学生择偶的故事。主角璐璐在两个伴侣候选人之间游移不定，最后两位男朋友都弃她而去，幸好此时有成功获得出国留学名额这一消息可以自我安慰。这篇小说和京派小说一贯的写意、在对人性美的讴歌中包含冲淡深远的悲剧意识不同，它以喜剧的手法讽刺了主角璐璐虚荣的一面；与"五四"以来许多女作家在叙述女性婚恋问题时常见的那种感伤纠葛的浪漫主义手笔也不一样，杨绛这篇小说是反浪漫的。小说语言活泼明快，气氛热闹市井，少了许多京派小说的高雅做派，充满了烟火气息。和她早期的散文相比，这篇小说更为本色当行。京派作家整体表现出来的文学性格是内倾

---

① 朱光潜：《编辑后记》，《文学杂志》1937年创刊号。

型的，偏于纤弱哀愁；而杨绛无疑是外向且好冒险的。她并不以塑造某种审美化了的理想人性为目的，而是饶有兴趣地观察饮食男女在生活中呈现出的复杂人性，并对此报以适当的谐谑。如果说，京派作家是通过构建乡土乌托邦世界来保持与外部世界的距离，那么，杨绛与现实的距离是通过"看"来达到的。她并不对现实世界充满了诗人式的悲哀，她甚至乐于进入这样不完美的人间——小说中叙述者对人物表现出来的理解态度，让人看到了一个淘气而聪敏的青年杨绛在用她独特的方式观察世界。

尽管杨绛与京派作家群体的渊源颇深，甚至被一些研究者认为是在精神乡土、艺术审美原则和气质上都属于"京派的外围人员"[1]，但是，杨绛的人格底色和京派作家的隐逸一脉相比，到底存在着根本性的不同。

第三节 "含忍"与"自由"：杨绛的生存哲学

杨绛的文化个性与文学气质在20世纪40年代的发展，进一步显示出她与京派文人的差异。30年代的杨绛，在创作上还能看到明显的"京派"个性；40年代的杨绛，已然在空前紧张的时局、复杂的家庭关系和严峻的生存问题面前，发展出了一套应对现实变化的生存哲学。

1937年，抗日战争全面爆发后，钱杨两家在战争的影响下几经劫难。钱锺书在1938年3月12日写给英国朋友司徒亚的信中说："……我们将于九月回家，而我们已无家可归。我们各自的家虽然没有遭到轰炸，都已被抢劫一空。"[2] 杨绛的母亲在逃难途中去世，钱

---

[1] 火源：《智慧的张力：从哲学到风格——关于杨绛的多向度思考》，中国文联出版社2016年版，第164页。

[2] 吴学昭：《听杨绛谈往事》，生活·读书·新知三联书店2017年版，第137页。

杨两家此时均已避居上海。杨绛与丈夫钱锺书在回国之后却并未同时回到上海家中。钱锺书直接奔赴云南前往西南联大——在1938年至1941年之间，钱锺书长期旅居异地，先后执教于西南联大和蓝田师院。两地分居意味着本应由夫妻二人共同承担的家庭重担，都落在了杨绛一个人身上。

尽管这一时期，杨绛多数时候寄居娘家，但已婚妇女不得不去钱家履行儿媳的责任。钱家作为旧式大家族，人情和规矩都要比杨家芜杂，杨绛在1939年发表的散文《风》可算是此时心境的一个注解：

> 为什么天地这般复杂地把风约束在中间？硬的东西把它挡住，软的东西把它牵绕住。不管它怎样猛烈的吹；吹过遮天的山峰，洒脱缭绕的树林，扫过辽阔的海洋，终逃不到天地以外去。或者为此，风一辈子不能平静，和人的感情一样。[1]

常常要带着女儿钱瑗去钱家"做媳妇"的杨绛已然感受到两家的观念差异。1939年左右，杨绛应振华老校长王季玉女士之邀帮助筹备分校。对此杨绛的公公钱基博直接在家信往来中表示了对杨绛作为职业女性的轻视，而杨绛的父亲杨荫杭则对此十分不满[2]。钱锺书在此期间，也遭遇了来自家长的压力[3]。虽然终不得自由，但是杨

---

[1] 杨绛：《杨绛全集》卷3，人民文学出版社2014年版，第234页。

[2] 据吴学昭的《听杨绛谈往事》记载：钱基博老夫子听说儿媳将谋事，不以为然道："谋什么事？还是在家学学家务。便是做到俞庆棠的地位，也没甚意思。"老圃先生听说钱老夫子的话很不乐意，说："钱家倒很奢侈，我花这么多心血培养的女儿就给你们家当不要工钱的老妈子！"（《听杨绛谈往事》，生活·读书·新知三联书店2017年版，第149页。）

[3] 在《我们仨》中，杨绛记载了钱锺书往蓝田师院任职之前，二人在钱家所感受到的家庭压力："我抽空陪锺书同到拉斐德路去。一到那边，我好像一头撞入天罗地网，也好像孙猴儿站在如来佛手掌之上。他们一致沉默；而一致沉默的压力，使锺书没有开口的余地。我当然什么也没说，只是照例去'做媳妇'而已。可是我也看到了难堪的脸色，尝到难堪的沉默。我对锺书只有同情的份儿了。"（杨绛：《杨绛全集》卷4，人民文学出版社2014年版，第87页。）

绛也认可了这不自由。她既不指责抑制风的天地无情，也不赞美无束缚的风的破坏力。她对现状保持的是调和的态度——风的不驯伏是事实，而天地的束缚也可尊重。

在散文《流浪儿》中，杨绛进一步阐释了在自由和不自由之间保持平衡的方法，即"魂不守舍"。她将肉身比作"屋舍"，将心神比作"屋舍的主人"：屋舍简陋而心神放逸，能与天地往来而获得精神的自由。杨绛对精神逃逸种种设想的铺排颇有庄子《逍遥游》中"御风而行"的神仙气，但她又毕竟是人间的："我毕竟是凡胎俗骨，离不开时空，离不开自己。我只能像个流浪儿，倦游归来，还得回家吃饭睡觉。"[1] 杨绛的精神自由建立在对自我"凡胎俗骨"的认知上，这种认知实质上包含了对世俗秩序的肯定。"五四"以来的启蒙话语中，对个性自由的追求往往和世俗秩序相对立，激烈的抗争是"自由"的题中之意。但在杨绛这里，"自由"与"秩序"并没有形成明显的冲突。为什么杨绛对于"自由"的理解和追求缺乏一般意义上的"个人主义"特征，或许可以从她晚年和《文汇报·笔会》记者的一次交谈中得到答案：

> 笔会：杨先生，您一生是一个自由思想者。可是，在您生命中如此被看重的"自由"，与"忍生活之苦，保其天真"却始终是一物两面，从做钱家媳妇的诸事含忍，到国难中的忍生活之苦，以及在名利面前深自敛抑、"穿隐身衣"，"甘当一个零"。这与一个世纪以来更广为人知、影响深广的"追求自由、张扬个性"的"自由"相比，好像是两个气质完全不同的东西。这是怎么回事？
>
> 杨绛：这个问题，很耐人寻思。细细想来，我这也忍，那也忍，无非为了保持内心的自由、内心的平静。……含忍是保自己的盔甲、抵御侵犯的盾牌。我穿了"隐身衣"，别人看不见

---

[1] 杨绛：《杨绛全集》卷3，人民文学出版社2014年版，第236页。

我，我却看得见别人，我甘心当个"零"，人家不把我当个东西，我正好可以把看不起我的人看个透。这样，我就可以追求自由，张扬个性。所以我说，含忍和自由是辩证的统一。含忍是为了自由，要求自由得要学会含忍。①

杨绛以"含忍"为必要条件的"自由"与"五四"新文学运动以来所标举的"自由"存在明显的不同。"五四"以来的启蒙话语和现代性论题，以"人"的发现为标志，伴随着对"进化论"和西方社会—历史意义上的现代化内容的推崇。这使得"'现代/传统'，'西方/中国'二元对立，与'新/旧'价值二元论一起，构成20世纪中国现代性观念中比较固定的元素"②。这种二元对立的思维，反映在"五四"文学思潮发展过程中，表现为对以儒家思想为核心的传统文化的批判。而杨绛所看重的"含忍"，恰恰有着经过几千年传统文化积淀的民族性格特征。

"忍"作为中国传统文化中的一种重要价值取向，常与"谦""让"等价值概念联系在一起。《周易·谦卦》中就已经出现了对隐忍退让的君子人格的推崇。在儒家的思想体系中，对道德主体，即"仁者"的塑造，更是包括了"温、良、恭、俭、让"这些具体内容。这五种道德标准，大多属于"贵弱"之德。道家强调"柔弱胜刚强"，在技术层面上肯定了忍让品格的积极意义。《论语》中对以上五种道德标准的讨论，则是从事实层面强调了"忍"的效果："子禽问于子贡曰：'夫子至于是邦也，必闻其政，求之与？抑与之与？'子贡曰：'夫子温、良、恭、俭、让以得之。夫子之求之也，其诸异乎人之求与？'"③孔子的"闻政"，不是靠奔走于诸侯门下摇尾乞怜争取，而是靠包括"让"在内的道德人格之自我完善获得。

---

① 杨绛：《杨绛全集》卷4，人民文学出版社2014年版，第353—354页。
② 杨联芬：《现代性与中国现代文学的反思》，《西南师范大学学报》（人文社会科学版）2004年第2期。
③ 杨伯峻译注：《论语译注》，中华书局2006年版，第90页。

儒家关于"忍""让"的道德设想本质上是一种具有内在自我超越性质的道德自律。"含忍"是自律的方式,"成仁"是自律的目的。孔子说"克己复礼为仁",朱熹在《近思录》中对此解释道:"人能克己,则心广体胖,仰不愧,俯不怍,其乐可知。"① 这一具备古典自由主义思想的关于"克己"与"成仁"的辩证思维,正与杨绛所谓"含忍"与"自由"之辩证统一相类。

此外,杨绛的"含忍"与"自由",在不同的历史时期,面对不同的现实问题,其意义指向都是有所变化的。在钱家"做媳妇"时期的杨绛,她的"含忍"主要面向家庭伦理层面:"忍"包含了一种自我牺牲的道德倾向,通过道德主体的克制和包容,维持大家族中人与人之间的关系,进而获得一种和谐秩序。而1941年珍珠港事件发生、上海进一步沦陷之后,杨绛所追求的"自由",有了更多的个人生存与公共道德的意味。傅葆石对沦陷时期上海知识分子的两难处境做了如下描述:"一方面是活下来、照顾家庭、追求自我利益;另一方面是爱国责任和尊严。大多数留守上海作家为苟活在敌人统治下而感到羞耻,他们恨自己未能背井离乡,没能到经济落后的自由内陆地区去应对新的不确定的生活,这一道德困境深深地折磨着他们。"② 珍珠港事件前后,整个上海的物价经过了一个不断飙升的过程。战时上海投机倒把猖獗,商业假性繁荣严重,加上日本全面占领之后,伪币的发行加剧了物价的上扬。同时,日本军方与伪政府对上海的物价及粮食配给进行了严格控制:"顾米粮之配给,白米一升五及碎米五,合计价五元。以后六期,白米一升及碎米,合计价三元八角。与其时黑市米价每石四三五元者,已有相当距离。"③

---

① (宋)朱熹撰,(宋)吕祖谦编订:《近思录》,山西古籍出版社2007年版,第161页。

② [美]傅葆石:《灰色上海,1937—1945:中国文人的隐退、反抗与合作》,张霖译,生活·读书·新知三联书店2012年版,第4页。

③ 汤心仪:《上海之战时经济》,载朱斯煌主编《国民经济史》,文海出版社有限公司印行1939年版,第449页。

粮食等基本生活物资的高昂价格进一步造成了困守上海的知识分子生活上的困顿——如果不选择向敌伪政府投诚,那么这些知识分子就要和普通的上海市民一样,为了柴米油盐绞尽脑汁。

尽管此时钱锺书在上海并没有面临严重的失业危机,但是,维持基本生计依然成了杨绛家庭生活中的首要难题。这一时期的艰难生活令杨绛直到晚年都还记忆犹新:"日本人分配给市民吃的面粉是黑的,筛去杂质,还是麸皮居半;分配的米,只是粞,中间还杂有白的、黄的、黑的沙子。黑沙子还容易挑出来,黄白沙子,杂在粞里,只好用镊子挑拣。"① 沦陷区的生存压力使杨绛不再是那个在清华和牛津校园里诉说着轻愁和闲适情绪的闺秀:文学创作不再仅仅只是个人兴趣的载体或者非功利性的审美表达,它有了最直接也最残酷的生活本体意义——"为了柴和米"②。

这一期间杨绛的文学创作以戏剧为主。尽管令杨绛蜚声上海文坛的两个剧本《称心如意》和《弄真成假》在内容上与抗战主流话语的要求相去甚远,甚至表现出"斗争意义"的缺乏,但喜剧带来的"不妥协"的笑声同样在名节的保全和道德的超越过程中完成了杨绛有关"含忍"与"自由"的辩证逻辑。

有意思的是,与清华同窗李健吾在抗战期间所表现出来的理想主义和英雄气概相比,杨绛除了在《称心如意》中对主角有类似"道德胜利"的结局安排之外,她的这些剧本更多侧重了对物质生活的关注。无论是《称心如意》还是《弄真成假》,战时上海畸形的生活环境——比如市场的完全失控、特权阶级与市民阶层的贫富悬殊、知识分子的贫困潦倒等——都在人物的对话里作为隐晦的关联性符号存在。在两部喜剧中,英雄式的抗争是缺席的,即使人物为了改变自身命运而采取各种各样的行动,其形式也伴随着欺诈、虚荣和失败,其终极目的也只是为了获得更好的物质生活。杨绛对于

---

① 杨绛:《杨绛全集》卷4,人民文学出版社2014年版,第101页。
② 杨绛:《杨绛全集》卷4,人民文学出版社2014年版,第102页。

这些人物的复杂态度也说明了一些问题：在《弄真成假》中，周大璋和张燕华行为上的可笑和他们自身的生存困境所形成的张力消弭了部分滑稽感；而人物在结局中希望的落空和对现实的妥协，使整部戏最终不可遏制地呈现出一种深沉的悲剧性。

杨绛在这部剧中的严肃性再一次表明了她与中国现代主流文学的距离。战时知识分子对未来充满了乐观、激情和进取的斗争在杨绛这里失去了效力。她对于英雄话语、道德训导和浪漫幻想的回避，以及对现实生存问题的思索，无一不在说明杨绛对于"五四"以来知识分子精英启蒙者身份的怀疑。在两部喜剧的创作中，假如说杨绛的怀疑态度多少还和战时的民族主义情绪保持着一种微妙平衡的话，那么到了抗战胜利前夕完成的《风絮》中，她对于知识分子问题的反思已经是直接而尖锐的了。

和前两部喜剧相比，《风絮》是一出彻头彻尾的悲剧。方景山作为一个受过精英式教育的知识分子，怀揣改造国民性的抱负，不惜与代表旧秩序的大家庭决裂，偕妻子隐居乡村试图打造一个理想化的乡村乌托邦社会。然而，精英与大众的隔阂，使启蒙遭遇了失败。村民并不能理解方景山发展教育事业的用心，对于以糊口为大业的百姓而言，在不能满足基本生存需求的前提下，接受教育就是"有了钱认字念书。认字念书了不会有钱"①。这似乎有些鲁迅笔下"看客"的影子。但是这部戏的重点不在批判国民的麻木，而在表现以方景山为代表的这类知识分子的弱点。方景山的悲剧主要不在于理想的失败，而在于他对于自身生活的无能为力。缺乏稳定经济来源的事业、夫妻感情的破裂以及个人自由的阻碍最终导致了方景山连妻子的生命也无法挽救。知识分子的启蒙者身份在这里遭到了全面的溃败，变成了连自身命运都无法掌控的渺小个体。

杨绛对知识分子启蒙者身份的怀疑使得她"含忍"的目的，既

---

① 杨绛：《杨绛全集》卷5，人民文学出版社2014年版，第248页。

不同于中国古代隐逸文化传统中"守死善道"之士对礼乐传统背景下"仁"道的维护；也不同于中国现代文学思潮中"自由"概念中所涵有的强烈的民族意识，更不同于周作人等基于一种玩世的、颓废主义人生观之上的"趣味"自由。她在此后的岁月中，所表现出来的"市隐"姿态和在文学领域孜孜不倦的探索，向世人昭示了一种调和了传统与现代，极具中庸色彩的"自由"。

第四节 "隐身衣"：杨绛的审美人生

李劼在比较施蛰存与钱锺书的人格差异时曾指出，20世纪中国存在两种不同的自由主义景观，钱锺书和施蛰存都属于虽然受到西方人文主义影响，但骨子里承继的是"中国历史上自由主义传统"[①]的那一类知识分子。其中，施蛰存是阮籍嵇康式的，而钱锺书是孔儒式的。尽管李劼对钱锺书孔儒式的自由主义多少有所贬抑，但也确实道出了钱锺书之自由主义的一些特点。作为当代中国文学史和文化史上的一对神仙眷侣，钱锺书与杨绛夫妇二人，在特殊的历史环境下选择的生存策略，很难用崇高或鄙俗简而论之。经历过20世纪40年代上海沦陷区的生活，和长久的历史动荡，杨绛与钱锺书是无法像"五四"时期的中国知识分子那样沉浸在意气风发的革命期望之中去张扬个性的。现实生活给予的教训是，对于知识分子而言，保存自身比争当时代先锋更为重要。

1945年，杨绛在《新语》第三期上发表了散文《窗帘》。这篇文章和钱锺书的《窗》在意象的互文性和结构上的对话性，表明了夫妇二人思想上的交相辉映。尽管精神相似，但性格还是各有不同。钱锺书在对如何保存自身的认知上，始终存有作为知识分子的骄傲

[①] 李劼：《枭雄与士林：二十世纪中国政治演变与文化沧桑》，香港晨钟出版社2010年版，第205页。

与苦闷。因此,《窗》的谐谑中始终带着一丝挥不去的涩意。杨绛的《窗帘》则显示出了一种宽容的随意。钱锺书的"窗",其作用在于使人既可向外观测世界,又可安坐室内,"无须再到外面找",甚至可隔断"我"与他者的联系,"关窗的作用等于闭眼",且"关窗"是必要的①。在钱锺书这里,通过"隔断"保持自我是必要而且决绝的。而杨绛在处理自我与他者之间的关系上,并没有钱锺书那样决绝的态度。她的《窗帘》主要不在张扬"我"对外部世界的隔断,而是强调距离。在杨绛看来,有了"窗帘"的遮掩,人与人之间有所距离,"天真朴素"才得以保存。在杨绛看来,自我与他者是一种"尽管摩肩接踵,大家也挤不到一处"②的主体共在,自由并不需要关上"窗户"才能获得,自由只需要有"窗帘"的掩饰,就能保证。

这种从20世纪40年代沦陷区生活获得的,"隔离,不是断绝"③的"窗帘"主义,在杨绛写于1986年的散文《隐身衣(废话,代后记)》里有了更为详细的阐释:"消失于众人之中,如水珠包孕于海水之内,如细小的野花隐藏在草丛里,不求'勿忘我',不求'赛牡丹',安闲舒适,得其所哉。"④将两篇散文进行比较,可以看到《隐身衣》呈现出来的精神内涵和《窗帘》相比,更为系统和丰富。甚至可以说,直到写作《隐身衣》的年代,杨绛才真正开始将早年的创作个性与生存哲学,融合至一种审美人生的境界。

这种审美人生,包含了三层内容:一是,在积极的入世姿态中进行的道德自我超越;二是,回归民间智慧的古典喜剧精神;三是,在冷眼旁观中保存的天真趣味。而这三层内容,又无不体现着传统文化尤其是儒家文化对杨绛人格塑造的影响力。

---

① 钱锺书:《钱锺书集・写在人生边上・人生边上的边上・石语》,生活・读书・新知三联书店2007年版,第8页。
② 杨绛:《杨绛全集》卷3,人民文学出版社2014年版,第244页。
③ 杨绛:《杨绛全集》卷3,人民文学出版社2014年版,第244页。
④ 杨绛:《杨绛全集》卷2,人民文学出版社2014年版,第201页。

杨绛在《隐身衣》中说："我们都要隐身衣；各披一件，同出遨游。"① "隐身衣"的手段是"隐"，目的是"游"，这首先说明了杨绛的态度是入世的，而不是避世的。其次，杨绛的"游"，是游于人世之中，而不是游于山水田园、清风朗月之中："世态人情，比明月清风更饶有滋味；可作书读，可当戏看。"②

可见，杨绛的"游"不是庄子式的"逍遥游"，而是孔子式的"游于艺"。因为庄子式的"逍遥游"本质上是超脱世俗、卸下责任，进入泛审美境地的，非伦理、非政治的，与万物同一、天地同寿的，志在"无我"的"游"；而孔子式的"游于艺"，是扎根于伦理社会、"志于道，据于德，依于仁"③之上的，经过内在道德的自我超越之后的一种"从心所欲而不逾矩"④。

纵观杨绛一生，可以看到这是一位极其注重修身养性，反求诸己的知识分子。无论是幼时因为"干坏事"而"自己训了自己一顿"⑤的律己，还是成年以后，不随意针砭人物，待人以和的风度，都体现了杨绛在"修身"方面极高的自我要求。直到杨绛晚年，这种对自身、对人类的反思依然没有停止。正像她在《走到人生边上》中所说的那样："修身——锻炼自身，是做人最根本的要求。天生万物的目的，该是堪称万物之灵的人。但天生的人，善恶杂糅，还需锻炼出纯正的品色来，才有价值。这苦恼的人世，恰好是锻炼人的处所，好比炼钢的工厂，或教练运动员的操场，或教育学生的教室。"⑥ 对于人世的烦恼和苦难，具备庄禅性格的文人虽然也可能或穷途而哭，或金刚怒目，但他们的最终目的是从苦恼至空无，达到解脱。哪怕是杨绛欣赏的苏轼和陶渊明，也最终在"万物之无尽藏"

---

① 杨绛：《杨绛全集》卷2，人民文学出版社2014年版，第197页。
② 杨绛：《杨绛全集》卷2，人民文学出版社2014年版，第200页。
③ （宋）朱熹：《四书章句集注》，中华书局1983年版，第93页。
④ （宋）朱熹：《四书章句集注》，中华书局1983年版，第54页。
⑤ 杨绛：《杨绛全集》卷2，人民文学出版社2014年版，第28页。
⑥ 杨绛：《杨绛全集》卷4，人民文学出版社2014年版，第255页。

与"悠然见南山"之中醉而忘忧了。

但杨绛对待生活采取的始终是乐观主义的直面姿态：在沦陷区不能与侵略者作正面交锋，便以笑声作为抗议；在"文革"中被批斗，便处处发现人性之美给予自己信心。这种"千磨万击还坚劲"的向上之气，从根本上讲，是一种典型的"天行健，君子以自强不息"的儒者性情。

有关杨绛在为人与为文上的价值取向，许多研究者喜欢用"边缘"或"业余精神"来强调杨绛的独立性。"边缘"的概念来自萨义德的《知识分子论》，这个概念和"流亡"一词一起，被用于描述知识分子面对权力倾轧的生存策略。尽管萨义德对知识分子的"流亡模式"的阐释在有些方面与杨绛"隐身衣"哲学观的内容有所契合——对权威的警惕，与主流的距离，通过"边缘"或者说"在野"状态保持知识分子精神的独立与自由，等等，但二者观点的语境和设想的知识分子的人格类型还存在较大差异。其中，萨义德"流亡者"人格的显性特点在于，"永远处于不能完全适应的状态"[①]。这种永远流浪、疏离而争取抗争和独立结局的悲剧性，带有宗教色彩的殉道者精神，在杨绛这里是不大适用的。其次，萨义德对知识分子个体悲剧性的超拔，实际上也与杨绛对知识分子人格的反思相悖。

在《风絮》中，杨绛并不以方景山这类知识分子的不与世俗秩序合作为崇高。事实上杨绛也不主张知识分子的理想主义。正如她对堂吉诃德这一人物形象在赞赏中始终有一份同情和怜悯："我读了《堂吉诃德》，总觉得最伤心的是他临终清醒以后的话：'我不是堂吉诃德，我只是善人吉哈诺。'"[②] 这一态度也正是杨绛对父亲杨荫杭的态度。杨荫杭是民国时期的大律师，曾先后出任京师高等检察

[①] [美]爱德华·W. 萨义德：《知识分子论》，单德兴译，生活·读书·新知三联书店2002年版，第48页。

[②] 杨绛：《杨绛全集》卷2，人民文学出版社2014年版，第139页。

厅长和江苏省高等审判厅厅长，由于性格刚烈，"坚持司法独立"①，总是处处碰壁。少女时期的杨绛目睹过父亲所坚持的法律正义在各种各样的势力面前的失败。这种经历从杨绛晚年的回忆可以看到对她的影响很大——尽管她对父亲的"疯骑士"性格心怀孺慕之情，但是对知识分子理想始终有所保留——这使得杨绛一生之中始终在有意识地弱化身为知识分子的精英意识。

知识分子与大众，无论在中国还是西方，都存在一种二者相互对立的结构。在中国传统文化的概念里，"大众"主要以"民"的面目出现。《论语》中对君子仁道的实践，其目的始终包含了教化民众的要求："君子笃于亲，则民兴于仁；故旧不遗，则民不偷。"②孟子更是将"民"看作是"则无恒产，因无恒心"③的群体。在中国古代社会的君臣—父子伦理结构中，知识分子对"民"的教化，多少还带有血缘之亲的色彩在其中。西方历史中的"大众"，其语义在大众文化兴起过程中则经过了一个现代意义的改造。奥尔特加在《大众的反叛》中将"大众"定义为"从不根据任何特殊的标准——这一标准的好坏姑且不论——来评价自己，他只是强调自己'与其他每一个人完全相似'。除了这种可笑的声明之外，他感觉不到任何烦恼，反倒为自己与他人的相似而感到沾沾自喜，心安理得"④。可以看到，无论是中国还是西方，知识分子对"大众"的看法普遍存在这样一种印象，即这一群体是平庸的、堕落的、心智不健全而有待于知识分子去拯救的；而现代教育的兴起和传媒业的发展，令"大众"对本属于智识阶级在文化、审美、道德等方面的特权构成了威胁。约翰·凯里认为，这种威胁促使了西方现代主义文学的发展。它的非理性和模糊性特征的出现，源于欧洲知识界"殚

---

① 杨绛：《杨绛全集》卷2，人民文学出版社2014年版，第104页。
② 杨伯峻译注：《论语译注》，中华书局2006年版，第89页。
③ （宋）朱熹：《四书章句集注》，中华书局1983年版，第211页。
④ ［西班牙］奥尔特加·加塞特：《大众的反叛》，刘训练、佟德志译，广东人民出版社2012年版，第29页。

精竭虑地决心把大众排斥于文化领域之外"① 的动机。

而"五四"以来,中国知识分子与"大众"并不总是启蒙与被启蒙的关系,在激烈的民族矛盾和阶级冲突中,二者之间也常出现位置的互换。中国现代知识分子面对这种关系的错位,或主动投身于"为工农兵服务"的运动,扮演被改造的角色;或在历史的洪流中被迫沉默,或在个人叙事和公共话语的冲突之间,选择远遁。

杨绛既不因知识分子的尴尬处境而沉默,也没有选择彻底远离:她对于自身身份的定位是下沉式的——从"没用的知识分子"到"安分守己、奉公守法的良民"②。这种经过沦陷区生存体验而不断明晰的、下沉式的定位,使得杨绛几乎很难出现萨义德所说的那种"倾向于以不乐为荣,因而有一种近似消化不良的不满意,别别扭扭、难以相处"③ 的流亡知识分子心态。甚至对待文学创作与学问,杨绛也没有将其视为人类伟大事业,并不打算通过创作与研究去"为往圣继绝学,为万世开太平"④,甚至也没有什么建立"健康的人性"的志业。她对于知识分子精英意识的弱化,是去崇高的。

杨绛对于知识分子与"大众"关系的认知,既不是启蒙者和被启蒙者的关系,也不是改造者和被改造者的关系。在杨绛看来,"人"是抽象而具体的,是"灵魂与肉体的结合,灵与肉各有各的本性"⑤。这种认知消弭了现代文化意义上的身份建构,回到了古希腊式的,对"人"的定义之中。"灵与肉是不和谐的"⑥,因而"人"总有被欲望支配的状态,存在不同形式的人性弱点。这种对于知识分子

---

① [英]约翰·凯里:《知识分子与大众:文学知识界的傲慢与偏见,1880—1939》,吴庆宏译,译林出版社2010年版,第19页。
② 杨绛:《杨绛全集》卷4,人民文学出版社2014年版,第107—108页。
③ [美]爱德华·W. 萨义德:《知识分子论》,单德兴译,生活·读书·新知三联书店2013年版,第48页。
④ (宋)张载:《张载集》,章锡琛点校,中华书局1978年版,第320页。
⑤ 杨绛:《杨绛全集》卷4,人民文学出版社2014年版,第216页。
⑥ 杨绛:《杨绛全集》卷4,人民文学出版社2014年版,第221页。

的去崇高化，却在一定意义上使得学问和艺术回到了它的原初意义上——"串门儿"①和"消遣"②。

也正因为如此，杨绛的作品中几乎没有出现过现代意义上的"个人"反抗与绝望。与许多深具现代性的作家相比，杨绛的创作常呈现出对人生的宽容式妥协。她的小说和喜剧塑造了许许多多处于人生困境，欲冲出"围城"而不得，最后又心安理得地回到原有秩序之中的人物。在钱锺书的《围城》里，方鸿渐的苦闷还经过了一个不断深化，最终激烈地爆发的过程；而在杨绛的笔下，生存的种种荒诞、孤独、悲剧即使并不能最终获得解脱，那么也是可以用一种折中的方式对其进行理解和悦纳的。在杨绛有关婚恋题材的小说中，人物常常会面临生命的原发性激情与日常庸俗生活之间的冲突，但这种冲突又经常消失在世俗伦理的秩序之中，所有的一切总能恢复表面的平和与圆满。

杨绛的平和与圆满，在《洗澡之后》这部续作中表现得尤为明显。有关这部作品艺术水准的问题争议很多，争论的焦点主要在于小说大团圆结局的处理方式上。原作中姚宓和许彦成爱情不了了之的空幻，是否就要比大团圆结局呈现出更加深远的意味，可以说见仁见智。但是，从《洗澡》到《洗澡之后》，许彦成与姚宓最终名正言顺地结为夫妻又不至于对原配杜丽琳造成伤害的恋爱逻辑，实实在在地反映了杨绛对世俗伦理的尊崇。

不过，杨绛对于大团圆结局的偏好，并非出自一种完全无目的和追求纯粹快乐的市民趣味。正如路德维格·简克尔在《喜剧心理学》里阐释"矛盾、滑稽及其引起的笑的第一个条件"那样："笑者有某些规范、道德的、正确的观念，或者正确些说，是对某种东西的一种完全下意识的本能……没有道德信念的人，冷酷无情和冥

---

① 杨绛：《杨绛全集》卷3，人民文学出版社2014年版，第246页。
② 田蕙兰、马光裕、陈珂玉编：《中国文学史资料全编·现代卷·钱钟书 杨绛研究资料》，知识产权出版社2010年版，第582页。

顽不灵的人是不会笑的。"① 杨绛小说和喜剧中的大团圆,是由先在的道德价值判断造成的。她对于"含忍"与"自由"的人生辩证,对"发乎情止乎礼"的精神传统的服膺,都使得她的作品中缺乏激情战胜理智的情节,而总是保持一种古典主义的和谐。这也令她的那"不调和的笑",尽管是"闪电般的"②,但是一瞬间灵肉合一的照亮,而非由激情主导的、彻底的讽刺和不屑。

无论是入世的"游于艺",还是弱化了知识分子精英意识的古典喜剧精神,杨绛的"隐身衣"最终都是为了"保其天真"③。席勒在论素朴的诗时,将天真与素朴等同。他认为能被称为素朴的,是"内心冲动战胜矫饰,战胜虚伪的礼仪,战胜伪装",但这种冲动不是指毫无规范和束缚的欲望,而是指"自由而健全的自然本性"④。席勒对"天真"的看法与孔子所言"从心所欲而不逾矩"近似,但也正如孟德斯鸠指出的那样,要取得"天真"的风格并非易事,"理由是它恰好在崇高和鄙俗之间,并且又同鄙俗如此相近,以致在经常同鄙俗接近的时候而又不成为鄙俗,那真是难乎其难了"⑤。

而杨绛却很好地解决了如何同鄙俗接近而又不成为鄙俗的问题。在杨绛看来,人毕竟是凡胎俗骨:

> 耐不得严寒酷热,也经不起任何损伤。……如果没有及时逃避的法术,就需炼成金刚不坏之躯,才保得无事。……肉体包裹的心灵,也是经不起炎凉,受不得磕碰的。要炼成刀枪不入、水火不伤的功夫,谈何容易!如果没有这份功夫,偏偏有

---

① [加]诺斯罗普·弗莱等:《喜剧:春天的神话》,傅正明等译,中国戏剧出版社 2006 年版,第 160 页。
② 杨绛:《杨绛全集》卷 3,人民文学出版社 2014 年版,第 250 页。
③ 杨绛:《杨绛全集》卷 2,人民文学出版社 2014 年版,第 200 页。
④ [德]席勒:《审美教育书简》,张玉能译,译林出版社 2009 年版,第 153—154 页。
⑤ [法]孟德斯鸠:《罗马盛衰原因论》,婉玲译,商务印书馆 1962 年版,第 153 页。

缘看到世态人情的真相，就难保不气破了肺，刺伤了心，哪还有闲情逸致把它当好戏看呢。①

心灵的脆弱之处，意味着世俗的个体力量并不能对抗人间真正黑暗与丑陋的真相。杨绛在《〈傅译传记五种〉代序》中对傅雷"竟被残暴的浪潮冲倒、淹没"②的叹惋，也再一次表达了她对于知识分子悲剧有效性的认知。在个体与世界的力量不对等的前提下，杨绛通过"隐身衣"保存自我，游戏人间，既不完全卸去责任、颓废赏玩人生，也不迎合市民趣味、沉迷饮食男女。这种非批判、非介入的"不调和的笑"，既有着西方人文主义思想的痕迹，也充满儒者"守死善道"的理性与变通。

纵观杨绛一生，"隐身衣"作为其文化人格的具象表达，可以说浸润了东西方古典文化传统，同时这种人格内涵既包含了早年在京派文学群体影响下所形成的趣味与创作个性，也包含了20世纪40年代以来，经过现实生活磨砺发展出来的以"含忍与自由"的辩证生存法则。她对儒者式的隐逸与自由思想不自觉的接纳和转化，使得她在"文学"与"人生"两大主题之间，终于开辟出一条别具风景的道路。

---

① 杨绛：《杨绛全集》卷2，人民文学出版社2014年版，第201页。
② 杨绛：《杨绛全集》卷2，人民文学出版社2014年版，第306页。

第 三 章

杨绛的性别身份建构

  迄今为止的杨绛研究中，从女性主义的角度对杨绛进行解读似乎是一件比较困难的事情。因为杨绛并非主流文学史意义中的"新女性"。她不叛逆，也不革命。她不像"五四"前后一批知识女性如冰心、陈衡哲等人那样积极参与女性解放问题的讨论。杨绛甚至自称为"一个不问政治且远离政治的政治系毕业生"①。她也不是现代中国都市空间中的"摩登女郎"，张扬女性的欲望，在爱情游戏中解构男性的传统形象。与许多标举性别意识的女性作家不同，杨绛看起来对传统男性话语中心的女性身份接受良好，她不仅自称为"贤妻"②，在和钱锺书的婚姻中，也用一生的时光践行了"贤妻"的角色——在杨绛晚年的自我总结中，她将自己定位为"钱锺书生命中的杨绛"③，表达了和钱锺书之间的不可分割性。钱杨二人的婚姻关系，很容易让人想到中国传统文化中才子佳人式的理想婚姻。事实上，长期以来，无论是普罗大众还是与钱杨夫妇来往密切的知识分子，大多都将杨绛视为钱锺书的"如花美眷"，甚至认为"把这对标准夫妻称之为'夫唱妇随'似最为

---

① 吴学昭：《听杨绛谈往事》，生活·读书·新知三联书店2017年版，第75页。
② 吴学昭：《听杨绛谈往事》，生活·读书·新知三联书店2017年版，第9页。
③ 杨绛：《杂忆与杂写：一九九二—二〇一三》，生活·读书·新知三联书店2015年版，第212页。

妥帖"①——尽管对钱杨夫妇关系冠以此评价的栾贵明引经据典地表示,"夫唱妇随"并无任何贬义,反而是对杨绛美好德行的褒扬。问题在于,"夫唱妇随"包含的是男性对理想女性的期待和规约,而非女性主体意识的彰显。如杨绛这样,剥离"钱锺书夫人"的身份,依然可以通过自己的文学创作、翻译蜚声文坛的女性作家,用一种他者化的想象对其进行解读显然是不合适的,这会极大地削弱杨绛作为独立知识分子的意义。

从"性别身份"这个角度对杨绛进行解读,首先需要认识到杨绛作为女性知识分子的主体性。尽管杨绛从个人生活到文学活动,从未就女性解放的问题专门著书论说,但是作为女性知识分子,她的文学创作、翻译及学术研究本身就是一个独立女性对自我价值的展示。其次,"女性"作为一个具有主体意义的概念,是中国现代化进程的历史结果。杨绛作为女性知识分子,她的自我言说都不可避免地带有时代烙印。讨论杨绛人生实践和文学实践中的性别身份建构问题,需要将她放在中国现代女性文学的谱系中,考察她的写作建构了怎样的两性关系,呈现了怎样的女性生命体验。

第一节 女性独立:从男性想象到自我言说

与西方女性解放的道路不同,中国的女性解放,一不是本国现代工业经济发展之下的女性自觉要求,二尽管经本国女性领导但未形成西方式的女权运动。中国的女性解放,一开始就是和国家民族复兴大业捆绑在一起,由男性知识分子宣传和主导的。李小江指出,中国的妇女解放,一方面有赖于19世纪末维新派人士对西方"进化

---

① 栾贵明:《夫唱妇随——钱锺书和杨绛的两则故事》,载《人生边上:钱锺书 杨绛档案》,江西教育出版社2018年版,第214页。

论"学说的引进，另一方面有赖于教会学校的兴办女学①。基督教的义理使到华传教士关注缠足问题并反对妇女缠足，而康有为等人更是在西方启蒙思想的影响下推广了"天足运动"。与解放小脚同时进行的，是女学的兴办。夏晓虹在考察晚清"天足运动"与女学之间的关系时指出，"不缠足与兴女学，今日分述两事，晚清人却每合一体"②。在维新派人士那里，办女学是消除缠足现象的根本途径，而兴办女学的一大教育目标就是解放小脚。从早期中国妇女解放的两件大事看，中国妇女解放，本质上是近代中国男性知识分子面临国族身份失落危机之际，在西风东渐的影响下，以反殖民和实现现代化为内在驱动力，对未来中国的想象和设计。所以，尽管近代不乏如秋瑾、吕碧城之类主动叛离传统伦理观念的女性，但总体来说，妇女解放依然在中国近代男性知识分子的话语主导之下，被置换成了"启蒙"与"救亡"双重口号下的一个重要子命题。

譬如，在梁启超所设计的民族复兴图景之中，妇女问题被摆在了改变国家积贫积弱状况的基础位置："居今日之中国，而与人言妇学，闻者必曰：天下之事其更急于是者，不知凡几？百举未兴，而汲汲论此，非知本之言也。然吾推极天下积弱之本，则必自妇人不学始。"③梁启超讨论兴办女学，让妇女获得和男人一样平等的受教育权，是从国家、家庭、繁衍等角度展开论述的。他认为，妇女首先是与男人一样，同属国家的公民，"凡一国之人，必当使人人各有职业，各能自养，则国大治"④；其次，接受过教育的妇女和未受教育的妇女相比，更善于营造和谐的家庭氛围，帮助丈夫建功立业；第三，只有受过教育的妇女，才能对孩子产生更好的影响，使孩童

---

① 李小江：《女性乌托邦：中国女性/性别研究二十讲》，社会科学文献出版社2016年版，第11页。
② 夏晓虹：《晚清文人妇女观》，北京大学出版社2016年版，第16页。
③ 梁启超：《论女学》，载《变法通议》，华夏出版社2002年版，第87页。
④ 梁启超：《论女学》，载《变法通议》，华夏出版社2002年版，第88页。

更加健康地成长。所以妇学"实为天下存亡强弱之大源"①,"为保种之权舆也"②。梁启超将妇女置于民族解放的话语体系之内,意在引导人们发现和挖掘女性的生产潜能,但是在梁启超这里,兴办女学,使女子受教育,最终还是为了使妇女更好地扮演妻子和母亲的角色,而没有涉及女子参与社会分工的问题。

梁启超等维新派人士的女性观,一方面要求妇女走出家庭,独立自主;另一方面,又希望女性成为更好的妻子和母亲,为丈夫和家庭服务,这在逻辑上本身就是自相矛盾的。而且,把国家复兴与妇女教育的问题捆绑在一起,反过来也很容易将国家衰弱的责任推到妇女身上。鲁迅就曾对这种话语逻辑不无嘲讽:"中国的男人,本来大半都可以做圣贤,可惜全被女人毁掉了。商是妲己闹亡的;周是褒姒弄坏的;秦……虽然史无明文,我们也假定他因为女人,大约未必十分错;而董卓可是的确给貂蝉害死了。"③鲁迅对女人"祸水论"的讽刺,恰恰说明了维新派的女性观本质上是一种没有真正认识到女性作为独立"人"的女性解放,它并不能真正改变中国妇女"某人妻"和"某人母"的附属地位。

但无论如何,随着国际时局的变化和中国经济结构的转变,妇女走出家庭,接受教育甚至参与社会劳动已经成为不可阻挡的历史趋势。男性知识分子对妇女解放问题的关注和宣扬,在客观上也促使了女性自我意识的觉醒。与民族革命紧紧相连的妇女解放运动,终于在辛亥革命之后深入到女子参政的问题上。尽管当时以唐群英等为代表的女界领袖向国民政府提交的女子参政请愿书并没有引起国民政府的重视,男女平权没有在立法层面上得以实现,但是妇女和男性一样作为独立的"人",有着同等的权利、尊严和自由,这一观念开始成为"五四"前后一批知识分子的共识。

---

① 梁启超:《论女学》,载《变法通议》,华夏出版社2002年版,第92页。
② 梁启超:《论女学》,载《变法通议》,华夏出版社2002年版,第93页。
③ 鲁迅:《鲁迅全集》卷1,人民文学出版社2005年版,第524—525页。

胡适在1918年向国人介绍了美国妇女"超于贤妻良母的人生观":

> 别国的妇女大概以"贤妻良母"为目的,美国的妇女大概以"自立"为目的。"自立"的意义,只是要发展个人的才性,可以不倚赖别人,自己能独立生活,自己能替社会作事。中国古代传下来的心理,以为"妇人主中馈";"男子治外,女子主内";妇人称丈夫为"外子",丈夫称妻子为"内助"。这种区别,是现代美国妇人所绝对不承认的。他们以为男女同是"人类"。都该努力做一个自由独立的"人"。①

胡适的"超贤妻良母主义"向传统伦理秩序下的性别角色分工发起了挑战。和晚清维新派人士提倡妇女解放是为了使妇女更好地发挥家庭职能不同,胡适以美国妇女的教育状况和生活状况为典范,指出女性教育要以培养女性独立人格为目标,使女性也能与男人一样可以参与社会劳动分工。在女性的社会角色和家庭角色之间,胡适无疑是支持女性有自己的终身事业的。1921年,胡适好友陈衡哲女士因生育不得不辍学时,他在日记中对这件事表示十分遗憾和同情:"莎菲婚后不久即以孕辍学,确使许多人失望。此后推荐女子入大学教书,自更困难了。当时我也怕此一层,故我赠他们的贺联为'无后为大,著书最佳'八个字。但此事自是天然的一种缺陷,愧悔是无益的。"②

胡适的看法代表了当时妇女解放潮流中的一种思想倾向,即女性要获得独立,就必须要成为职业女性,获得独立的经济权,拥有自己的事业。鲁迅在对妇女问题的关注中也显示了这一观念。他在《娜拉走后怎样》以及《关于妇女解放》等文章中,一再强调女性

---

① 欧阳哲生主编:《胡适文集》卷2,北京大学出版社1998年版,第490—491页。
② 胡适:《胡适日记全编》,曹伯言整理,安徽教育出版社2001年版,第464—465页。

经济独立的必要性，指出"自由固不是钱所能买到的，但能够为钱而卖掉"①。娜拉们假使不愿"回去"，又不希望"堕落"，那么首要的就是取得和男人一样平等的经济权。但事实上，也正像鲁迅在《关于妇女解放》中所提到的："五四"之后，虽然妇女的受教育权和社会劳动参与率都得到了较大的提高，但是女性在由家庭走向社会过程中遭遇到的各种歧视也是事实。

对于鲁迅、胡适等男性知识分子们而言，关于妇女解放的言说基本上也就到此为止。从旧秩序向新秩序过渡，从父权之下的附属品到具有独立人格的性别主体，道路虽然曲折，方法却显而易见。在鲁迅这里，尽管职业妇女面临着同工不同酬以及舆论歧视等困境，但是"战斗"可使女性"解放社会"，继而"解放自己"。然而，如何"战斗"？如何"解放"？答案是没有的。在胡适那里，知识女性要解决家庭与事业之间的矛盾，最好就是选择不婚主义或者拒绝生育。但是，对于一个已婚妇女来说，家庭责任和生育职能已经成为阻碍事业发展的基本事实，如何调和家庭与事业之间的矛盾，那就是妇女自己需要解决的问题，男士爱莫能助。

胡适和鲁迅们对女性在现实生活中遭遇的实际困难，之所以提不出行而有效的解决途径，一大原因就在于他们的女性观是一种基于男性视角的对妇女问题的审视。在妇女解放的道路上，他们是启蒙者，是倡导者，是同情者，而不是真正与妇女共同战斗的同志。在"五四"前后这批男性知识分子的视野中，女性扮演的是被拯救者的角色。在他们看来，问题的关键是如何让女性自己意识到，她们是需要觉醒和独立，以及为独立而战斗的性别群体，而不是去反思自身在男女平权的战斗中，应当承担何种责任，还存在何种缺陷。

所以，"五四"一代男性知识分子的问题在于，单方面地要求妇女通过经济和事业上的独立来获得为"人"的权利，只会将女性重新诱入"出走"还是"回去"的陷阱之中。至于女性在承担社会和

---

① 鲁迅：《鲁迅全集》卷1，人民文学出版社2005年版，第168页。

家庭施加的双重压力时的主体欲望和诉求,更是他们无法切身体会,也提不出解决之道的。

因而胡适和鲁迅等现代知识分子对妇女问题的认知,实质上依然是将女性置于"启蒙"理想之下的,一种现代意义的男性想象,而并没有真正触及女性之为女性的本质。正如戴锦华在分析新文化初期"女性"概念结构性缺失的问题时所指出的,鲁迅们在新文学史上塑造的"祥林嫂""子君"以及章秋柳等女性形象,她们作为历史的受难者和新文化的承担者,自身的象喻性远远超过了她们的性别内涵。子君可以是子君,也可以是别的什么新女性,她作为一个象征而非具体的个人所带来的后果就是,在男性作家们所造就的一个现代文学主流话语传统中,女性在"某种程度上再次充当了话语世界的空洞能指"①。

也正因为如此,中国现代化进程中有关妇女"回归家庭"和"走出家庭"的争论从未停止过。在大革命退潮后的20世纪三四十年代,一场关于"贤妻良母"主义的论战再次彰显了中国女性在传统与现代之间的历史困境。

提出"贤妻良母"主张的论者,从生理决定论的角度肯定了男女内外分工的必要。他们认为女性天然的生理机制,决定了女性只有"在'家庭'里才能得到真正的、生物的、长久的平等",而国家战争频发、儿童教育混乱的现实状况,使家庭教育成为唯一希望:"负家庭教育责任最重的,当然是'贤妻'与'良母'",所以"现在中国的妇女真应该把家庭教育的重任担起来。特别是受大学教育的女子,更应当努力于'贤妻良母',以献身于家庭教育"②。

20世纪三四十年代的国民政府,也致力于倡导妇女主持家庭事务,推广新生活。其时,《妇女共鸣》《妇女杂志》《妇女界》等杂

---

① 孟悦、戴锦华:《浮出历史地表——现代妇女文学研究》,河南人民出版社1989年版,第43页。

② 萍水:《贤妻良母》,《南开大学周刊》1931年第102期。

志都成了宣扬"贤妻良母主义"的主要阵地,胡孔殷、何景元等人更是在《每周评论》《社会半月刊》等刊物上积极推广"新贤妻良母主义"。这一观念甚至得到了当时部分知识女性的积极响应。陈衡哲在1935年《独立评论》上发表了《复古与独裁势力下妇女的立场》,其中,她对"男女在生理上的不平等"以及对"母职之类""女性特殊的任务"[1] 的肯定,遭到了何华等人的严厉抨击。与"贤妻良母主义"者的论述角度相同,何华等持反对"贤妻良母主义"立场的论者也从生理上和社会分工等方面,指出陈衡哲对男女性别差异的认知是对女性主体性的否认,并认为她对母性职能的强调其实是沉浸在自己"安适美满的生活"而看不到社会上"在家庭经济破产的状况下,被逼迫编入职业劳动者的队伍"的妇女生活状况[2]。

陈衡哲等知识女性在这场论战中的态度,说明了以男性话语中心为特点、以国家复兴为最终目的的妇女解放对知识女性,尤其是像陈衡哲等这样一批在事业和家庭上都相对完满的知识女性的影响。早在"五四"初期,冰心就塑造过"新思想旧道德兼备"[3] 的"完美"女性形象。和庐隐、冯沅君等不顾一切追求浪漫爱情的"逆女"不一样,冰心早期的小说大多展现了一种与传统伦理秩序相调和的婚恋观。她的《两个家庭》就以第一人称的视角叙述了两个不同家庭的生活状态:陈太太的家庭由于主妇沉迷交际和物质生活,不善于经营家庭生活,导致家政"凌乱无章"[4],男主人意志消沉,最终因酗酒和肺病而亡;亚茜的家庭,因为主妇勤于家事,积极承担教养孩子的责任,所以家庭和谐幸福。冰心在这篇小说里通过两个家庭讨论了女性的品性对家庭、对男性事业的影响。其中,冰心

---

[1] 陈衡哲:《复古与独裁势力下妇女的立场》,《独立评论》1935年第159期。
[2] 何华:《解放的"贤妻良母论":读陈衡哲女士的"复古与独裁势力下妇女的立场"后》,《妇女生活(上海1935)》1935年第1卷第6期。
[3] 吴文藻:《我的求婚书》,载李叔同等《旧时的盛宴》,华夏出版社2012年版,第162页。
[4] 冰心:《冰心文选·冰心小说选》,福建教育出版社2015年版,第8页。

对亚茜这一受过良好教育,并能吃苦耐劳,为家庭牺牲自己的"贤妻良母"的推崇,可以说是"新贤妻良母"主义在文学虚构上的具象呈现。

冰心、陈衡哲等知识女性在妇女解放的问题上之所以会选择一种调适的姿态而非对抗的姿态,很大程度上要归因于她们所处的社会阶层和舆论环境。在同一阶层中,那些在不同程度上接受了男女平等观念,并试图去改善妇女处境的男性知识分子,能够给予身边的女性以相对开明和自由的气氛。这使得冰心们不必直面宗法的严苛和伤害,也不必成为中国式的"娜拉"就能获得独立和身为"人"的尊严;而这种被动的平等,在深层心理机制上,是无法使这些女性知识分子摆脱"为人妻"与"为人母"的角色陷阱的。其次,近代以来,教会学校对基督教"爱"的观念的引入,在某种程度上和中国女性的贤良传统有所契合。这些从西式教育中成长起来的知识女性,当"爱"的观念和尚未完全退场的中国女性道德传统相遇时,几千年来沉淀在骨血里的母性本能,使她们无一不具备牺牲的自觉。

于是,在经历了不缠足、开女禁、争取经济独立和女子参政权等各个层面的变革之后,女性如何进一步摆脱男权话语中的"他者"身份就是题中之意。在西方女性主义批评家埃莱娜·西苏眼中,女性写作,即女性"自己写自己"是一条必经之路,因为写作"这一行为将不但'实现'妇女解除对其性特征和女性存在的抑制关系,从而使她得以接近其原本力量;这行为还将归还她的能力与资格、她的欢乐、她的喉舌,以及她那一直被封锁着的巨大的身体领域……"[1]"五四"以来女性作家的涌现,的确打开了一扇不同于男性作家叙事模式的、通往真实的女性世界的大门。无论是《海滨故人》里叛离家庭、追求自由爱情的露莎,还是丁玲笔下直面女性欲望、在灵与

---

[1] [法]埃莱娜·西苏:《美杜莎的笑声》,载张京媛主编《当代女性主义文学批评》,北京大学出版社1992年版,第194页。

肉之间徘徊的莎菲,或是《生死场》里那些饱受生育苦难的农村妇女,甚至《金锁记》中在深宅大院中心态扭曲的曹七巧,这些鲜活的人物形象在作家笔下展露的生存体验,使得女性不再是一个在单一世界观之下的符号化的存在,而真正成为一个个具有各自灵魂的具体个人。但是,这些女性作家无一例外都成了历史的负重者:她们在以女性的身份审视自我和社会的时候,总是伴随着与旧秩序决裂的阵痛和沉重。即使轻盈明丽如冰心,当她谈论到女性的职业与家庭问题时,也不得不面对新式女性在婚姻中的尴尬处境。

　　杨绛就是在这样一个时代氛围之中成长起来的女性知识分子。她的教育、写作和职业,都受益于近代尤其是"五四"以来的妇女解放思潮。从家庭氛围看,杨绛的父亲杨荫杭作为清末民初的早期"革命派",接受了大量西方现代思想,对女性教育问题十分重视。据杨绛的《回忆我的父亲》记载,杨绛的姑姑杨荫榆等人作为晚清最早的一批女留学生,她们的学费都是由杨荫杭供给的[1]。在女留学生备受争议的清末民初,杨荫杭能够支持家中姐妹留学,可见其思想之开明。在女儿杨绛的教育、职业和人生选择上,杨荫杭也充分体现了新派知识分子的民主。在杨绛的记忆中,父亲从不强迫自己"学他的一套"[2],支持她学"最喜欢的"[3];婚姻大事上,杨荫杭没有像钱基博那样对儿女终身大事做过多干涉,而是给了杨绛在婚姻选择上充分的自由;当杨绛1938年归国回到上海,被振华母校校长王季玉拉去协助办学时,杨荫杭也在精神和行动上给了女儿的事业以最大程度的支持[4]。

　　从杨绛自身的人生轨迹来看,尽管她为了经营好与钱锺书的婚

---

[1] 杨绛:《杨绛全集》卷2,人民文学出版社2014年版,第102页。
[2] 杨绛:《杨绛全集》卷2,人民文学出版社2014年版,第102页。
[3] 杨绛:《杨绛全集》卷2,人民文学出版社2014年版,第126页。
[4] 据吴学昭记载,杨绛回忆协助王季玉恢复振华办学的过程时提到,父亲杨荫杭不仅帮助她下定决心暂代振华上海分校校长一职,还积极为她推荐教员。见吴学昭《听杨绛谈往事》,生活・读书・新知三联书店2017年版,第149—150页。

姻，耗费了大量的时间和精力，但她绝不是完全依附丈夫，从物质到精神上没有自我的家庭妇女。在经营家庭生活的同时，杨绛有保证自身经济独立的职业；在精神生活上，杨绛始终保持着读书写作的习惯，甚至在 20 世纪 40 年代的上海，比之丈夫钱锺书在文坛上的声名更盛。夏志清曾经如此称赞钱杨夫妇："整个 20 世纪，中国文学界再没有一对像钱杨夫妇这样才华高而作品精、晚年同享盛名的幸福夫妻了。"① 夏志清的评价，也证明了杨绛作为独立女性知识分子的身份是毋庸置疑的。

但是一些学者对杨绛的女性意识始终保持着审慎的态度。于慈江指出，从杨绛的小说创作看，她具有女性作家的写作特质，但对传统的男性视角并不敏感，因而属于"中性叙事"②。火源则从女性主义的立场对杨绛的创作进行了解读，他认为杨绛的创作是"隐蔽的女性主义"，即杨绛的女性意识是点到即止的，尽管她在创作中下意识地突出了女性面对现实生活的智慧，但在男女问题这个层面上表现得更像个"男权统治的胁从者"③。

这些学者在面对杨绛的创作时，存在着判断的一致性：杨绛并不具有反男权传统的明显态度。这实际上反映出以往对性别批评是否适用于杨绛研究这一问题的认知存在着反抗/胁从男权的简单二元对立思维。性别批评以反叛男权为基本立场当然没有问题，问题是性别批评是否只能止于对高举反男权旗帜的创作进行言说？作为并不关心男权批判问题的女性作家，杨绛的创作是否就失去了建构女性主体性的文化意义？

刘思谦曾在界定"女性文学"概念时指出，女性文学"告别了

---

① 夏志清：《钱氏未完稿〈百合心〉遗落何方？——钱锺书先生的著作及遗稿》，载何辉、方天星编《一寸千思：忆钱锺书先生》，辽海出版社 1999 年版，第 325 页。
② 于慈江：《杨绛，走在小说边上》，世界图书北京出版公司 2014 年版，第 10 页。
③ 火源：《智慧的张力：从哲学到风格——关于杨绛的多向度思考》，中国文联出版社 2016 年版，第 40 页。

单纯的单一的批判控诉男权意识"①，不仅反思男性与女性的命运和生存状态，也在平等的价值立场上致力于建构男性与女性的主体性。从刘思谦对女性文学的反思可以看到，女性主体的建立，不应当脱离了男权受害者身份就只能被悬置；女性主体性不仅应该包括认知层面的觉醒与批判，还应当包括目的层面的价值建构。因而，在性别视域下对杨绛其文其人进行文本解读与价值重估，不仅需要看到她在塑造两性形象时如何看待笔下女性与男性的生存境况，还需要看到她的创作存在怎样的价值追求，并在此基础上讨论杨绛与"五四"以来女性文学谱系中主流作家的区别以及诸种差异背后的原因。

第二节　突围与困境：悲剧《风絮》的女性叙事

一切或许可以从发表于1946年《文艺复兴》月刊第1卷的《风絮》谈起。在杨绛的诸多作品中，历来只有发表于20世纪80年代的小说《洗澡》被视为钱锺书《围城》的互文文本。尽管同样是知识分子生活与婚恋叙事双线并行，但是《洗澡》所传递的老年人之于婚姻人生的睿智宽容，并不能算是与《围城》的"跨时空"对话。对婚恋问题的探索，是杨绛自小说处女作《璐璐，不用愁！》以来从未消减的兴趣。《洗澡》中姚宓与许彦成的婚外情与其说是《围城》中方鸿渐与唐晓芙故事的续写，不如说是老年杨绛在艺术观念与人生价值圆熟之后的自我表达。其次，《洗澡》总体上并没有十分显著的女性立场，与《围城》中方鸿渐那些来自唐晓芙、孙柔嘉等女性的压抑相比，《洗澡》恰恰缺少同处于婚姻"围城"中的女性经验书写。反观杨绛的《风絮》，这部与《围城》几乎同一时间出版的作家生平所作唯一悲剧，罕见地讲述了一个女性知识分子因婚姻生活的理想幻灭最终走向自杀的故事。在这部悲剧中，女性在

---

① 刘思谦：《女性文学这个概念》，《南开学报》2005年第2期。

道德与情感之间的两难及其遭遇的来自男性的压抑，可以说与《围城》这部"自叙传、血泪书和忏悔录"①之间存在着一种对话的张力。同时，与杨绛在小说和戏剧创作中一以贯之的喜剧倾向相比，《风絮》的悲剧形态反而因"理智与生命之间的冲突"②，偶然地泄露了杨绛身为女性作家的隐秘世界。这无论是在钱杨夫妇创作的互文问题中，还是在杨绛个人的创作史问题中，都是值得注意的。

一　女性话语空间的形成

《风絮》的题目取人生不能自主之意，恰与《围城》中"笼子外面的鸟想住进来，笼内的鸟想飞出去"③的无奈相合。剧中的主角是一对因自由恋爱相结合的青年。女主角沈惠连是富家千金，反抗了父母之命，嫁给有志青年方景山。男主角方景山一心以改造农村、开启民智、重建中国为志业。然而当这对青年夫妻真正进入农村实践他们的理想时，现实的困难很快使方景山的理想受挫。方景山先是因为借助财主叶三老爷的力量征用了镇上公地作为学堂，得罪了地头蛇潘大胖子，被污蔑入狱。一年多后，在妻子沈惠连与好友唐叔远的努力下，方景山得以出狱。在出狱后，他不仅发现自己在农村开设的学堂实际上不受当地农民认同，同时还遭遇了沈惠连和唐叔远的婚外恋情。在夫妇二人因婚外恋情的问题爆发争吵之后，沈惠连毅然决然地离家出走，欲与唐叔远私奔。方景山在事业失败和婚姻破裂的双重打击之下，萌生死志。此时，唐叔远将离家出走的沈惠连送回方景山身边，并情不自禁对沈惠连表达爱意。二人相互表白的场面被出门寻死的方景山撞见，几人爆发争执。在争执中，沈惠连夺过方景山用以寻死的枪自杀，造成了无可挽回的悲剧。

---

① 蓝棣之：《对于人生的讽刺和感伤——钱钟书〈围城〉症候分析》，《贵州社会科学》1999年第3期。
② ［西班牙］乌纳穆诺：《生命的悲剧意识》，段继承译，花城出版社2007年版，第71页。
③ 钱锺书：《钱锺书集·围城》，生活·读书·新知三联书店2007年版，第97页。

与《围城》的主人公方鸿渐游戏人间的姿态相比,《风絮》的男主角方景山算得上学有所成、意气风发,有着骑士一般的热情与自信。但是,这样一个看起来更正面的知识分子,在同一种日常情境中,依然是脆弱不堪的。由于自身缺乏金钱资本,方景山改造农村、开启民智的理想必须完全依附在财主叶三老爷的身上,一旦叶三老爷收回学堂的房屋和土地,方景山就连开设学堂最基本的物质保障都会失去,理想只能成为空中楼阁。而对于必须辛苦种田以维持生计的当地农民来说,读书与生存是一对极端的矛盾,"认了西瓜大一担字儿,田里粗活就懒动手……再下去,明儿没人种地了"①。在现实经济问题之外,惠连的婚外恋情也加速了方景山信念的坍塌。如果说,方鸿渐作为知识分子的主体性,是在个体生存与家庭生活的围困之下,一点点被磨灭的;那么方景山改造农村理想的失败,同样是这样一种世俗困局之下的崩溃。

不过,作为一位女性作家,杨绛对于世俗经济生活的兴趣与钱锺书是迥然不同的。尽管"五四"以来,金钱问题不再作为传统士大夫建构"仁义"道德人格的阻碍,而被放到一种生存本体论的层面进行打量;但是,在"方鸿渐"等现代男性知识分子这里,与金钱有关的日常琐碎事务,依然桎梏着他们的精神生活。用以维持基本生计的金钱,不仅以具体而微的世俗面目瓦解着他们关于现代"爱情"理念的构想,而且残酷地粉碎了他们作为知识分子的尊严感。

也因此,方鸿渐们的失败仍旧可以让人嗅到某些与传统士大夫人生悲剧一脉相承的气息。正如杜甫必须是在茅屋为秋风所破之时,"安得广厦千万间,大庇天下寒士俱欢颜"的道德主体才得以走到历史前台一样,在钱锺书等现代男性作家们的笔下,经济问题虽然不再作为非道德性内容而存在,但是它依然作为一种阻碍性力量,成全着男性知识分子们的人格完善。在方鸿渐们的围城中,平庸潦倒

---

① 杨绛:《杨绛全集》卷5,人民文学出版社2014年版,第248页。

的生活与其说是一种男性知识分子们社会理想与道德理想失败的结果，毋宁说是他们的生命追求超越世俗的表征——与世俗经济生活相对抗时，男性知识分子们越感到寂寞和虚妄，他们的精神就越显见出自身的崇高与正义。

在《风絮》中，具有生存本体意义的世俗经济生活却是被重新定义的。对世俗生活的定义不是由方景山完成，而是由女主角沈惠连及其奶妈妈完成的。剧本的第一幕，方景山出狱后尚未归家，妻子沈惠连与奶妈妈就方景山的事业做了一番评判：

> 沈　看看，这破庙，不是潘大胖子来了改的?！那瓦房，不是潘大胖子来了造的?！这儿乡下少了一个方景山么?！
>
> 王　这句话就对了。我对你们说过多少遍呀：要教书，哪儿不能教，要开学堂，哪儿不能开，一定要找到这么个乡下破庙里来！唷，可记得你做新娘子才来的时候呀，天又下雨，东也漏，西也漏。真是一个千金小姐嫁到破窑里来了。[1]

这番评判的有趣之处在于，杨绛通过沈惠连与奶妈妈的对话，建构了一个女性中心的话语空间。在这个话语空间里，作为方景山的革命同志、精神伴侣，沈惠连不再是一个男性事业中的追随者，一个无法发声的被启蒙者和被观看者，而是男性知识分子及其事业的审判者。当方景山及其事业的价值置身于女性目光的凝视之下时，男性知识分子们心灵的优越，就不再能够从平庸生活与宏大叙事的冲突中得到确证。于是我们可以看到，有志男青年的理想，是如何在与日常生活密切相关的女性话语空间中，一步步祛魅的：方景山发展他的事业，从一开始就缺少对农村环境全面深入的认知。他一意孤行地选择了"东也漏，西也漏"的破庙作为事业发展的起点，却无法凭一己之力将破庙改建为学堂；他将农村作为自己的理想实

---

[1] 杨绛：《杨绛全集》卷5，人民文学出版社2014年版，第199页。

践之地，却在这农村里连一处栖身之地都没有。在现实的困难面前，方景山的事业就像堂吉诃德与风车的搏斗，非但比不上早期"五四""孤独者"们在时代洪流中挣扎的振聋发聩，甚至因自私市侩的潘大胖子做了更多的实事，显得空洞而无用。在以女性为中心的日常生活叙事逻辑中，男性反叛者的理想如果缺乏现实条件的支撑，就会变成无实指的荒诞激情。

此外，崇高且正义的男性理想，自"五四"启蒙叙事以来，通常只对历史负责、对社会负责、对形而上的"人"的命题负责，唯独不对烦琐的家庭生活负责。对烦琐家庭生活负主要责任的依然是女性。一个觉醒了的独立女性，哪怕她已经与男性启蒙者共同奔赴改造社会的大事业中，要面对的还是为男性所抛却、所忽略的世俗生活内容。然而，在男性大师们的经验书写中，作为革命伴侣的女性是否就应该理所当然地成为家庭生活重压的承担者这一问题并没有得到更为细致的体察。哪怕同时代的女性作家们已经发出了妻子与母亲的痛苦声音，子君"管了家务"的"忙"[1]还是免不了被涓生们批判为精神堕落原罪的命运。

《风絮》中沈惠连奶妈妈的抱怨恰恰是在妻职的困惑上进一步地向现代男性叙事发起了挑战：在奶妈妈看来，沈惠连与方景山到乡下破庙里兴办学堂，是"千金小姐嫁到破窑里"。沈惠连选择嫁给方景山，到农村发展教育这件事本身就是一种自我牺牲，但惠连的牺牲并没有得到公平的回报。她这"千金小姐嫁到破窑里"的窘境，不是由现实物质条件导致的，而是由方景山的固执人为制造的。奶妈妈的抱怨实际上对世俗经济生活与男性理想的关系进行了颠覆。世俗经济生活在女性的话语空间内，不仅不是男性启蒙理想的对抗力量，反而还是男性启蒙理想的必要条件；以经济事务为具体内容的家庭生活，更是男性启蒙者们不可推卸的责任。一个对世俗经济生活缺乏充分理解的男性启蒙者，他的理想与事业不但会变成一种

---

[1] 鲁迅：《鲁迅全集》卷2，人民文学出版社2005年版，第118页。

非理性的选择,而且会成为对人伦道德责任的逃避。正是由于赋予了世俗经济生活迥异于现代男性叙事的意义,沈惠连与奶妈妈才能够以女性的价值观与伦理观,完成对男性理想正义性的诘问。

二 女性话语边界的拓展

对方景山理想的祛魅过程,也可以说是沈惠连对方景山男性话语权威的突围过程。在方景山的话语框架中,改造农村的理想甚至成为一种宗教性道德,制约着他的一切行为。哪怕被构陷入狱遭受酷刑,母亲因此忧病而死,方景山依然"抱着那么大的希望,担着那么大的责任"①。而惠连在他入狱后,承担起事业与家庭生活的重担,想尽一切办法与潘大胖子博弈,保护他们的"叶氏小学",是"没有一点儿动摇地"② 支撑他的表现。惠连的勇敢与坚强,无疑是受到方景山高度赞赏的。然而,方景山对惠连的感激,并不包含任何愧疚。面对亡母遗像时,他会慨叹自己"没有权力也牺牲了她"③;对待惠连的付出,他却断言"到这儿来做事,是你自己的意思"④。

方景山对惠连的赞赏,与传统男性视角下圣化女性的行为并无不同。从古至今,女性在男性事业框架中近乎殉道的牺牲,以及她们"殉道"时展现出来的勇敢、坚韧与担当,从来在男性书写中是被崇高化乃至神化的品行。即使在"五四"以来人性解放的命题之下,由男性大师们所掌握的启蒙叙事脉络,依然充斥着对子君们为他们主导的自由事业义无反顾的赞赏。作为革命伴侣的新女性,她们与男性启蒙者共赴自由事业的出走,究竟是一种为男性话语规训之后的结果,还是作为主体自由意志的选择,似乎是个无解谜题。不过,显而易见的是,在由男性知识分子们设计的启蒙话语逻辑中,

---

① 杨绛:《杨绛全集》卷5,人民文学出版社2014年版,第215页。
② 杨绛:《杨绛全集》卷5,人民文学出版社2014年版,第216页。
③ 杨绛:《杨绛全集》卷5,人民文学出版社2014年版,第214页。
④ 杨绛:《杨绛全集》卷5,人民文学出版社2014年版,第214页。

女性似乎只有接受自己被启蒙者的身份,并因此选择进入男性启蒙者们的自由事业情境,她才是作为一个独立的个体被看见的和被肯定的;一个被认可为觉醒"新人"的女性,她为自由事业付出一切的动机与行动,也通常被默认为是一致的。

这也就让人不难理解,为什么在方景山的认知中,沈惠连"到这儿来做事",既然是她自己的意思,就无所谓牺牲。在方景山这里,沈惠连被承认的是她身为"人"的主体性,而非身为"女人"的主体性。第一幕中,方景山出狱回家后,向沈惠连所表达的爱意即是如此:"我只知道爱你。你我,我你,咱们还分彼此么?你的志趣就是我的志趣。你的力量就是我的力量。我的成功就是你的成功。"[1] 方景山的这番表白中,"你"与"我"这两个主语位置的转换是十分微妙的。"你"在"我"前时,"你"与"我"是一种主体间的关系;"我"在"你"前时,"我"与"你"是一种主客体关系。"你的志趣就是我的志趣",这个句式隐含了方景山对沈惠连行为动机的预设。也就是说,沈惠连选择与丈夫来到乡间破庙兴办学堂的行动,在方景山看来,本身就是沈惠连对改革农村这一理想具有高度自觉认同的实证。当她与自己有同样的理想与价值立场时,二人就是为共同事业奔走的同志、伴侣、友朋。在这一前提下,沈惠连才是与自己一样的、拥有独立人格的主体。

尽管沈惠连作为独立的"人"被承认,被接纳进方景山改造农村的事业之中,但是她并没有对事业成果的独立享有权。"你的志趣"等于"我的志趣",但不是"你的成功"等于"我的成功"。"成功"是"我"的,而且只有"成功"被确证为是"我的"时,这个"成功"的结果才有可能被投射为"你的"。此时,共享"志趣"与"力量"的平等主体,在"我的成功就是你的成功"这一宣言中悄无声息地变成了主从关系。而"我"与"你"的主体间关系向主客/主从关系的转换,实际上是方景山对二人关系的下意识

---

[1] 杨绛:《杨绛全集》卷5,人民文学出版社2014年版,第215页。

反应——女性沈惠连作为"人"的独立性，只存在于方景山所设计的改造农村的事业共同体之中；在这事业共同体之外，沈惠连作为女性，作为妻子，在两性关系中，依然是隶属于作为男人和丈夫的方景山的。为这种主从关系意识支配的方景山的爱意，甚至以一种吞噬性的姿态消弭着沈惠连在二人事业共同体中的主体性："过来，惠连，我要像野兽似的吃了你，让你的血流到我的血里来。给我一点儿热力。"① 向对方寻求精神支撑的方式就是把对方变成自己的一部分，而不是让对方保有力量的同时照亮自己，这种看似热烈的爱实则是一种男性自恋。也就是说，方景山爱的沈惠连，只是一个他想象中的自我倒影，而不是那个有血有肉、有独特个性和灵魂的女性沈惠连。

所以，当沈惠连作为一个独立个体，展现出她身为女性的情感需求时，她从方景山那里获得的不是共情的回馈，而是对她身为女人梦想爱情的指责："你是一个不可救药的女人！你不懂得爱，偏又喜欢调情。霸占着我，再度蜜月么！可惜我没有什么心情跟你一试一探一逃一躲追呀避呀哭呀笑呀的谈情说爱了。我的春天已经过去了。你也不再是娇娇嫩嫩的小女孩子了——"② 方景山出狱归家之后，沈惠连向他提出"咱们两人一起，没外客"③的要求，无疑是沈惠连作为女性非常私密的个人情感表达。但是这种个人情感表达，恰恰打破了方景山自恋式的爱情构想。具有真实情感的沈惠连就像一个闯入的他者，使方景山与他眷恋的自我倒影被迫分离。方景山对沈惠连的这段指责措辞之激烈，正是其男性自恋被冒犯的结果。他将沈惠连希望多一点时间与自己独处的心愿斥之为"不懂得爱，偏又喜欢调情"的表现，实际上不过是对自己男性权威的下意识维护。在方景山这里，唯有自己设计的"爱"的标准与尺度，才是有

---

① 杨绛：《杨绛全集》卷5，人民文学出版社2014年版，第214页。
② 杨绛：《杨绛全集》卷5，人民文学出版社2014年版，第217页。
③ 杨绛：《杨绛全集》卷5，人民文学出版社2014年版，第217页。

意义的。未婚女性"一试一探"的谈情说爱,可以被宽容,但终究是一种幼稚且缺乏理智的行为。于方景山而言,他曾经乐于跟还是"小女孩子"的沈惠连进行这样的恋爱交往,是出于身处春天的"心情",而非基于理解了沈惠连整个精神世界之后的给予。因而,当他需要有一个符合自己爱情标准的妻子,但这个妻子仍旧像未婚恋爱时那样想要"霸占"自己的丈夫时,妻子的情感需求就会沦为不甚端庄的"调情"。

面对方景山的男性话语权威,沈惠连始终在试图发出自己的声音。如果说,方景山归家之前,沈惠连与奶妈妈的对话,还是一个男性缺席状态下的、私密的女性话语空间,那么,方景山归家之后,沈惠连与方景山的数次交锋,就已经是沈惠连对女性话语边界的拓展了。

譬如第一幕中沈、方二人在方母遗像前的对话。方景山感伤自己未能在母亲临终时于膝前尽孝,沈惠连则告知丈夫,方母病逝之时,"几天几夜,我一直陪在旁边——"[①]。沈惠连的这句话看起来是向丈夫转述母亲病逝情形时顺带的一提,实际上也表明了她希望自己的牺牲能被丈夫看见的诉求。然而,沈惠连得到的回应不是方景山对妻子在此事中牺牲的体贴和愧疚,而是伴随热烈表白到来的更为过分的索取。对此,沈惠连是不满且恐惧的。面对方景山要"吃了"自己的表白,沈惠连的回应是对方"没有权力牺牲了任何人";面对丈夫不满于自己要"霸占"着他的斥责,沈惠连直言"可是我不爱你那事业"。沈惠连的一切不满、恐惧,乃至对爱情的诉求,既是她在婚姻关系中试图保持个体尊严的努力,也是一个独立女性主体对男性话语权威的反击。

这种反击在戏剧的第二幕中尤为激烈。这一幕的主要剧情是方景山对沈、唐二人暧昧情愫的"发现"。在第二幕中,唐叔远应方景山之邀赴宴,与沈惠连一度在方景山缺席的状态下叙话。沈、唐二

---

① 杨绛:《杨绛全集》卷5,人民文学出版社2014年版,第214页。

人的对话可以说充满了道德与情感的冲突。惠连毫不遮掩地向唐叔远表达自己在婚姻中的压抑。然而面对惠连的情意和痛苦，唐叔远选择的是规劝而非回应惠连的情感诉求。当惠连在唐叔远的规劝下，愤怒地控诉自己成了方景山事业的"垫子"和"手杖"，"一辈子是他的陪衬"[1]时，唐叔远依然强调着惠连对方景山事业的重要性，以及方景山对惠连的爱意。唐叔远的规劝，一方面是由于自身承受着朋友道义这一层道德压力，另一方面也包含着他对沈惠连为景山事业牺牲正当性的默认。尽管在这段婚外恋情中，惠连自始至终处于主动——从她对唐叔远的表白以及试图使唐叔远承认自己内心情感的行动看，惠连没有依赖男性的情感救赎，而是有着十分清晰的自我认知——但惠连对个人幸福的主动追求，很快在与唐叔远的交锋中短暂地让步于来自恋人的双重道德围困。

不过，惠连的让步并不意味着她对自身话语权的彻底放弃。随着沈、唐二人冲突的递进，方景山察觉到二人之间的情愫。缺席者变为在场者采取了行动。在三个人的宴席上，方景山有意退出，为沈、唐二人制造相互试探的机会。此时，沈、唐二人的对话实际处于方景山的监视之中。于是，沈惠连在第一幕中还处于暗线的婚外恋情，在暗处监视者的"发现"下得到确证。在客气有礼地送别了唐叔远之后，方景山口不择言地指责沈惠连，刻薄地揭露了这段婚外恋情："……你不应该忘了！那么个卑鄙自私的丈夫，何必再要他回家。让他死在外面，不干脆得多！问题是，惠连啊，你不该忘了呀！到现在——你眼睛里的光，生了钩子，也难把人家钩住了……"[2]方景山对沈惠连的指责充满了男性威权被冒犯的恼怒。因为妻子与好友之间的情愫，不仅意味着道德上的背叛，更意味着这个妻子并没有表里如一地做"千依百顺"的"好太太"[3]。面对方景山的指

---

[1] 杨绛：《杨绛全集》卷5，人民文学出版社2014年版，第226—227页。
[2] 杨绛：《杨绛全集》卷5，人民文学出版社2014年版，第234页。
[3] 杨绛：《杨绛全集》卷5，人民文学出版社2014年版，第235页。

责,沈惠连没有身处两个男人之间的徘徊纠结,也没有背叛婚姻的心虚愧疚,而是一改方景山刚回家时与其婉转试探的风格,痛快地表达自己对方景山男性自我中心的失望、愤怒与鄙夷,进而离家出走。这段人物冲突中,惠连的愤怒与宣泄,以及对待婚外恋情的态度,恰恰是她并未屈服于男性道德规范的证明。对待这段三角恋爱,惠连的姿态越是坦荡,就越显现出方景山与唐叔远身为男性的虚弱。她对方景山的指责与控诉,使她夺回了在婚姻关系中的主动话语;而她的离家出走,则恍如娜拉的魂魄附体,以女性的骄傲与自尊,向男性以爱为名的威权扇了一个响亮的耳光。

三 难以突破的女性主体困境

《风絮》前两幕的人物冲突,很难不让人想到《围城》里方鸿渐与孙柔嘉的人物关系。在《围城》中,尽管方鸿渐被赵辛楣批为"全无用处"[①],但他毕竟还是一个有良知底线、幽默善良的知识分子。作者对待方鸿渐这个人物看起来不无嘲谑,但字里行间中总能看到一些钱锺书对这个人物的赞赏与同情。与方鸿渐相比,孙柔嘉却没有得到作者同等的爱护。小说中孙柔嘉被作者塑造成一个"毫无兴趣而很有打算"[②]的庸俗女性。她与方鸿渐的恋爱,充满了小女人的心机与算计;在婚后生活中,她又试图将方鸿渐死死地捆绑在琐屑的家庭事务上。方鸿渐精神上的压抑,很大一部分就是由孙柔嘉造成的。钱锺书对方鸿渐与孙柔嘉人物关系的处理,无不显示出一个男性作者对待婚恋关系中的女性的审视与讽刺。

蓝棣之曾经在对《围城》进行症候分析时指出,《围城》的创作可以说是作者在妻子的"监视"下进行的,为了要躲避妻子的"监视",作者将小说中最重要的女性角色拆成了两个:一为唐晓芙,二为孙柔嘉。前者代表了恋爱时的表相,后者代表了结婚后的本相。

---

① 钱锺书:《钱锺书集·围城》,生活·读书·新知三联书店2007年版,第195页。
② 杨绛:《杨绛全集》卷2,人民文学出版社2014年版,第178页。

而杨绛对钱锺书这种躲避"监视"的写作策略似有所觉,但终究与钱锺书在关于《围城》的题旨上存在"很深的鸿沟和隔膜"①。蓝棣之对《围城》的症候式解读足以令人击节,但他对钱锺书写作策略效果的判断值得商榷。一个重要的原因是,蓝棣之在论证这个问题时所参考的资料全部来自杨绛20世纪80年代写就的《记钱锺书与〈围城〉》一文。杨绛的这篇文章从第一读者、见证人兼批评家的角度对《围城》进行解读,其价值已为后来研究者公认。不过,如果确实如蓝棣之所言,《围城》所阐述的不止于普遍的婚姻真理,还饱含着作者彼时彼地的婚姻体验,那么同为婚姻体验者的杨绛,她在此文中展露的态度是否还是当年作为第一读者时的心理状态呢?

从杨绛这篇文章看,她对《围城》写作思路的分析虽然被认为没有参透《围城》三昧,但杨绛从失恋者角度指出方鸿渐对婚姻问题的看法是由于没有娶到意中人这一点,已经从侧面说明了杨绛对方鸿渐、孙柔嘉等角色的疏离,以及她对于自身现实婚姻的自信。这种自信,不似蓝棣之之谓杨绛与钱锺书之间的鸿沟,而更可能源于杨绛与钱锺书长达半个世纪,经历诸多历史动荡的患难与共。半个世纪的磨合,可以令杨绛对婚姻生活产生更多的领悟。而杨绛在此文中对方鸿渐、孙柔嘉的态度也足以证明她早已超脱于"围城"陷阱。

与《围城》发表于同一时期的《风絮》,却缺乏20世纪80年代杨绛写作此文时的疏离与超脱。无论是剧中的人物关系,还是作者对待人物的态度,都能让人看到一种《围城》式的紧张与压抑。在第二幕惠连出走的情节中,方景山与沈惠连有这样一段对话:景山示弱挽留惠连,而惠连回答"我不是一个睁着眼做梦的小女孩了。以为你肯为我死,我就得为你活!"② 这段对话与第一幕中方景山对

---

① 蓝棣之:《对于人生的讽刺和感伤——钱钟书〈围城〉症候分析》,《贵州社会科学》1999年第3期。

② 杨绛:《杨绛全集》卷5,人民文学出版社2014年版,第239页。

惠连"调情"的指责呼应，表达的都是二人在婚姻关系中不似恋爱时模样之意。如果将《风絮》中沈惠连、方景山前两幕的对话与《围城》中方鸿渐、孙柔嘉的一段对话作比较，就可以发现两部作品在婚恋主题上的相似之处。《围城》中方鸿渐与孙柔嘉因唐晓芙这个初恋吵嘴，方鸿渐发出"老实说，不管你跟谁结婚，结婚以后，你总发现你娶的不是原来的人，换了另外一个"①的感叹，孙柔嘉则回以"你这人全无心肝，我到现在还把恋爱看得很郑重"②的嘲讽。如果按照蓝棣之的说法，钱锺书借方鸿渐之口说出对婚姻生活中妻子种种缺陷的失望，而杨绛只以失意人聊以自慰的解读，拆解了《围城》的题旨，那么无论如何，杨绛都不可能在同一时期的作品中表达出与《围城》如此相近的主题。

但事实是《风絮》不光是在婚恋主题上与《围城》贴近，甚至沈惠连的人物形象都仿佛是唐晓芙与孙柔嘉的合体。从剧中方景山的叙事视角看，在恋爱关系中，沈惠连曾是一个"娇娇嫩嫩的小女孩子"，婚后却变成了一个只想霸占丈夫的女人。这与《围城》中方鸿渐对唐晓芙作为一个纯粹女孩子的赞赏，以及对孙柔嘉"训练"③丈夫的不满并无多大不同。不过《围城》中孙柔嘉毕竟是一个男性目光凝视下的产物，因而小说中孙柔嘉在读者面前展露的性格都是在男性叙事视角下塑造的。譬如《围城》中孙柔嘉与方鸿渐关于婚姻的这段对话，就很能让人感受到作者对孙柔嘉居高临下的审视。杨绛在解读《围城》时指出，"锺书把方鸿渐作为故事的中心，常从他的眼里看事，从他的心里感受"④，也就是说，《围城》中常常出现叙述者与小说人物视角合一的情况。《围城》中的这段对话，方鸿渐的感叹至少是得到了作者认同的，而孙柔嘉在方鸿渐与作者眼中，显然对婚姻生活并没有同样的思考，甚至因为"还把恋

---

① 钱锺书：《钱锺书集·围城》，生活·读书·新知三联书店2007年版，第347页。
② 钱锺书：《钱锺书集·围城》，生活·读书·新知三联书店2007年版，第347页。
③ 钱锺书：《钱锺书集·围城》，生活·读书·新知三联书店2007年版，第287页。
④ 杨绛：《杨绛全集》卷2，人民文学出版社2014年版，第173页。

爱看得很郑重"而显得盲目自我。

同样将恋爱"看得很郑重"的沈惠连在《风絮》中却显现出完全不同的人物光彩。她可以因为爱情抛弃自己优渥的生活，为方景山的事业付出自己能够付出的一切。但是，沈惠连的牺牲从来不是以自我的消解为前提，而是以自我的保存为底线。她的压抑与痛苦、愤怒与反抗，都是《围城》中孙柔嘉不曾表现出来的。而杨绛对惠连的同情，正如同钱锺书在《围城》中对方鸿渐的爱护。这不禁让人猜测，如果脱离《围城》的男性叙事视角，孙柔嘉的内心世界是否会如同沈惠连一般跌宕起伏？对《风絮》这个剧本，杨绛在后来的人生中大多数时候保持着讳莫如深的姿态，但是《风絮》与《围城》之间或隐或现的关联，很能说明杨绛并不是在 20 世纪 80 年代写作《记钱锺书与〈围城〉》时才开始琢磨自己与孙柔嘉之间的关系，而是早在 20 世纪 40 年代，在作为第一读者阅读《围城》之时，就已经以女性的立场回应了丈夫在《围城》中的"忧世伤生"[①]，甚至在《风絮》中进一步探索了"围城"内外的问题。

《风絮》的第三幕与第四幕中，惠连的回归与死亡历来为人诟病。批评者们认为，这样的情节处理，既让整部戏的结局显得做作，又让人看到杨绛对男性道德秩序的某种附和。的确，假设《风絮》只有三幕戏，而第三幕以方景山的理想彻底幻灭与自杀落幕，这样的结构安排会更加紧凑，也能使《风絮》具备《玩偶之家》的意蕴。但是显然杨绛并不是要在这里写一个娜拉出走的故事，而是要写一个娜拉出走失败的故事。惠连出走的失败，不是由于经济权的缺失，而是由于内外相逼的道德压力。第三幕中，方景山因事业与婚姻双重幻灭而出门寻死之际，唐叔远将投奔而来的惠连送回叶氏小学，理由是惠连并不清楚自己对景山的爱。叔远的这番说辞，看起来处处为惠连着想，实则全出于自己的道德恐惧。惠连对叔远的怯懦一清二楚，因此当叔远反复表演自己的体贴时，惠连不无嘲讽

---

① 钱锺书：《钱锺书集·围城》，生活·读书·新知三联书店 2007 年版，第 1 页。

地揭露了叔远的自私:"你没有权力来分析我心上怎么样儿。咱们从此忘记了有过这么一回事。——不过,你要把我当个任性的孩子看,你就错了。"① 惠连在出走前后的果敢充分表现出了她作为一个现代女性的品质。她看重爱情却不沉迷爱情,并不将自己当作任何人的附属。当叔远的表现远远够不上一个爱人的标准时,惠连便从这段关系中及时抽身。

但这个"有理智的小姐"② 很快遭遇了新的问题。景山的遗书使惠连面临着更为严峻的道德拷问。对惠连来说,出走意味着重新找回自己作为人的价值,但个人的幸福不可以建立在景山的死亡之上。方景山的遗书,就像是对她抛弃家庭的惩罚,一辈子压在惠连的心上,使她"永远永远也不会快活了"③。惠连因方景山自杀产生的罪恶感,应该说不仅仅来自内心的道德律。如果惠连是一个缺乏良知的自私女人,那么她不可能因方景山的自杀而悔愧。同样,如果方景山认定惠连缺乏道德良知,那么他应该直接采取第四幕中的复仇行动,而不是为惠连留下一封切近唐叔远"体贴"风格的遗书。这封遗书的存在,恰恰说明了方景山在萌生死志之时,依然在试图用爱情与道德绑架沈惠连。也正是方景山这封看起来高尚而温情,同时又充满痛苦的遗书,使沈惠连没能逃脱男性的道德陷阱,最终绝望而死。

惠连最后的自杀似乎延续了《围城》结局中的某些可能。《围城》在方鸿渐、孙柔嘉夫妻打架,柔嘉离家出走,鸿渐失魂落魄中戛然而止。二人的婚姻关系将走向何方这一问题作者并没有交代,但杨绛在《风絮》中给出了沈惠连试图挣脱婚姻"围城"的结局。在这个结局里,婚姻关系中契约与责任的力量是如此强大,它轻而易举地将外在的道德压迫与内在的道德律令合二为一,使一个独立

---

① 杨绛:《杨绛全集》卷5,人民文学出版社2014年版,第255页。
② 杨绛:《杨绛全集》卷5,人民文学出版社2014年版,第234页。
③ 杨绛:《杨绛全集》卷5,人民文学出版社2014年版,第262页。

女性只有通过死亡才能获得解脱。这不能不让人想到《风絮》的"人生不能自主"之题旨，婚姻关系中的女性欲寻自由与真爱，但自由与真爱却并不能凭借个人意志获得。这种"失之我命"的空幻，或许才正是作家身处"围城"之中体会到的婚姻真谛。

作为与《围城》几乎同时出版的作品，杨绛的悲剧《风絮》以其对女性话语空间和话语边界的开拓，委婉地回应了《围城》中的某些男性偏见。但是，杨绛对世俗婚姻关系中道德力量的膺服，令她在女性自由问题上的探索总体上展露出悲观的态度。这种对婚姻人生的复杂观感，使杨绛直到20世纪70年代，依然乐此不疲地在小说中隐晦地书写女性在婚姻关系中不被人理解的孤独与无奈。在杨绛的个人创作史上，《风絮》在主题上的开拓性是不容忽视的，它标志着杨绛开始以一个成熟女性的方式思考人生，这对于杨绛的创作与人生，无疑都具有转折性的意义。

第三节　杨绛文学创作中的女性形象

从杨绛个人的生活境遇来看，其人生的美满程度与冰心十分相似。但是，杨绛从未如前辈冰心一样，在"爱的哲学"中保持着明丽的女儿心态。在杨绛的创作生涯中，她对不同阶层、不同婚姻状态中的女性形象的塑造，无一不在向人们证明，这位现代女性作家对两性关系的敏感，以及她作为独立女性的生命诉求。

一　婚恋关系中的孤独妻子

自《风絮》开始，塑造孤独的妻子形象似乎成了杨绛在婚恋叙事中的一大兴趣。无论是短篇小说《小阳春》中的俞太太，还是《"玉人"》中的田晓，或者长篇小说《洗澡》中的杜丽琳，这些身处现代婚姻生活中的妻子们，大多是接受过良好教育的知识女性，她们与丈夫的婚姻也是自由恋爱的结果。但她们无一例外地面临着爱情消逝的婚姻危机。

《小阳春》中，俞太太身为教授夫人，遭遇了丈夫与学生的暧昧恋情；《"玉人"》中，田晓虽然没有面临丈夫实质性的背叛，但初恋就像一个打不碎的影子，横亘在夫妇之间；《洗澡》中的杜丽琳则是在与丈夫徐彦成回国之后，陷入了一段剪不断、理还乱的三角恋爱之中。尽管这些婚姻危机最后都因为种种巧合没有造成夫妻之间的决裂，但是妻子们受到的伤害是不能弥合的。譬如《小阳春》中，尽管俞教授因为最后发现胡小姐的恋情而回归家庭，但俞太太"一下子发现自己完全孤独……成了无人需要的多余东西"[1] 的心理感受却延续了下来。《"玉人"》中的田晓较俞太太而言，更为机敏能干，颇具现代女性的独立品格，在发现丈夫不忘初恋之后，并没有深陷对丈夫的怨恨之中，也没有因此而自愧自伤，而是"你想你的玉人，我尽我的本分"[2]，但是夫妇之间的裂痕也难以自愈。

在这些有关婚姻危机的故事中，妻子们与《风絮》中的女主角沈惠连相比，更为突出的是她们在两性关系中的受害者身份。这些妻子们在婚姻生活中无疑没有任何过错，但对于丈夫们来说，一旦爱情消失，占据了"妻子"位置的那个女人，哪怕连"皮肤白""心平气和"[3] 都成了错误。当这些妻子们在遭遇丈夫的移情别恋时，不管内心的痛苦是多么强烈，她们都没有像沈惠连一样，以尖锐而大胆的方式审视丈夫们的缺陷，或者采取直接的行动维护自己身为女人的自尊。俞太太们的态度是趋于被动的，她们唯一能做的似乎就是用婚姻关系中的合法身份去嘲讽介入自己家庭的第三者——这种斗法通常被批评者认为不甚体面。但这种妻子的无力感，比之《风絮》中的悲剧，或许更能揭示女性遭受的性别压抑。

回到中国现代女性文学的谱系之中，杨绛笔下这些孤独的妻子

---

[1] 杨绛：《杨绛全集》卷1，人民文学出版社2014年版，第54页。
[2] 杨绛：《杨绛全集》卷1，人民文学出版社2014年版，第115页。
[3] 杨绛：《杨绛全集》卷1，人民文学出版社2014年版，第39页。

形象很难不让人想到凌叔华笔下的那些新式妻子。在"五四"爱情自由、婚姻自由的理想完成之后，女性在婚姻生活中依然不可避免地遭遇了诸种困境。在凌叔华的《酒后》《花之寺》《春天》等作品中，那些作为中产阶级"幸运儿"的新式妻子，总是充满了不可名状的美丽哀愁与纤细敏感的欲望。但这些新式妻子的内心世界是"她们所爱的、最亲密的人或是无能或是不愿进入"① 的。在爱与被爱的表象之下，女性的主体性在妻子身份和家庭生活之中是萎缩的。比凌叔华更进一步的是，杨绛展示了爱情光晕消失之后的世俗婚姻生活的真相。她以极富反讽意味的笔调，冷静地打量那些曾经在恋爱中恍如进入自由之境的女人，是如何在平庸琐屑的日常生活之中，被妻子的身份绑架而左支右绌的。两性之间的沟通问题，不仅没有伴随着时代的发展而消失，反而随着新式家庭的产生越来越突出。这些身处现代婚姻生活中的妻子，她们不被丈夫理解的孤独，在脱去了"五四"自由恋爱的浪漫之后，与凌叔华笔下的新式妻子们在女性困境这一问题上完成了历史的承接。

不过，如果将《小阳春》《"玉人"》《洗澡》这三部创作于不同时代的作品连起来看，就能发现作家在两性关系问题上的态度与写作《风絮》时期相比已经有了很大变化。在《风絮》中，作家的反讽在方景山理想的虚幻崇高与现实的无能自私之间，表现得淋漓尽致。但到了《小阳春》里，尽管男性的自恋依然是受到嘲谑的，但这种嘲谑相较于《风絮》中对方景山的讽刺而言，已经宽容许多。在这篇小说里，作家不吝笔墨地描写了俞教授精神出轨过程中心理状态的变化，甚至使用了自由间接引语来表现俞教授的心理活动。作为一种比较特殊的叙述技巧，自由间接引语的一大特征在于同时容纳了叙述者和人物两种声音。两种声音的并存可能是作家为使读者感受到叙述者对人物的讽刺，也有可能因为叙述者话语中"染有

---

① 孟悦、戴锦华：《浮出历史地表——现代妇女文学研究》，河南人民出版社1989年版，第95页。

人物的语言或经验方式的色彩"① 而移情。《小阳春》中自由间接引语的使用不止一处，其情形也是比较含混的。叙述者站在俞教授的视角表述他的心情，有时能够令读者感受到叙述者的谐谑，如俞教授对太太的嫌弃："太太，便不复是情人，不复是朋友，多没趣！"② 但有时又因为叙述者与人物声音的统一，令读者感受到隐含作者的同情，如俞教授向太太调情被拒之后的失落："俞斌觉得没意思。推开他也罢了，还用手绢儿擦脸，不是分明嫌他？"③ 正是这种含混的情形，令俞教授的婚外情不至于显得丑陋不堪。

如果说20世纪40年代在《小阳春》的写作中，杨绛对"不忠"的丈夫的宽容还是通过特殊的叙述技巧曲折地表达，那么到了《"玉人"》和《洗澡》中，作者对无法在婚姻中获得爱情的丈夫们的同情简直呼之欲出。无论是郝志杰，还是许彦成，他们都被塑造成了善良而不被妻子理解的丈夫。尤其是《洗澡》中的许彦成，他的不慕名利，他的风骨气度，都使得他发生婚外恋情的动机令人动容。

与越来越正面的丈夫形象相反的是越来越平庸的妻子。《小阳春》中的俞太太虽然并没有什么性格上的光彩，但她也没有什么性格上的缺陷；《"玉人"》中的田晓却是身为平庸女人的缺陷与身为独立女性的品质一样突出；到了《洗澡》中，杜丽琳简直成了一个八面玲珑而境界低下的俗物，甚至丈夫许彦成出轨的罪责也完全变成了杜丽琳无法像第三者姚宓一样与他心灵相通。《风絮》中对男性权威的批判，到了《洗澡》中已然转变为某种对女性精神境界的内省。杨绛作品中这些妻子形象的变迁，很难就此说明作家对男权秩序越来越趋于妥协，因为真正将自我变成男性附属品的女性在杨绛的这些作品依然是受到批判的。不过可以肯定的是，从《小阳春》

---

① ［以色列］S. 里蒙·凯南：《叙事虚构作品》，姚锦清等译，生活·读书·新知三联书店1989年版，第205页。
② 杨绛：《杨绛全集》卷1，人民文学出版社2014年版，第39页。
③ 杨绛：《杨绛全集》卷1，人民文学出版社2014年版，第38页。

到《洗澡》，杨绛对于女性主体性的认知的确发生了一些引人深思的变化。

二 平庸的知识分子太太

在杨绛为数不多的作品当中，那些知识分子的太太们无疑是让人瞩目的。她们不是什么需要通过恋爱来冲破封建礼教的女学生，也不是什么在旧式婚姻中被施暴、被扭曲的妻子。"五四"初期"恋爱自由"之于个性解放以及新道德的建立，在这些知识分子太太们的生活中已经退居幕后，恋爱至上的神圣从灵与肉的冲突降格为皮相与私利的冲突；而随处可见的私欲与计算，令她们的荒诞与浅薄可笑可叹。

小说《"大笑话"》可以算是一个典型。这篇小说从手法上可以看到某些风俗喜剧的特点。贺安芳指出，风俗喜剧主要包括"风俗""机智""阴谋"等形态特征，其中，"风俗"（manners）主要指阶层人士的"社会生活方式、社交规矩和风俗习惯"[1]，而"机智"（wit）和"阴谋"（intrigue）则分别与语言表达方式和推动情节发展的戏剧冲突有关。杨绛在这篇小说中，一开始便制造了"平旦学社"这样一个类似封闭空间的存在，身在其中的社员在社会地位上都比较接近，虽然入社"标准难以捉摸"，但都是"有学位、有著作"的智识阶层[2]。智识阶层的标签常常意味着君子端方的品格、有使命感和自我追求的生活方式，以及谈笑间进退有度的教养和充满书卷气的社交氛围。而平旦学社中属于智识阶层的"太太"们，看起来生活优雅，社交生活风流别致，追求有趣的谈吐，但她们的生活内容实质上极度贫乏无聊。

小说中这群太太们的浅薄面目是随着女主人公陈倩的到来逐渐

---

[1] 贺安芳、赵超群：《论风俗喜剧的形态特征》，《宁波大学学报》（人文科学版）2017年第3期。

[2] 杨绛：《杨绛全集》卷1，人民文学出版社2014年版，第58页。

展露真容的。主角陈倩是学社社员之一王博士的遗孀，与丈夫长期分居两地，情感状态并不和谐。在尚未正式登场时，陈倩看起来就和那些生活在男性权威之下的"温柔和顺"的妻子没什么两样，甚至毫无个性可言，是男人们眼中的"一碗高汤"①。这种弱势随着丈夫的去世进一步加剧，当她成为平旦学社这个封闭空间的"闯入者"，从上海来到这里处理王博士的身后事时，她的人生经历，她难以言说的隐私，都变成学社中太太们观看的新奇景观。她的"被看"令人不由得联想到鲁迅小说《祝福》中的祥林嫂。失去丈夫和儿子的寡妇，于鲁镇上的人们而言，并不是一个需要去关怀的活生生的"人"。他人的悲惨经历于这群看客而言，只不过是用以满足他们猎奇心理的生活调剂品而已。同样，《"大笑话"》中这群知识分子太太们在陈倩尚未正式出场时对其相貌的任意品评，在陈倩登场后对她个人生活隐私的窥探，都无不显示出她们的"看客"心态。和祥林嫂不同的是，《"大笑话"》中陈倩对太太们的"看客"心态心知肚明，她不是一遍又一遍靠向他人诉说悲剧来获取同情的"受害者"符号，而是会因自己"被看"而恼怒的"人"。但面对太太们的窥探，陈倩始终无法用任何实质性的行为来进行自我保护，她有的是保持沉默的无奈。这种面对"看客"的无力和太太"看客"们的强势形成鲜明的对比。陈倩在"看客"的包围下越是无力，她们那些对陈倩看起来机智幽默的打趣就越显得冰冷无情，她们隐藏在光鲜体面的社会地位之后的，与新文学史上那些麻木扭曲的国民无异的心灵也就越能够彰显人前。

而当小说中这些知识分子太太们因为一段婚外三角恋而对陈倩展开"阴谋"时，她们的庸俗和无聊也随着阴谋的展开达到了顶点。对于这些平旦学社中的太太们来说，陈倩这个"闯入者"不仅提供了她们窥探他人隐私的材料，还打破了平旦学社这个封闭空间原本相对稳定的结构，激化了人物间本就存在的冲突。小说中学者林子

---

① 杨绛：《杨绛全集》卷1，人民文学出版社2014年版，第60页。

瑜的太太周逸群和副社长太太朱丽都与另一学社成员赵守恒存在婚外情。这段婚外三角恋由于陈倩的到来，从还算各自相安无事的争风吃醋变成了女人之间的相互算计。周逸群因为朱丽与赵守恒相好破坏了她与赵守恒之间"纯洁的友谊"，于是故意撮合陈倩与赵守恒；朱丽则设下圈套，使陈倩和林子瑜之间似有若无的暧昧变成了众目睽睽之下的私情，从而达到报复周逸群，令她成为"要抢人家的情人，给偷掉了自己的丈夫"[①]的笑话。

这段阴谋的滑稽感在于，它始于周逸群等人的无所事事，最后也回归到周逸群等人的无所事事。在这些太太们利用陈倩互相针对的"阴谋"里，并没有任何人是为了维护自身的利益，也没有任何人从"阴谋"中获取好处。对于周逸群等人而言，她们发展的婚外情不过是在婚姻生活之外的一种社交娱乐；而太太们彼此之间的相互算计，最终也并不是为了维护爱情，只是为了在与情敌的斗气中获得一种胜利的快感而已。

《"大笑话"》中这类知识分子太太形象很容易让人联想起冰心的《两个家庭》。当然，《"大笑话"》结构的精致和情节的复杂都不是后者能够比拟的；杨绛这篇小说的写作目的也不在于通过自尊自立的陈倩与依附丈夫的温家园主妇的对比，来讨论女性独立之于国家社会发展的问题。虽然周逸群等平旦学社中的知识分子太太，与《两个家庭》中不顾家庭、热衷社交的陈太太有很多气息相通的地方，但她们毕竟不是"五四"初期特定历史环境下的产物。事实上，从20世纪30年代的戏剧创作到80年代的小说创作，杨绛的作品中出现过许多类似周逸群、朱丽等"温家园"主妇的女性形象，如《称心如意》中的懋夫人、《洗澡》中的施妮娜、杜丽琳等。这种有一定社会地位、看似独立，实则通过婚姻牟利，榨取男性社会价值的女性形象可以说贯穿了杨绛整个文学创作历程。杨绛曾称《"大笑话"》等小说中的人物情节都是旧社会的，"从前的风俗习尚，已陈

---

① 杨绛：《杨绛全集》卷1，人民文学出版社2014年版，第105页。

旧得陌生"①，但周逸群之类的女性形象，却是具有历史穿透性的。

从懋夫人、周逸群到中华人民共和国成立后的施妮娜、杜丽琳，时移世易之后，知识分子太太们依然庸俗无聊、虚伪低劣。如果说"五四"初期的陈太太们还属于现代女性解放思潮被误读和被利用的结果，那么周逸群、施妮娜们的浅薄则与思想解放路径的正确与否无关。作为女性解放思潮的获利者，她们的婚姻是自主的，丈夫是驯服的，甚至在婚姻关系中，周逸群们不仅不是夫权之下的被压迫者，而且通过对丈夫的"驾驭"，隐隐建立起了另一种性别主体霸权；在社会关系中，施妮娜、杜丽琳们则是有工作、有名声、有地位的女性知识分子，与娜拉"免不掉堕落或者回来"②的命运迥然不同。然而，这些看似已经完成女性解放历史任务的女性，在婚姻生活中，她们的主体价值仍然不是自明的，而是通过丈夫才能够得以实现。周逸群在与林子瑜的婚姻关系中，表面上是周逸群处于主导地位，有着绝对的自由与话语权，但是当林子瑜被朱丽设计出轨绯闻后，周逸群自己受到平旦学社舆论伤害，只能通过驱逐陈倩的方式维护婚姻的行为，将她立刻打回了在婚姻关系中处于弱势的原形。作为女性知识分子，施妮娜、杜丽琳等尽管已经摆脱了娜拉"出走"与"回来"的命运，但是当她们面对更为强大的政治权威时，杜丽琳们可以轻易抛却自己原有的价值观和作为知识分子的尊严，顺服地做一个被改造者。

三 底层劳动妇女

在杨绛数量众多的散文中，《林奶奶》《顺姐的"自由恋爱"》《方五妹和她的"我老头子"》是三篇值得注意的作品。这三篇散文以在杨绛家中工作过的三位保姆为写作对象，展示了底层劳动妇女

---

① 田蕙兰、马光裕、陈珂玉编：《中国文学史资料全编·现代卷·钱钟书 杨绛研究资料》，知识产权出版社2010年版，第532页。

② 鲁迅：《鲁迅全集》卷1，人民文学出版社2005年版，第167页。

的生活状态。

　　这三篇散文在杨绛的创作中有其特殊的意义。作为中产阶级家庭出身的知识分子，虽然杨绛在 20 世纪六七十年代经历过干校生活，也有与农民同吃同住的生活经验，但从杨绛整体的创作状况看，被动下乡的农村生活显然并没有使杨绛获得如同乡土小说家们那样的，对土地与农民深入骨髓的情感。她对于身边这三位来自农村的劳动妇女的展示，尽管有着相当强烈的在场感，但是对于这些女性而言，杨绛作为她们人生的观察者、记录者的意义远高于她们生活的参与者的意义。但也正是由于杨绛忠实的记录，三段跨越了百年的，属于底层女性的个体真实，才不至于被淹没在滚滚而来的现代生活之中。

　　20 世纪 50 年代，当杨绛时隔多年和家人重新回到北京之后，他们的家庭也先后迎来送往了这三位平凡的女性。按杨绛 80 年代到 90 年代的几篇回忆散文中的时间线索看，最早到杨绛家中的女佣是顺姐。顺姐年轻时是一个大地主家的丫鬟，后来被地主纳为小妾，并生下来一儿两女。这样的命运，按照 20 世纪 30 年代青年左翼作家的写法，如同《为奴隶的母亲》那样，是一个受尽地主阶级压迫的、需要被无产阶级革命者拯救的底层苦难者的最佳典型；如果在张爱玲这样的海派都市女性作家的笔下，也许又会变成如曹七巧般在阴森大宅中沦落而扭曲的、失去性别色彩的权威化身。但杨绛既没有试图去替顺姐控诉那些夹缠在阶级斗争口号中的封建之"恶"，也没有着意还原那些旧式大家族中，为深宅大院中女性所有的隐私，而是抓住了顺姐生活中极富喜剧性的一点，即《顺姐的"自由恋爱"》。

　　"自由恋爱"，不仅曾经是"五四"时期思想解放的内容之一，更是无产阶级革命中被默认的阶级斗争文化的一种形式。在赵树理的小说《小二黑结婚》中，小芹和小二黑的"自由恋爱"，就充满了无产阶级革命者反抗封建社会包办婚姻的政治意味。在一个无产阶级革命取得胜利的国度，一个女性对自己主体身份的确认，途径之一就是拥有一份经由"自由恋爱"而得的婚姻。

在顺姐眼中，她的"自由恋爱"象征着她的"觉悟"。只有当她和丈夫的婚姻是一个"自由恋爱"的结果，她才是为新中国所承认的、被解放的集体中的一员。可惜的是，这个"自由恋爱"的泡沫甚至经不起三言两语的拷问：

> 顺姐看出她已经引起我的兴趣，先拖了几下地，缓缓说："我现在也觉悟了呢！就是贪享受呢！"
> ……………
> 我说："你怎么贪享受啊？"
> 她答非所问，只是继续说她自己的话：
> "我自己愿意的呢！我们是自由恋爱呢！"
> 我忍不住要笑。我诧异说："你们怎么自由恋爱呢？"我心想，一个地主少爷，一个逃荒要饭的，哪会有机会"自由恋爱"？
> 她低头拖几下地，停下说：
> "是我自己愿意的呢。我家里人都反对呢。我哥哥、我妈妈都反对。我是早就有了人家的，可是我不愿意——"
> "你定过亲？怎么样的一个人？"
> "就那么个人呢。我不愿意，我是自由恋爱的。"
> "你怎么自由恋爱呢？"我想不明白。
> "嗯，我们是自由恋爱的。"她好像怕我不信，加劲肯定一句。
> "你们又不在一个地方。"
> "在一块呢！"她立即回答。
> 我想一想，明白了，她准是在地主家当丫头的。我没有再问，只是觉得可笑：既说"贪享受"，又说什么"自由恋爱"。①

顺姐和"我"的这段关于"自由恋爱"的对话的喜剧效果是由对话双方对"自由恋爱"的理解差异造成的。"我"对于"自由恋

---

① 杨绛：《杨绛全集》卷3，人民文学出版社2014年版，第189页。

爱"的理解,来自一个身处两性关系相对平等环境中的知识女性的经验常识;顺姐对于"自由恋爱"的理解,则只有极度简化的内容:"自己愿意"和"在一块"。至于在"自己愿意"的背后,她是否在人格上被平等地对待,是否拥有了作为一个"人"的基本权益,这都不属于她思考的问题范畴。当"我"运用一个独立女性的经验去进行诘问时,顺姐那些有关"自由恋爱"的贫乏证据就开始立不住脚,而此时她的自我申辩除了反复强调"我是自由恋爱的"这一认知外,拿不出更多切实的内容来加以佐证。于是,顺姐的"自由恋爱"成了一个空洞的能指,她对于这一空洞能指的"自由恋爱"越是维护,她就越显得无知而可笑。

顺姐"自由恋爱"的喜剧性还在于她对个人生活的粉饰与实际命运之间的反差。在顺姐的叙述中,她死去的地主丈夫是一个值得崇拜和爱慕的男人。在那个家里,虽然顺姐有时会因喝酒挨打,但她"有吃有玩,最自在快活"[1]。实际上,她眷恋的丈夫无论在名义上还是事实上都是她的主人。在主人的眼里,她只是一个可以用三十元买卖的,替家族绵延子息,必要时还能拿去挡灾的工具。她的真情和快活在真实的卑微面前,如此滑稽又如此可怜。

林奶奶是继顺姐之后,第二位到杨绛家中的女佣。这是一个和顺姐一样吃苦耐劳的人,也和顺姐一样具备小人物的喜剧性格。顺姐的喜剧性格体现在她对自身命运的无知粉饰,林奶奶的喜剧性格则来自她那些不恰当的执拗和多余的"防备"。这个"有一副可怜相",穿得"像个叫化婆子",把家当缝在衣袋深处的"林奶奶",总是疑神疑鬼,好斗起来竟然会不顾身份和小孩子吵架[2]。但是,当她在那个人与人之间互不信任的年代,将自己的全部家当毫不犹豫地交托给杨绛保管时,这种真挚耿介,便将她的"藏钱"行为衬出了一种引人发笑的稚拙。

---

[1] 杨绛:《杨绛全集》卷3,人民文学出版社2014年版,第201页。
[2] 杨绛:《杨绛全集》卷3,人民文学出版社2014年版,第182页。

在杨绛那些专为家中女性帮佣立传的散文中，方五妹是出场最晚的一个。她与杨绛一家的交集主要是在20世纪80年代。和顺姐、林奶奶相比，方五妹算得上是生活相对圆满的一个。她是丈夫儿女俱全，不用像顺姐一样面对旧主人的折磨，也不用像林奶奶一样整天担心"老来病了，半死不活，给撂在炕上，叫人没人理，叫天天不应"①。她唯一的矛盾来自与"老头子"在经济上的纠纷，她的喜剧性也来自她对待"老头子"的态度上——哪怕这个"老头子"占有了她的血汗钱且不知感恩，但在方五妹眼中，"老头子"就像他自己吹嘘的那样，"又正派，又老实"②。

这些女性帮佣都属于杨绛笔下的"喜剧人物"，但和那些纯粹因为"丑"而引人发笑的喜剧人物相比，她们的喜剧性格和真实而苦难的人生构成了一种引人深思的荒诞。她们生活在"男女平等"的时代，她们也确信自己是"被解放"的、"觉悟"的那一群。然而，对于这些底层劳动妇女而言，卑微而苦难的命运依然是不可改变的现实。正像迪莉娅·戴文在《中国的发展模式及其对妇女的影响》一文中所指出的那样，20世纪五六十年代，中国女性的实际地位和官方在政治层面的宣传是存在鸿沟的③。这些女性真实的生存状况几乎都被忽略了。在描写20世纪五六十年代现实生活的文学作品中，主流文学家们一同虚构出一种人类全面解放的历史喜剧。在这个喜剧里，那些底层劳动妇女一个个长着近似男人的面孔，她们没有痛苦，也没有困惑，集体消失于社会主义工业生产景观之中。

杨绛笔下的这群劳动妇女身上，则依稀可辨来自"五四"启蒙的回响。顺姐们的蒙昧实在太容易让人想起鲁迅《阿长与山海经》中那位没有名字、行为同样引人发笑但也同样善良质朴的长妈妈。但杨绛对这些女性生存状态的记叙，并非如"五四"时期自觉承担

---

① 杨绛：《杨绛全集》卷3，人民文学出版社2014年版，第184页。
② 杨绛：《杨绛全集》卷3，人民文学出版社2014年版，第211页。
③ 李小江、朱虹、董秀玉主编：《平等与发展：性别与中国 第二辑》，生活·读书·新知三联书店1997年版，第7页。

启蒙任务的知识分子那样，嘲谑是为了鞭挞。对顺姐们的生存状态，杨绛虽然有时会表现出某种旁观者的戏谑，但她总体上是怀着关切与同情，将顺姐们一个个从宏大的历史叙事之中打捞出来，重新放回日常生活之中：在一个"妇女能顶半边天"的口号深入人心，同工同酬的问题不断被重视的时代，林奶奶一生勤俭善良，却孤苦伶仃，为儿女抛弃；顺姐的"自由恋爱"，实际上是时代光晕下对自身悲苦命运的自我粉饰，她不仅在旧社会中被人买卖奴役，在新时代中依然受到地主家人的剥削；方五妹对她的"我老头子"全心全意地付出，却在老头子一家的"大团圆"里"不仅是多余的人，还是个障碍物"①。这些从旧社会成长起来的底层劳动妇女，尽管获得了体制上的独立，但依然无法左右自己的人生。她们大多富有牺牲精神，乐于为家人奉献，但这种牺牲和奉献本质上是一种将个体生命价值附着于儿女与丈夫的奴役，在靠儿女养老送终和"指望老两口儿做做伴儿，一起过日子"②之外，她们对自己生活没有更多的认知和要求。顺姐们的苦难仿佛是一个历史的幽灵，在现代社会中昭示了所谓"男女平等"的荒诞：即使女性获得与男性同样的工作权利与经济独立，女性的自由也从来不可能只从体制层面得以实现。

四　理想女性人格

"五四"以来，除了冰心等极少数适应且自信于自身性别的女性作家，许多女性作家在书写女性自身生命经验的过程中，性别身份始终是她们挥之不去的阴霾。无论是想象理想情人，还是批判男权秩序之中的"暴君"父亲与独裁丈夫，实际上都反映了女性作家们的一种深层心理焦虑：作为几千年男权秩序之下的受害者，女性既希望从父权与夫权的牢笼之中挣脱出来，又希望通过建构出"理想

---

①　杨绛：《杨绛全集》卷3，人民文学出版社2014年版，第216页。
②　杨绛：《杨绛全集》卷3，人民文学出版社2014年版，第220页。

男性"来使自己获得幸福。这些理想中的男性要么是慈爱的父亲，要么是忠贞的伴侣，要么是革命的引路者，他们对女性的关爱与尊重，给予了女性心灵上的安慰与归宿。这种对男性的想象隐含着女性被救赎的渴求，而现实中的碰壁，常使女性作家对男性产生失望。当女性作家们不得不面对男性平庸猥琐的灵魂面相时，她们甚至干脆让男性退场，去进行"一个人的战争"。寻找"理想男性"的诉求，以及在这一过程中的失落、焦虑甚至怨恨，本质上依然是一种依附型心理。这种现代"闺怨"无疑表明了获得经济独立和工作自由之后的女性，她们对于女性自身存在的认知依然是他证的。

在走出父/男权牢笼的过程中，女性要如何保持身为"人"的清醒与自由，不致使自己陷入新的性别陷阱之中是一个深远且复杂的问题。对于杨绛来说，从悲剧《风絮》中的寻求真爱而不可得，到小说《洗澡》中发生于姚家书房之中的那一瞬间的灵魂遇合，女性要如何依靠自身的内在力量行走在俗世之中，似乎有了一个确切的答案。

作为杨绛生前唯一一部长篇小说，《洗澡》这部作品没有以一个人物为中心来展开情节，"而是借一个政治运动作背景，写那个时期形形色色的知识分子"[①]。在这部"既没有史诗性的结构，也没有主角"[②]的小说中，却出现了杨绛很少在其他文本中着力给予正面塑造的女性人物。

其一是宛英这个角色。作为小说中最先出场的女性人物之一，宛英的性格光彩之处表现在她对待婚姻的态度上。这个从小被余老太太放在身边当童养媳养大的旧式女子，从不将自己视为丈夫余楠的附庸。在发现丈夫余楠在婚姻中的不忠之后，她没有一味自我欺

[①] 杨绛：《杨绛全集》卷1，人民文学出版社2014年版，第211页。
[②] 杨绛：《杨绛全集》卷1，人民文学出版社2014年版，第211页。

骗假装自己仍然"和楠哥是'天配就的好一对儿'"①;也没有沉溺于被丈夫欺骗的愤怒与悲伤之中,从此成为失去生命活力的怨妇。宛英在接受婚姻破裂的现实之后,就不再对丈夫抱有希望,甚至希望余楠能够早日离婚使自己获得自由。除此之外,宛英即使成了不平等婚姻中的受害者,也没有失去善良正义的品格。在发现丈夫余楠陷害同事的恶劣行径时,她没有刻意去报复余楠,而是用自己的机智制止了一个可能对他人造成重大伤害的阴谋的发生。传统文学作品中"弃妇"形象的哀怨缠绵在她身上不见踪影,宛英在婚姻中强烈的自我意识使这个旧式婚姻中的"弃妇"从那些凄婉的男性想象中脱离出来,成为一个活生生的"人"。

其二是姚宓。在杨绛这部有关知识分子思想改造的小说中,有两条贯穿整个故事的线索:一是以余楠失败的"婚外情"为引子,交代"文学研究社"成立前后的因由;二是以姚宓、许彦成、杜丽琳三个人物的三角恋横亘整个"洗澡"运动。尽管杨绛宣称小说中"没有主角",但姚宓这个角色显而易见地受到了作者偏爱。姚宓看似木讷呆板,实则蕙质兰心。在暗流汹涌的"文学研究社"中,她仿佛是大隐隐于市的名士一般,自成风流。

牟宗三曾在《才性与玄理》一书中阐述过所谓"名士"人格。他指出:

> "名士者"清逸之气也。清则不浊,逸则不俗。沉堕而局限于物质之机括,则为浊。在物质机括中而露其风神,超脱其物质机括,俨若不系之舟,使人之目光唯为其风神所吸,而忘其在物质机括中,则为清。神陷于物质机括中为浊,神浮于物质机括之上为清。事有成规成距为俗……每一事务皆有其一定之通套,有其起讫终始之系统。乃至习俗立法亦皆日常生活之上通套。精神落于通套,顺成规而处事,则为俗。精神溢出通套,

---

① 杨绛:《杨绛全集》卷1,人民文学出版社2014年版,第219页。

使人忘其在通套中，则为逸。逸者离也。离成规通套而不为其所淹没则逸。……是则清逸、俊逸、风流、自在、清言、清谈、玄思、玄智，皆名士一格之特征。①

牟宗三对于"名士"人格的论述，一言以蔽之，就是要脱俗。这份脱俗是通过人物的语言、思想、行动、气质等方面体现出来的。小说人物要体现其不俗的人格特征，自然要有俗人俗事来进行反衬。杨绛的这部小说中，汲汲营营者为俗，胸无点墨者为俗，虚荣嫉妒者为俗。小说中与姚宓形成参照系的女性人物有两类：一类是江滔滔、施妮娜、姜敏等人，一类是像杜丽琳这样的"标准美人"。江滔滔、施妮娜之流，是空有名气地位，而无真实学问的女性。杨绛用漫画式的笔法勾勒出二人蝇营狗苟的嘴脸："洗澡"开始之前，江滔滔与施妮娜试图利用职务之便，威胁姚宓来满足占有姚家藏书室的个人私欲，实际上施妮娜等人的知识水平匮乏到连《红与黑》的作者都能搞错；"洗澡"开始之后，二人又在时局变动中积极参与各种运动，从中为自己谋求政治利益。这类女性是小说中比较彻底的反面人物，相对而言也比较扁平。杜丽琳相较于前者则复杂得多。她"身材高而俏，面貌秀丽，又善于修饰，长于交际"②，在发现许彦成的背叛时能够维持自己的教养；在"文学研究社"这个人人各有心思的圈子能够做到八面玲珑；在"洗澡"运动中能够顺应时势，体面地通过群众审查，是一个聪明而世故的"标准美人"。但杜丽琳在"洗澡"过程中的"体面"，是她抛弃了知识分子尊严换来的。在检讨过程中杜丽琳对自己的贬低，在观众面前唱作俱佳的表演，无不显示了杨绛对这个人物的似褒实贬。

与这些女性人物相反，姚宓是一个因父亲去世、母亲重病中断

---

① 牟宗三：《牟宗三文集·才性与玄理》，吴兴文主编，吉林出版集团有限责任公司 2015 年版，第 61—62 页。

② 杨绛：《杨绛全集》卷 1，人民文学出版社 2014 年版，第 236 页。

学业，连大学学位都没有拿到手的图书馆小职员。她也不是一个能吸引人的"标致的小姐"，而是一个"天天穿一套灰布制服"①，装老成的女孩子。这样一个因为家庭变故仿佛就从此泯然众人的女孩子，却通过自身的努力获得了研究社里真正有学问之人的认可。作者通过许彦成之口显露了姚宓的学养："他从图书室回来，先是向丽琳惊讶'那管书的人'找书神速。后来又钦佩'那管书的人'好像什么书都看过。……他惊诧地说：'可是她不但英文好，还懂法文。图书室里的借书规则，都是她写的，工楷的毛笔字，非常秀丽。'"②拥有令人赞叹的才华，却不随大流去谄媚"文学研究社"中那些手握实权的领导者；面对他人的伤害，姚宓又能勇敢地保护自己和母亲，而不屈从于卑鄙之人手中的权力。杨绛对姚宓那如同藏在灰色制服下"华丽的锦缎"③一般光辉品性的塑造，颇有些《红楼梦》中贾政率门下清客游大观园的趣味。一"藏"一"露"，杨绛对姚宓这一人物便完成了她的似贬实褒。

  杨绛在《洗澡》中对杜丽琳的似褒实贬与对姚宓的似贬实褒，与曹雪芹在《红楼梦》中对钗、黛二人的塑造方式极为相似。薛宝钗处世圆滑，深得贾府中众人的喜爱，却在上下讨好中失了本性；林黛玉敏感多疑，与贾府中众人格格不入，但"质本洁来还洁去"。姚许二人之间产生爱情的动因，与宝、黛二人之间产生爱情的动因也是相似的。因为宝玉是"真人"，黛玉是赤子，二人的爱情是纯粹之心的碰撞，这是致力于仕途经济的宝钗不能达到的。同样，许彦成是"文学研究社"中难得能够保持学术钻研本心的人。他不善于交际，在公共场合发言容易结巴，却为人率真、坦白，对女性同事充分尊重，是"文学研究社"中的君子。他对姚宓产生的热烈感情是基于对姚宓学问、品性的欣赏和二人之间相似的人生观念。

---

  ① 杨绛：《杨绛全集》卷1，人民文学出版社2014年版，第244页。
  ② 杨绛：《杨绛全集》卷1，人民文学出版社2014年版，第244页。
  ③ 杨绛：《杨绛全集》卷1，人民文学出版社2014年版，第293页。

不过，杨绛在《洗澡》中并未将姚、许二人的婚外恋情处理成一个圆满的喜剧或者动人的悲剧，而是使二人之间的这段恋情不了了之。在这部小说中，同样不了了之的婚外恋还有余楠与胡小姐的故事。在余楠的这段婚外恋情中，对余楠撒娇卖痴最后将其弃之不顾的胡小姐，与《小阳春》中俞教授的学生胡若渠小姐极为相似，她们都享受男人的追捧，但都不对恋情负责，对自己介入他人家庭的行为也毫无愧疚之情。同样是"第三者"，《洗澡》中的姚宓却在道德上保持了惊人的清洁。姚许二人恋情的发展，是以姚宓拒绝许彦成的求爱、理解并接受许彦成的爱情到二人互通心意并坚守道德底线为过程的。

对杨绛来说，也许一旦姚宓与许彦成的恋爱落入世俗生活的秩序之中，就会变成方芳式的猥琐偷情。姚宓与许彦成毕竟是无法泯灭肉身、脱离一切社会关系的凡人，割裂世俗伦理秩序的情感放纵未必能带来真正的自由，自觉自为的道德实践（许彦成履行对杜丽琳的婚姻责任，姚宓坚持不介入他人家庭）反而能使姚许二人"互相搀扶着一同往上攀登"[1]，在身不由己的世俗生活中实现人格上的自我超越。

总体来说，《洗澡》中姚宓作为受到杨绛偏爱的一种女性形象，她的包容自律展现出了一种向内求的自由精神。这种自由精神不是康德式的绝对理性，而是杨绛晚年一直在思索的以"灵性良心锻炼肉体"[2]，在道德实践过程中达到的"'无滞'的自由"[3]。与戏剧《风絮》中沈惠连的激烈抗争相比，《洗澡》中姚宓这一女性形象的出现表明了杨绛对两性关系以及对女性主体认知的最为深刻的变化。她从以一种对抗性的姿态来打量女性在婚恋关系中遭遇的困境，发展到以宽容的目光凝视着滚滚红尘中皆不得自由的俗世男女，并试

---

[1] 杨绛：《杨绛全集》卷1，人民文学出版社2014年版，第382页。
[2] 杨绛：《杨绛全集》卷4，人民文学出版社2014年版，第256页。
[3] 蒙培元：《情感与理性》，中国人民大学出版社2009年版，第51页。

图从女性主体的道德建构来寻求两性之间的和谐。这种由"外"向"内"的转变，恰恰是晚年杨绛作为现代女性作家在性别立场上较为特殊的地方。

第四节　对话与超越：杨绛的主体间性思维

与同时期的女性作家相比，杨绛的创作尽管反映了不同阶层女性的生存状况与精神困境，但是与陈衡哲、冰心乃至丁玲、张爱玲、萧红等女性作家比较而言，她的确既没有从学理层面上思索女性出路的问题，也没有在情感层面上对女性的苦难且歌且悲。她的冷眼旁观与乖觉领悟，使她的理解与同情看起来常常更像是一种对现实秩序的服膺，而非一种改变与拯救的愿景。在她的创作中，女性命运的改变有时也需要通过依靠强大的男性权威实现（如喜剧《称心如意》中孤女李君玉通过得到有钱有势的男性长辈徐朗斋的赞赏与庇护而得以结束寄人篱下的命运）；在现实生活中，她不仅以善解人意的姿态扮演父亲杨荫杭的乖女儿角色，还以谦卑的面目在婚姻关系中力做钱锺书的"贤妻"。杨绛对这种传统伦理形式的良好适应，也是她被认为在两性关系认知上中庸化甚至自我边缘化的一大原因。但是，适应毕竟不等同于服从，认可也不等同于自我奴役，杨绛在两性关系中的这种复杂姿态，与其说是一种父权制下的女性妥协，不如说是一种主体间性思维在杨绛创作与生活中的外化。

一　对话：《回忆我的父亲》中的父母婚姻

和冰心一样，杨绛成长的家庭环境具备民国初年开明知识分子家庭的主要特点：受过新式教育、留过洋的知识分子父亲；受过一定教育，具备相当程度文学鉴赏力的母亲；父母婚姻是旧社会的媒妁之言，却意外的和谐美满；亲子之间的关系，不是封建家长式家庭中"父父子子"的等级森严，而是充满了相对平等和关爱的气氛。

但这样的家庭，多少有着新旧杂糅的特点——"男主外，女主内"的分工明确，秩序井然。

这种新式开明家庭的出现并非历史的偶然，它的形成与中国传统文化的性别观念不无关系。李银河在考察中西方性别观对女权运动的影响时指出，传统中国文化的性别理念事实上和西方文化不仅在对女性的认知上，还在两性关系的目的上，存在着比较大的差异。由于中国的文化前提是自然的，女性的存在较西方而言更容易被接纳，而不是像西方文化一样，将女性彻底看成一类不健全的、对人类的发展没有任何贡献的性别。她指出，西方文化对女性的异化，使得西方文化中的女性想象走向了两个极端：一方面，女性不过是男人的附庸；另一方面，女性又被高度神化。其次，中国文化的阴阳观讲究阴阳调和，强调中庸，"其理想状态不是阳压倒阴、阳灭掉阴，也不是阴压倒阳、阴灭掉阳；而西方文化中却有强调二者之间的矛盾的意味，因此会有厌女症、仇男症一类的情绪和倾向。在中国文化中少有这种倾向"[①]。所以，尽管这些新式开明家庭中的父亲大多受到西方现代文化的熏陶，也愿意给予伴侣更多的话语权，放任子女自行选择婚姻和职业；但是，这种新式开明家庭的特点在某些方面更像是明清时代上层社会婚姻关系的现代延续。

高彦颐通过对明末清初江南上层社会夫妻关系的考察，把这种夫妻双方都有知识且关系和谐的婚姻命名为"伙伴式"婚姻。这类婚姻中，夫妻之间往往能够做到尊重对方，且相互喜爱，但在对家庭责任的承担中，男女内外有别的分工并没有发生新变，甚至一个"伙伴式"婚姻对于女性的要求会变得更加复杂和苛刻：

> 对上层人家的母亲来说，不仅监督，还要自己为子女提供初级教育，这种情况变得越来越普遍。因此，如果没有起码的识字能力和算术技能，新娘是很难充分胜任其传统角色的，这

[①] 李银河：《女性权力的崛起》，中国社会科学出版社1997年版，第70页。

一点已变得非常清楚。这种承认与由情迷所引发的对心灵事物的关注结合在了一起，它促使了一种新的受尊重的主妇理想的出现：一位家内良伴，她既是一位熟练的持家者，也是其丈夫的心灵伴侣。她是新女性——才、德、美的家内化身。①

在杨绛回忆父母生活的散文中，母亲唐须嫈正是这样一个理想主妇的形象：她总是在家庭内部烦冗的劳动中忙碌，在子女面前温柔慈爱；她不像那些真正背离了家庭的新女性那样，高调地显露自己的才华，而是在不经意间才会让家庭成员发现她隐藏起来的光彩。同时，她的才华和个性只限于在家庭内部出现，一旦踏出闺阁的门槛，她就变成不得不向男性伴侣寻求庇护的弱者："在家里，我们只觉得母亲是万能的。可是到了火车上，母亲晕车呕吐，弱得可怜。父亲却镇定从容地照看着一家大小和许多行李。"②

父亲的强大与母亲的柔弱对比如此分明，但在杨绛的眼里，母亲唐须嫈的妻子身份并不是一个消失于父性权威之中，"妇者，从也"的侧影，而是一个在家庭范围内，可以和丈夫在同等地位上进行精神交流的性别主体。在《回忆我的父亲》中，杨绛写到父母的日常相处的情景，特别强调身为法官的父亲将工作上的事务拿来与母亲讨论，这对夫妻的谈话包括但不限于日常琐碎，"旧式夫妇不吵架的也常有，不过女方会有委屈闷在心里，夫妇间的共同语言也不多。我父母却无话不谈……他们谈的话真多：过去的、当前的，有关自己的，有关亲戚朋友的，可笑的、可恨的、可气的……两人一生中长河一般的对话，听来好像阅读拉布吕耶尔《人生与世态》"③。

"对话"在杨绛这篇散文里是一个很微妙的关键词。它代表了杨绛想象父母婚姻甚至是母亲形象的方式。在巴赫金的复调理论中，

---

① ［美］高彦颐：《闺塾师：明末清初江南的才女文化》，李志生译，江苏人民出版社 2005 年版，第 193 页。
② 杨绛：《杨绛全集》卷 3，人民文学出版社 2014 年版，第 108 页。
③ 杨绛：《杨绛全集》卷 3，人民文学出版社 2014 年版，第 94 页。

"对话",作为一种言语相互作用的形式,作为"一个社会范畴,一个人际交往的工具"①,它具有独立性和共同参与的特征。这说明了,一旦进入对话,不同的声音将会彼此作用,它们之间的关系是交互的,而不是单向的。杨绛叙述父母婚姻时这闲闲的一笔,不动声色地将母亲唐须嫈与旧式婚姻中那些连自己的声音都没有的女性区别开来。在夫妇内容广阔的对话中,唐须嫈不仅仅是一个倾听者:她不是只能被动吸收丈夫所带来的外界信息的接收者,更不是只能对丈夫言听计从的命令执行者。对话,意味着她需要满足丈夫在倾诉时希望获得响应的需求,而她的回馈将对丈夫产生未知的影响。在这个过程中,她与男性不同的思维方式,她迥异于丈夫的心灵世界,都不再是一个淹没于男性话语规范之中的秘密。

在家庭职能的范围内,杨绛进一步强调了母亲比之父亲不可替代的优越和强大。1919年,父亲杨荫杭辞职携家眷南归,却在无锡安定之后大病一场。杨绛在《回忆我的父亲》中对此事有详细记载。在一个男性承担所有经济来源的家庭里,男性劳动力的病弱无疑会带来家庭分崩离析的风险。这种风险给幼年杨绛带来的冲击无疑是深远的。在杨绛晚年回忆起这段经历时,她依然能清晰地描述出那一份童年体验:"我常想,假如我父亲一病不起,我如有亲戚哀怜,照应我读几年书,也许可以做个小学教员。不然,我大概只好去做女工,无锡多得是工厂。"② 童年时期对于从优裕家庭掉落到艰辛求生的困苦境地的恐慌,甚至可以在杨绛日后创作的小说和戏剧中那些失怙孤女形象中看到这段经历的烙印。

但在这虚惊一场的家庭变故当中,母亲再一次显示了她作为家庭核心的力量。杨绛在回忆父亲病愈时着重于父亲转危为安的惊险,而究其原因,只一笔带过:"不过无论中医西医,都归功于我母亲的

---

① [俄]孔金、孔金娜:《巴赫金传》,张杰、万松海译,东方出版社中心2000年版,第6页。

② 杨绛:《杨绛全集》卷3,人民文学出版社2014年版,第110—111页。

护理。"①

　　杨绛在这篇散文中的着墨十分有趣：《回忆我的父亲》是写父亲的散文，却又不只是写父亲。父亲是她浓墨重彩塑造的阳面；母亲是她轻描淡写的阴面。从表面上看，母亲的形象在散文结构安排上与父亲的形象形成了一个主从关系，但是处于从属位置的母亲往往能够起到支撑危局的作用。正如杨绛并不如何铺陈母亲唐须嫈在挽大家庭于将倾的过程中做出的巨大贡献一样，她用了短短一句话，给读者留下了太多关于这位母亲的想象余地——尽管这位母亲并不能从经济上给予家庭以支持，但她在事实上成为承托丈夫乃至整个家庭的基石。从杨绛对母亲的这种想像方式中可以看出，父母婚姻带给她的是一种对妻子角色的不同理解——至少母亲唐须嫈塑造的女性典范便是如此：妻子不是一个亟待解放的、沉默疲倦的客体，她的女性力量在家庭之中所能呈现的价值，是远高于那些需要被照顾的父亲的。

二　被审视的丈夫：杨绛散文中的钱锺书形象

　　很难说到底是杨绛的婚姻影响了她对母亲的理解，还是父母婚姻影响了她在婚姻中的角色选择。但毋庸置疑的是，从杨绛和钱锺书的婚姻中确实可以看到杨绛与她的母亲之间似有若无的共通性。首先在角色分工上，虽然杨绛作为现代知识女性，拥有参与社会劳动的权利和自由，但是在她的一生中，"家庭"的分量远远大于"事业"的分量。对于杨绛而言，她在学术和创作上的成就和对家庭的贡献相比，无足轻重。杨绛是"钱锺书生命中的杨绛"②，而钱瑗是她"生平杰作"③。她自觉地选择了成为"贤妻"与"良母"，把钱锺书"承认婚姻美满"④当作对自己的最高评价。她可以学识渊

---

① 杨绛：《杨绛全集》卷3，人民文学出版社2014年版，第110页。
② 杨绛：《杨绛全集》卷3，人民文学出版社2014年版，第289页。
③ 杨绛：《杨绛全集》卷4，人民文学出版社2014年版，第145页。
④ 杨绛：《杨绛全集》卷3，人民文学出版社2014年版，第290页。

博，聪慧灵巧，而一旦进入公共社交圈，就自动自发地扮演起需要丈夫呵护的"佳人"。其次，在女性主体性的问题上，杨绛看起来在与钱锺书的关系中，处于一个从属的位置，并且长期对"钱锺书夫人"这一身份接受良好；但是，杨绛并非是一个没有自我的附属品，因为在钱锺书作为男人在想象自己的妻子时，她也在以一个女性的立场审视钱锺书。她对于钱锺书的种种刻画，可以让我们更清楚地看到，杨绛与同时代女性作家在两性关系认知上的差异。

在绝大多数读者和研究者的眼中，钱锺书是一个学者钱锺书和作家钱锺书：学者钱锺书不仅博古通今，学问兼容东西，而且有仁者风度和知识分子高尚的精神；作家钱锺书风趣幽默，长于讽刺，但因好臧否人物的个性而常常显得过于高傲尖锐。但无论是学者钱锺书，还是作家钱锺书，他都是以一个成年男性形象为人所知的；杨绛则为读者展现了一个不同于学者和文人气质的，具有"儿童性"的钱锺书形象。

在《记钱锺书与〈围城〉》中，杨绛所塑造的钱锺书主要性格特征就是"痴气"：

> 众兄弟间，他比较稚钝，孜孜读书的时候，对什么都没个计较，放下书本，又全没正经，好像有大量多余的兴致没处寄放，专爱胡说乱道。钱家人爱说他吃了痴姆妈的奶，有"痴气"。我们无锡人所谓"痴"，包括很多意义：疯、傻、憨、稚气、呆气、淘气等等。他父母有时说他"痴癫不拉""痴巫作法""呒着呒落"……他确也不像他母亲那样沉默寡言、严肃谨慎，也不像他父亲那样一本正经。①

这种由稚气、呆气和淘气混合而成的"痴气"，是一种典型的儿童化的性格而非成人化的性格。成人，往往意味着责任、义务、规

---

① 杨绛：《杨绛全集》卷2，人民文学出版社2014年版，第179页。

范、道德，而儿童更多地保留了生命的本能。这种生命本能表现之一就是游戏。游戏对于成人而言，是一种把他们从孤独状态中解救出来的功能；对于儿童来说，游戏就是本能，"儿童和动物游戏是因为他（它）们喜欢游戏"①，而且他们游戏的目的也是非功利性的。在杨绛的笔下，钱锺书的"痴气"具体表现之一就是这种游戏性。无论是清华时期钱锺书给同窗画《许眼变化图》，还是牛津留学时期给妻子画鬼脸或在家引逗小孩儿们说"坏话"②的行为，都没有具体的指义而只是纯粹的娱乐，因而更具有儿童游戏的特征。

儿童的另一行为特征就是模仿。皮亚杰在分析儿童的行为模式时提出过一个"象征性游戏"③的概念。这是儿童游戏中的特有行为：他们会在游戏中模拟某些行为并假装一些事情真的发生了。在《我们仨》中，杨绛一开篇就描摹了钱锺书与女儿钱瑗游戏的场面：

> 已经是晚饭以后，他们父女两个玩得正酣。……阿圆站在床和书桌间的夹道里，把爸爸拦在书桌和钢琴之间。阿圆得意地说："当场拿获！！"
>
> 锺书把自己缩得不能再小，紧闭着眼睛说："我不在这里！"他笑得站不直了。我隔着他的肚皮，也能看到他肚子里翻滚的笑浪。
>
> 阿圆说："有这种 alibi 吗？"
>
> 我忍不住也笑了。三个人都在笑。④

很明显，三个人的"笑"是由钱锺书的"假装不在这里"诱发

---

① ［荷兰］约翰·赫伊津哈：《游戏的人：关于文化的游戏成分的研究》，多人译，中国美术学院出版社1996年版，第9页。
② 杨绛：《杨绛全集》卷2，人民文学出版社2014年版，第190页。
③ ［瑞士］J. 皮亚杰、B. 英海尔德：《儿童心理学》，吴福元译，商务印书馆1981年版，第43页。
④ 杨绛：《杨绛全集》卷4，人民文学出版社2014年版，第15—16页。

的。"假装不在这里"何以造成引人发笑的效果？原因就在于钱锺书的这个行为是非成人化的。这是儿童"象征性游戏"的行为。正是因为钱锺书在生理上和社会身份上都已经被定义为成人，他的儿童化行为才会与此产生反差而产生滑稽感。而在诸篇有关钱锺书的散文中，杨绛不止一次写到他与女儿钱瑗的游戏，在游戏中，钱锺书无意间被孩童化了。

儿童在心理特点上与成人的区别在于他们更少地对所投入的工作产生厌倦的情绪。蒙特梭利在《童年的秘密》中指出造成儿童心理与成人心理的这一区别的根源是儿童敏感期的原始生命冲动。在原始生命激情的支配下，儿童不需要像成人那样被动地适应环境，掌握某些技能。对待创造性的工作，儿童有其特殊的活力，甚至这种精神的激情是绵延不断的，"当一种精神的激情耗竭之后，另一种激情又被激起，在一种稳定的节律中，儿童从一种征服到另一种征服。由此构成了他的欢乐和幸福"[1]。杨绛眼中的钱锺书，就是这样一个对学术充满了生命原始激情的人，他读书不是为了稻粱谋，而是"出于喜好，只似馋嘴佬贪吃美食：食肠很大，不择粗细，甜咸杂进"[2]。因而，钱锺书总能在阅读中获得快乐，而不会产生类似成人对待工作麻木厌烦的情绪。从学术中激起的精神激情，使得钱锺书外在地呈现出一种生命勃发的状态，而这恰恰是为秩序所困扰的"成人"所缺乏的。

在现代女性作家的创作中，几乎没有哪一个女性作家像杨绛这样致力于去放大一个男性的"儿童性"——在那些女性作家的笔下，或许存在着诸如《莎菲女士的日记》中苇弟这样柔弱哀怨的求爱者，但她们都没有像杨绛那样，将一个爱情和婚姻中的成年男性儿童化。尽管杨绛在《记钱锺书与〈围城〉》中花费了大量的笔墨去介绍钱

---

[1] ［意］蒙特梭利：《童年的秘密》，载任钟印主编《世界教育名著通览》，湖北教育出版社2014年版，第1228页。

[2] 杨绛：《杨绛全集》卷2，人民文学出版社2014年版，第189页。

锤书的童年经验，从而让一个充满儿童性的成年钱锺书看起来如此合理而毫无逻辑上的瑕疵。譬如成年之后的钱锺书之所以呈现出一种儿童化的性格，是因为那个会和弟弟钱钟韩捉弄小女孩，把游戏的胜利当作真实的胜利，一个人自言自语玩"石屋里的和尚"① 游戏的"儿童"钱锺书，一直附身在"成人"钱锺书身上从未离开。甚至，对于杨绛而言，钱锺书这一份"童心"或者说"痴气"的保存，是一件非常值得自豪的事情，这是"杨绛最大的功劳"②。因为在她看来，儿童性，或者说"童心"在钱锺书的生命中至关重要，他生气贯注的学术历程和鲜活动人的文学创作，都离不开这份率真自然的儿童心性。所谓"天下之至文，未有不出于童心焉者也"③，正是因为保留了"最初一念之本心"④，钱锺书才能对学问保持不变的热情：不论时移世易、风云变幻，都不会为外物左右，保持自身对真理的忠实，在学术上表达出自己最真实的观点。

在《我们仨》等散文中，杨绛又从另一些方面强化了钱锺书的"儿童性"：

"拙手笨脚"⑤。儿童之所以为儿童，乃是由于生理和心理上的幼弱特征。他们是一个从自然状态向成人状态过渡的群体。在向成人状态改变的过程中，他们将通过学习人类环境中的生存技能，逐渐脱离原本的世界，进入一个新的未知世界。对于儿童而言，成人化的过程如果没有母亲和其他长辈的帮助，就会变得危险而且困难。他们在各方面的未完成性，使得儿童很难真正成为一个独立的个体。在杨绛的叙事视角下，钱锺书总是在显露他与儿童无异的幼弱感：

---

① 杨绛：《杨绛全集》卷2，人民文学出版社2014年版，第186页。
② 杨绛：《杨绛全集》卷3，人民文学出版社2014年版，第289页。
③ 李贽：《童心说》，载《明文观止》编委会编《明文观止》，学林出版社2015年版，第96页。
④ 李贽：《童心说》，载《明文观止》编委会编《明文观止》，学林出版社2015年版，第95页。
⑤ 杨绛：《杨绛全集》卷4，人民文学出版社2014年版，第60页。

他不再是一个谈吐不凡，受同窗好友追捧、崇拜或嫉妒的才子；而是一个分不清左右、不会划火柴、初到牛津便磕掉三颗门牙，甚至在杨绛分娩住院时生活都无法自理，只好时时向住院的妻子报告"打翻了墨水瓶""把门轴弄坏了"等"坏事"[1]，从妻子这里寻求安慰的孩子。

"父亲的儿子"。在杨绛眼中，钱锺书与父亲钱基博的相处再次显示了他的"幼弱"。在《钱锺书离开西南联大的实情》中，杨绛写道：

> 锺书从小到大，从不敢不听父亲的话（尽管学术上提出异议）……锺书表示为难，已有倔强之嫌；他毕竟不敢违抗父命。他父亲为师院聘请的人，已陆续来找锺书。他父亲已安排停当；找这人那人，办这事那事。锺书在家人的压力下，不能不合作。[2]

钱锺书的原生家庭是一个封建家长式的旧式家庭。旧式家庭往往人口众多，重血缘伦理，在儒家文化的统摄下，将"孝悌"放在首位。整个家庭在此基础上形成一个以父亲为核心的、等级森严的伦理秩序。在父亲的绝对权威之下，儿女之于父亲，是一个只强调义务而忽略权利的从属者。鲁迅在《我们现在怎样做父亲》中对这一伦理秩序不无嘲讽："父子关系，只须'父兮生我'一件事，幼者的全部，便应为长者所有。尤其堕落的，是因此责望报偿，以为幼者的全部，理该做长者的牺牲。"[3] 由于在亲子关系中，传统文化对于子女只强调义务而不强调权利，子女便只能对父亲唯命是从，而无人格的独立和个人的自由。这就造成了在宗法秩序之下，儿童不仅不被重视，而且在"人之初"就要受到儒家伦理道德的规训，失去身为儿童的生命趣味；而当儿童在生理上脱离了儿童面貌，成为成人时，由于

---

[1] 杨绛：《杨绛全集》卷4，人民文学出版社2014年版，第76—77页。
[2] 杨绛：《杨绛全集》卷4，人民文学出版社2014年版，第97页。
[3] 鲁迅：《鲁迅全集》卷1，人民文学出版社2005年版，第137页。

他在伦理关系中"子"的身份,他依然是不能脱离父亲而有自己的意见的。从这个意义上讲,在中国传统家长式家庭中,儿童往往被当成"小大人"来教养,而成年了的儿子则是"长大的儿童"。

钱锺书之于父亲钱基博,就是一个"长大的儿童"。尽管他是一位学贯中西的学问大家,但在父亲面前,依然是一个在开口之前就已经错了的儿子。钱锺书离开西南联大之后,前往湖南的蓝田师范学院教书,是由于要从父命。据杨绛的回忆,钱基博在当时发信催促钱锺书去湖南,打的是希望儿子近身"侍奉"的名号。钱锺书到了蓝田师院之后,也的确行了"侍奉"之事:

> 锺书到了蓝田,经常亲自为爹爹炖鸡,他在国外学会了这一手。有同事在我公公前夸他儿子孝顺。我公公说:"这是口体之养,不是养志。"那位先生说:"我倒宁愿口体之养。"可是爹爹总责怪儿子不能"养志"。锺书写信把这话告诉我,想必是心上委屈。①

从杨绛对钱氏父子这段公案的克制叙述中可以看到,具有"童心"的钱锺书是为杨绛所赞赏的,而一个"长大的儿童"钱锺书是为杨绛所同情的。世人眼中钱氏父子一个是颇具君子之风的学问大家,一个是天赋异禀的渊博才子,但在杨绛看来,钱锺书虽然在学术上具有独立精神,但他依然是一个囿于父权秩序,缺乏真正自由的"儿子"。这种对丈夫生存困境的洞悉,并非一个甘愿自我奴役,把自己视为男人附属品的女性可以做到。这不仅需要女性能够摆脱因性别身份而生的怨恨情绪,还需要女性建立在自明与自信基础上对男性的包容与接纳。不管是在中国古代诗歌传统中,还是现代女性作家的创作中,都产生过对男性具有包容与同情之心的"贤妻良母"形象,但这未必是一种具有主体意识的女性形象。譬如在张爱

---

① 杨绛:《杨绛全集》卷4,人民文学出版社2014年版,第89页。

玲的《红玫瑰与白玫瑰》中，孟烟鹂作为主妇，对丈夫佟振保为弟弟妹妹的前途费心谋划却不得母亲理解的遭遇同样充满了同情，甚至在佟振保的朋友面前为之抱屈。但这种抱屈不是孟烟鹂作为个体的人对佟振保身处家庭伦理困境的理解，而是因为在与佟振保的婚姻关系中，"他就是天"[1]。在烟鹂的生活中，不仅连下雨是否要打伞这种事情都需要丈夫拿主意，而且除了佟振保，她并没有自己的事业和社交生活。为丈夫的抱屈，不过是她空洞的人生中，难得能够找出来的，与偶尔来到家中的客人进行交谈的话题。杨绛对钱锺书去蓝田侍奉父亲钱基博一事的同情，却有一个充分了解和尊重的前提。在《我们仨》中，杨绛回忆了当时自己对钱锺书去蓝田师院一事的态度和原则："我想，一个人的出处就是一辈子的大事，当由自己抉择，我只能陈说我的道理，不该干预；尤其不该强他反抗父母。"[2] 从杨绛的回忆中可以看到，对钱锺书是否应去蓝田师院一事，她有自己的见解，但并不愿将自己的见解强加在钱锺书身上，而是充分尊重对方选择的自由。这种建立在自尊基础上的理解与同情，正是杨绛与钱锺书之间的平等之处。

三　超越性别：杨绛的性别立场

在中国女性主义批评的视野中，中国女性文学的两个阶段是受到关注较多的。第一阶段是"五四"时期至20世纪40年代，这一时期女性文学的发展，被认为存在一种从"女儿到女性的自我成熟中"[3]的性别立场倒退到男性化的集体意识之中的现象。同时，一些学者在考察"五四"以来现代女性作家群体的写作时指出，从"五四"到20世纪40年代的多数女作家，其经历和遭遇"在很大程度上延续了古代才女的红颜薄命"，她们的写作不过是在不同程度上

---

[1] 张爱玲：《张爱玲全集·小说卷》中卷，中国戏剧出版社2005年版，第691页。
[2] 杨绛：《杨绛全集》卷4，人民文学出版社2014年版，第86页。
[3] 孟悦、戴锦华：《浮出历史地表——现代妇女文学研究》，河南人民出版社1989年版，第264页。

讲述自己的故事，因而她们"所谓的女性声音，不过是一种新型闺怨"罢了①。这类对"五四"以来至 40 年代现代女性文学的批评，实质上也反映了一种对现代女性文学创作的质疑与期待：女性文学的发展，除了反对或者胁从男权，女性的自我言说还能够通过什么样的方式、什么样的面目呈现？长期居于弱势地位的女性，是否会因为这一历史包袱而陷入新的性别霸权的陷阱之中？随着 20 世纪 80 年代西方女性主义理论的引进，中国女性文学出现了新的格局。但这一时期随着"身体写作""私人写作"等女性主义创作浪潮的兴起，这一阶段的女性文学受到的批评更为激烈。由于提倡"身体写作"理论的女性作家群对女性隐秘经验的高度关注，许多批评者对这一文学现象颇有微词。他们认为这种将女性隔绝于社会之外的性别叙事，尽管形成了当代中国女性文学的一道独特风景，但是困囿于生理的躯壳，不仅使女性文学的发展在题材与主题上陷入低水准重复，而且使女性文学"失陷于'女性是性'的男权话语陷阱"②，这无疑是与女性主义写作的初衷相悖的。

作为从"五四"后期成长起来的女性作家，杨绛早年的写作不可避免要受到时代的影响。但是从杨绛创作中的女性形象看，从现实生活经验中获得的对女性困境的认知，并没有使她陷入一种女性"受害者"常见的怨痛情绪之中，而是通过向内求的自由意志来悦纳自己的性别身份。这是杨绛与身处现代"闺怨"的女性作家们的不同之处。

在面对现实中的男性存在时，杨绛同样显示了她的冷静和智慧。尽管杨绛一再宣称自己是"父母生命中的女儿""钱锺书生命中的杨绛"③，但是当她回望父亲杨荫杭与丈夫钱锺书这两个生命中最重要的男性人生时，杨绛并没有表现出一个"逆女"的怨恨或"孝

---

① 康正果：《身体与情欲》，上海文艺出版社 2001 年版，第 138 页。
② 赵稀方：《中国女性主义的困境》，《文艺争鸣》2001 年第 4 期。
③ 杨绛：《杨绛全集》卷 3，人民文学出版社 2014 年版，第 289 页。

女"的崇拜，也没有一个才子附庸式的佳人"添香"或深闺怨妇的哀愁。无论是叙述父亲杨荫杭的一生，还是为钱锺书这位《围城》作者立传，杨绛都以极其克制的语言向读者描述父亲与丈夫生活中的细节，来展示他们人格中的复杂处。

譬如《回忆我的父亲》一文就展示了杨绛对父亲在敬爱之外的某些复杂态度。父亲杨荫杭在杨绛眼中是一位塞万提斯式的骑士，有着身为律师对待正义观念的坚守，却也因对正义观念的坚守处处碰壁。在家庭之中，父亲是唯一的经济支柱，是儿女的教育启蒙者，然而当家庭的重压大部分落在父亲身上时，他不过是一个因为过度劳累而面临死亡威胁的弱者。杨绛以一个女儿的视角表达怀念之情，也总是对父亲塞万提斯式的处世方式感到"疑虑，甚至悲观"[①]。

《记钱锺书与〈围城〉》《我们仨》等散文则更为突出地表现了杨绛对男性不完满生存状态的思索。这种思索甚至影响到了她在小说创作中对男性角色的塑造。譬如《"大笑话"》中的林子瑜与《洗澡》中的许彦成是杨绛小说中比较难得的受到作者赞许的男性形象。前者在平旦学社一群沽名钓誉、不干实事的学者之中，是一个真正能够将教书育人的理想付诸实践，而且不以窥探他人隐私为乐，尊重女性、富有同情心的清正君子。但林子瑜既然身处庸人之间，其意志与行动便无法完全不受制约。小说中林子瑜与陈倩的交往乃是出于周逸群的意愿，二人所谓的出轨绯闻又是因朱丽与周逸群争风吃醋而设计的一出"阴谋"。这一段刚刚萌芽便被折断的情谊，乃是由一群无聊者的恋爱游戏催发的一点真心，而非二者之间的主动行为选择。在这场恋爱的"阴谋"中，林子瑜与陈倩一样，没有做局中人的意愿，却都被迫做了"笑话"中人。他的意志与行动都无法真正由自己掌握，这是林子瑜的身不由己。

许彦成这个人物形象与林子瑜有颇多相似之处。由于《洗澡》的长篇体裁和更为复杂的历史背景，许彦成较之林子瑜在性格上也

[①] 杨绛：《杨绛全集》卷2，人民文学出版社2014年版，第105页。

更为丰满。与林子瑜一样，许彦成是有赤子之心的学者，学养深厚而不慕名利，"把学位看作等闲，一心只顾钻研他喜爱的学科"[1]；得知祖国解放的消息，也不会仔细分析形势，计较得失，只"高兴得一个劲儿要回国"[2]。文学研究社成立后，虽然社内充斥着追求"正确"的气氛，但许彦成依然能对此保持本能的清醒。"洗澡"运动开始后，朱千里、丁宝桂、余楠等一众知识分子在这种非自觉自愿的自我检讨中丑态百出，完全失去了身为知识分子的尊严与自由，而许彦成却从知识分子的"刻意修身求好"[3]来思考"洗澡"运动的意义，坚持"不说欺骗的话"[4]，将被动的政治运动内化为知识分子主动的修身自省，不仅维护了自尊，而且获得了他人的尊重。

在杨绛笔下，许彦成虽然是一个具有独立精神与自由思想的爱国知识分子代表，但他依然不是一个完满的个体生命存在。在家庭关系中，许彦成不仅时刻受到来自母亲的伦理压力，并且因为母亲的步步紧逼，匆忙地接受了杜丽琳的求婚而忽略了自己内心真实的情感需求。被动的婚姻直接导致了许彦成与姚宓恋情的有始无终，他既不可抛下道德良心放弃对杜丽琳的责任，又不能违背自己内心的诉求轻易遗忘与姚宓的情谊。在婚姻责任与爱情自由之间，许彦成无法突破这困境，因而在运动迭起的时代中，他最终也成了不能自主的人。

如果将这两个人物与杨绛散文中的钱锺书形象相比较，就可以看到虚构角色与现实人物之间息息相关的联系。林子瑜、许彦成这两个人物多少都有杨绛眼中钱锺书的心性品格。在小说中，与林子瑜、许彦成产生爱情的女性角色，都是意志坚定、聪慧超俗的女性。而《记钱锺书与〈围城〉》《我们仨》中，在钱锺书被"儿童化"的那些话语背后，也站着一个庇护者杨绛：钱锺书的"童心"需要

---

[1] 杨绛：《杨绛全集》卷1，人民文学出版社2014年版，第242页。
[2] 杨绛：《杨绛全集》卷1，人民文学出版社2014年版，第242页。
[3] 杨绛：《杨绛全集》卷1，人民文学出版社2014年版，第426页。
[4] 杨绛：《杨绛全集》卷1，人民文学出版社2014年版，第438页。

杨绛成全；他生活不能自理，需要杨绛照顾；受到父亲权威的压抑，他可以在杨绛那里获得同情和安抚；甚至当家中遭遇意外，钱锺书的反应不是作为男主人首先想办法去解决问题，而是和女儿钱瑗一样惊惶慌张地叫"娘"拿主意。也许正是受到父母婚姻的启发，在家庭之外，杨绛甘于扮演一个需要钱锺书护着的"贤妻"角色；在家庭之内，她是一个比丈夫更为强大的承托者。在《阿菊闯祸》一文里，杨绛记录了一则家中失火的事件。这一事件中，杨绛在有条不紊地解决问题过程中表现出的冷静，和钱锺书与幼女无异的失措形成了鲜明的对比。

不过，这个家庭之内的承托者，在钱锺书受人诽谤、名誉有受损危机之时，就会立马扔掉那层柔顺的"贤妻"外皮，化身保卫丈夫名声的女战士。杨绛对钱锺书名声的维护力度之大，无论是20世纪六七十年代期间还是之后，都是人们口耳相传的佳话。据钱杨夫妇在中国社会科学院文学研究所的同事朱寨回忆，在特殊历史时期，虽然杨绛的处境也是举步维艰，但是当钱锺书被人贴"大字报"时，杨绛选择了挺身而出为帮助丈夫连夜贴出辩诬的"小字报"[1]。

和辩诬事件相比，杨绛晚年对钱锺书名声的保护，更令人震动。其中，学界乐此不疲讨论的事件有二。一是钱锺书晚年病重在床时，杨绛与宗璞之间发生的笔墨官司。事件的起因是1979年庄因在《钱锺书印象》等文章中记载了钱锺书对冯友兰的批评："钱锺书把冯友兰大骂了一顿。他说，冯友兰简直没有文人的骨气，也没有一点知识分子的节操观念。又说，冯友兰最不应该的是出卖朋友……"[2] 距离此事20年后，宗璞于1998年在《文学自由谈》发表《不得不说的话》问责钱杨夫妇。对于宗璞的问责，杨绛的反应极其迅速，随后同样在《文学自由谈》上发表《答宗璞〈不得不说的话〉》，声

---

[1] 朱寨：《走在人生边上的钱锺书先生》，载何辉、方天星编《一寸千思：忆钱锺书先生》，辽海出版社1999年版，第432页。

[2] 庄因：《钱锺书印象》，载牟晓朋、范旭仑编《记钱锺书先生》，大连出版社1995年版，第209页。

明钱锺书"污蔑"冯友兰"出卖朋友"一事"绝不可能"①。杨绛回应宗璞的这篇文章,不仅发表于《文学自由谈》,甚至还在其他有一定影响力的报刊上重复发表。宗璞和杨绛的这桩笔墨官司,谁是谁非或许难以定论,但就整个事件杨绛的反应看,她维护钱锺书名声的决心是不容置疑的。

杨绛"保护"钱锺书的事迹可以说不胜枚举。杨绛晚年甚至还在86岁高龄之际为保护钱锺书的著作权打过官司。在钱杨夫妇的婚姻生活中,保护与依赖的关系特点如此明显,一些人甚至称杨绛为"文殉身"②的才女。

无论是在《"大笑话"》《洗澡》等作品中对许彦成一类风骨卓然的男性知识分子的塑造,还是在《回忆我的父亲》《记钱锺书与〈围城〉》等散文中对父亲杨荫杭、丈夫钱锺书不完满的生存状态的审视,从根本上讲,都代表了杨绛对女性阴性力量的正面认知。对女性身份的悦纳,使得杨绛的创作与生活,几乎看不到所谓弱者反抗强权的怨恨。甚至在家庭与事业这一至今都没有得到理想解决途径的女性自我实现的问题上,杨绛也没有如陈衡哲在《络绮思的问题》、冰心在《我的学生》等作品中流露出的对女性母职与自由实现之两难的困惑。对于杨绛而言,学术和创作是事业,家庭同样也是事业。她晚年回忆道:"钱锺书的天性,没受压迫,没受损伤,我保全了他的天真、淘气和痴气,这是不容易的。实话实说,我不仅仅对钱锺书个人,我对所有喜爱他作品的人,功莫大焉!"③ 相比惴惴于家庭是否会消耗自我价值的女性困惑,这种对女性自我实现的清晰认知是何等的自信!

纵观杨绛的创作与生活,尽管她几乎没有建构出一个需要打倒和破坏的父权世界,偶尔也会通过男性的认可来肯定女性的价值,

---

① 杨绛:《答宗璞〈不得不说的话〉》,《文学自由谈》1998年第5期。
② 张晓风:《杨绛和法塔》,《明月报刊》2016年第7期。
③ 杨绛:《杨绛全集》卷3,人民文学出版社2014年版,第290页。

但杨绛基于对两性主体性存在之艰辛的理解，以及对真诚高尚的两性关系的赞赏，本身就包含着"守望男女两性的本真存在、建构男女之间的主体间性关系"① 的价值尺度。当代中国的性别批评，正如李小江所言，在追随启蒙主义的反对父权制、仿效阶级路线的性别路线和西方中心主义的"起点"② 外并没有走出太远。中国文化传统中的阴阳思维以及通过人格的自我超越获得心灵自由的生命价值追求，尽管越来越被认可为女性主体性建构的重要资源，但是依然处于有时混乱失语的未完成状态。作为一位身处现代"闺怨"之外的女性作家，杨绛的创作与人生呈现出的强大的人格意志，不仅有利于我们反思中国现当代女性文学发展中的某些问题，也有利于我们从西方之外，回到中国自身来打量中国女性文学面相的复杂性。

---

① 李玲：《女性文学主体性论纲》，《南开学报》2007 年第 4 期。
② 李小江：《谈谈"女性/性别研究"的基础理论问题——对"女性本质主义"批判的批判》，《山西师范大学学报》（社会科学版）2020 年第 4 期。

第 四 章

杨绛的文学研究与翻译

在杨绛漫长的一生中，和她的作家身份并重的是她的学者和翻译家身份。与她的文学创作相比，杨绛更广为人知的还要数她的翻译家身份。1986年，杨绛因翻译《堂吉诃德》获西班牙国王颁给的"智慧国王阿方索十世十字勋章"[1]，更是奠定了她在翻译界的地位。从杨绛的翻译和学术研究生涯看，杨绛从事翻译的时间要早于从事文学理论及批评的时间。尽管杨绛是典型的"学院派"出身，但是她真正开始发表文学研究相关论文的时间，已经在新中国成立后了。纵观杨绛整个学术及翻译历程，可以发现这位与丈夫钱锺书一样从小接受国学熏陶和西学教育的女性学者，在文学研究和翻译的观念方法上，同样注重会通中西古今。她的文学研究专业论文和几部翻译作品，都显示了这位现代学者型女作家深厚的中西方文学文化修养。

第一节　中西互证的文学研究

20世纪50年代，杨绛和钱锺书被调往中国科学院文学研究所之后，杨绛才开始陆续进行学术论文的写作和发表。从杨绛为数不多

---

[1] 杨绛：《杨绛全集》卷9，人民文学出版社2014年版，第484页。

的几篇学术研究论文看,她在研究对象上偏好中西方经典作家作品。其中,杨绛的外国文学研究,主要集中在对菲尔丁、萨克雷、简·奥斯丁等英国 19 世纪小说家的作品批评和小说理论研究上。利维斯曾在《伟大的传统》中对英国的小说传统列出了一个谱系,认为"菲尔丁开创了英国小说的大传统,简·奥斯丁便循此而来"①,尽管简·奥斯丁在英国小说创作上的师承关系,是"理查逊—范妮·伯尼—简·奥斯丁"②,但在整个英国的小说发展脉络中,是菲尔丁和这些作家先后共同建构了英国文学的精神传统。

虽然杨绛自认为选择菲尔丁作为研究对象,是当时的学界风气和文学所内硬性的学术要求使她不得不戴着脚镣跳舞。但是从研究对象的范围上还是可以看出,杨绛选择菲尔丁、简·奥斯丁等作家作品来进行批评,是以杨绛对英国文学发展精神脉络的深刻理解为前提的。

杨绛的中国文学研究则主要集中在对《红楼梦》的作品批评以及李渔的戏剧理论与实践上。《红楼梦》与李渔的《闲情偶寄》在中国小说史与戏剧史上的重要性自不必说。这两个领域的研究主要是杨绛"基于多年读书积累,对小说和戏剧艺术的心得体会"③。

一 "阐发研究":一种方法论特点

从杨绛几篇学术论文的内容看,可以发现杨绛的学术研究在方法上的一个明显特点:在进行西方小说批评时,杨绛常常会援引中国传统文论话语进行比较;而面对中国文学作品时,又会运用西方文学理论及批评方法进行解读。这种中西方文论话语的互引互证,有鲜明的"阐发研究"的方法论特点。

---

① [英]F. R. 利维斯:《伟大的传统》,袁伟译,生活·读书·新知三联书店 2002 年版,第 5 页。

② [英]F. R. 利维斯:《伟大的传统》,袁伟译,生活·读书·新知三联书店 2002 年版,第 8 页。

③ 吴学昭:《听杨绛谈往事》,生活·读书·新知三联书店 2017 年版,第 286 页。

"阐发研究"作为比较文学研究领域中的一种方法论概念，最早由港台学者在 20 世纪 70 年代提出。刘象愚在《比较文学方法论探讨》一文中指出，"阐发研究"的早期构想是一种利用西方的理论体系和文学批评方法来阐发中国文学及中国文学理论的"单向阐发"。这种"单向阐发"方法本质上是对"影响研究"和"平行研究"方法的一种综合或者说补充，而缺乏真正意义上的方法论革新。对"阐发研究"这种研究方法的讨论，需要在该种方法论的定义、范围、可行性和适用程度等方面进行修正和补充。早期的"阐发研究"提出者的谬误在于，他们对"阐发研究"方法的界定，是在放弃自己民族文学传统的前提下，将西方文学理论及批评体系与中国文学现象简单地对接。这种对西方文学理论话语的盲目信任，极其容易陷入一种文化霸权的圈套之中——事实上，这种对西方文艺理论话语的盲目接纳，在中国的文艺理论和文学批评领域中的确引发了中国原创性文论话语失落的问题。刘象愚认为，由于任何一种理论"模式"都有其独特性，因而"阐发研究"应该是"不同民族文学的相互阐发、相互发明"，"它所采用的方法是分析的、解释的"[①]。

先于概念的提出，"阐发研究"实际上早在 20 世纪初就被大量运用于中国文学批评领域。这主要是由于近代以来中国闭关锁国的状况被强势改变之后，中西文化交流逐渐变得频繁；中国面临的种种历史危机，令中国的知识分子不得不试图从西方的精神文明财富中寻找改变国家民族积贫积弱面貌的有力工具。梁启超在《中国近三百年学术史》中开篇便提到："这个时代的学术主潮是厌倦主观的冥想而倾向客观的考察。"[②] 这正是对近代西学东渐之风影响下，中国学术研究开始逐渐向西方学术理论化、科学化方向倾斜的生动注脚。西方的文学理论的大量引进，的确为中国文学理论研究及批评

[①] 刘象愚：《比较文学方法论探讨》，《北京师范大学学报》1986 年第 4 期。
[②] 梁启超：《中国近三百年学术史》，北京市中国书店 1985 年版，第 1 页。

注入了新的血液。譬如王国维在《红楼梦评论》中对叔本华思想的吸纳，吴宓在《红楼梦》研究中对亚里士多德悲剧理论的运用，以及周作人等作家运用弗洛伊德精神分析学派的理论对"五四"时期的作家作品进行批评分析，这些学者作家们的理论研究及批评，为中国文学研究开辟了一条不同于传统的道路。这一方面使中国文学研究逐渐形成了一种现代化的学术范式；另一方面也使得中国学术研究能够更方便地与西方学术研究进行对话。

一些学者进一步归纳了"阐发研究"方法的实践内容，指出"阐发研究"在具体运用中包括作品的阐释、理论的阐释以及跨学科阐释三个方面的内容。其中，作品的阐释主要是指在文学作品阐释中对某种理论模式的运用。这种作品阐释有着西方现代阐释学的某些特征，即不再将作者意图视为文学批评的主要目的，而是以文本为中心，进行意义重构。葛桂录认为，作品阐释又可以细分为"以西释中""以中释西"和"中西互证"三种批评类型[①]。目前中国文学研究领域中，"以西释中"即运用西方文艺理论话语对中国文学作品进行批评阐释的情况比较常见。其次是"中西互证"的情况，以钱锺书的《管锥编》、朱光潜的《诗论》为典范，这些学者在对中西方文艺观念的检视中，发现了中西方文学批评观念中类同性比较高的部分，并在这个基础上，打通了中西文学比较研究的一条经络。"以中释西"是运用中国文艺理论话语对西方文学进行阐释。鉴于中国传统文论话语的直觉性、经验性和模糊性等特点，用中国文论话语去阐释西方文学还处于一种比较艰难的境地。在汉学研究中，所谓的"以中释西"方法实质上是运用中国文学中的某些具体作品或现象对西方文论进行补充修正。

理论的阐释则是指不同民族理论观念的相互阐发，而跨学科阐释强调在文学研究中对其他学科研究理论思维和方法的援引。总体

---

① 葛桂录：《论比较文学阐发研究方法的背景、实践及其特征》，《淮阴师专学报》1997年第4期。

来说，这种对"阐发研究"方法内容的归纳和补充，修正了早期"阐发研究"构想的"西方中心主义"思维，试图将比较文学研究引入"双向阐发"的模式中去。但由于中西方文化系统的差异，虽然"双向阐发"看起来有着值得展望的理论前景，但在实际操作中，"阐发研究"无论是在作品阐释还是理论阐释的层面，都长期处于被西方文论话语绑架的状态之中。

这种理论阐释的不平等，令许多学者不断对"阐发研究"提出质疑。一些研究者通过调查取样和数据统计，发现在具体的理论实践中，运用西方理论与批评方法来研究中国文学的论文数量远远高于运用中国文论话语解读西方文学的论文数量，这首先就形成了"阐发研究"中中国文论话语"失语症"的现实困境。不仅如此，在大量的"以西释中"和"以中释西"的学术论文中，存在简单套用理论，缺乏对所运用理论的适用性判断等问题。而真正能够会通中西的，如钱锺书、朱光潜等学者，都有深厚的中西方文学修养和知识背景作为支撑；对于缺乏长期知识积累和研究实践的年轻学者来说，"双向阐发"并不具有实际的可操作性。要建立比较文学的"中国学派"，不能把"阐发研究"作为比较文学研究的理论基础，而应立足于本民族的文化传统，以文本为中心，注重多元文化的汇合①。

王向远甚至干脆从逻辑起点上否定了"阐发研究"方法论尤其是"双向阐发"批评方法的合法性。首先，中国文化中系统性理论的缺乏就让"双向阐发"的理论构想成了空中楼阁；其次，"阐发研究"方法论强调的"跨文化"特征并不具备理论创新性，而只是一种文化常识："任何不同的民族文化都有其质的规定性，相比之下都可以说是'异质'的。东方和西方的文化当然也是'异质'的。"②所谓"东西异质文化"的"跨文化"的提法，其实忽略了东方文化

---

① 邹建军、王金黄：《文本决定论：对比较文学中国学派"双向阐发"的反思》，《学习与实践》2017年第11期。

② 王向远：《"阐发研究"及"中国学派"：文字虚构与理论泡沫》，《中国比较文学》2002年第1期。

内部的差异，而陷入了一种中西对立的思维模式当中，也忽略了中国传统文学研究向现代范式转换过程中，"以西释中"方法实践的普遍性。因而，与其试图将"阐发研究"作为一种比较文学领域的新兴理论方法，不如去探索一下在"阐发研究"方法论具体实践过程中，研究者对中国文学的体认问题。

这些对"阐发研究"的质疑，本质上反映了一个长久以来中国文论建设尚未解决的问题，即中国原创的现代性文论话语的建构问题。陈跃红认为，学界对"阐发研究"方法论的争议，在指出问题的同时，也提出了新的学术命题。无论何种理论及批评方法，当读者面临文本阐释时，总会存在误读，而因文化差异造成的误读更是势所必然。与误读并存的是，通过"阐发法"对已有的文学作品进行重新阐释，其中可能出现的学术创见对提升一个民族文学的世界价值具有重要意义。对"阐发研究"方法构想的"同情之理解"，使陈跃红将理论焦点放在这一批评方法能否为中国传统文论话语提供现代阐释的机遇上。她指出，海外中国研究的大量学术成果，证明了"阐发研究"如果能够建立在对历史资料的详尽把握和理论方法的得当运用上，中国文学进入世界文学格局之中，与他国文学文化进行平等的对话交流是完全可能的。更甚者，无论是"以西释中"还是"以中释西"，阐释的最终目的是对文本的敞开而不是对文本的封闭[①]。

总的来说，自"阐发研究"作为一个概念被命名以来，无论围绕这一方法论范式存在多少质疑和争论，归根结底，问题都指向了当代学者是否有能力去真正实现对中西方文学文化的既"博"且"通"。这不仅需要研究者有极高的中国古典文化修养，还需要研究者在深入西方文化语境之后能够反哺自身。在学科分类越来越精细化的当代，杨绛虽然在人文学科的学术积累上没有达到钱锺书那样

---

① 陈跃红：《西方理论与中国传统文论的现代阐释——以比较文学的阐发研究为例》，《东方丛刊》1999年第2辑。

的高度，但她不以量取胜的学术研究同样为被专业所束缚的年轻学者提供了一个中西会通的学术典范。

二 "双向阐发"：以杨绛的菲尔丁、李渔研究为例

1957年，杨绛在《文学评论》第2期发表了第一篇论文《菲尔丁关于小说的理论与实践》。虽然这篇论文是在当时中国科学院文学研究所"不是马克思提到过的作家不研究"[1]的规定下完成的，但该篇论文一反学界"八股"之风，以旁征博引的气魄和严谨科学的分析，提供了菲尔丁研究领域中许多让人耳目一新的思路和观点。其中，杨绛对菲尔丁小说理论中"小说家必备的条件"[2]的分析，成功地通过中西文论的"对话"，实现了理论的"双向阐发"。

杨绛在分析菲尔丁"小说家必备条件"的观点时，援引中国传统文论中的"才、学、识、德"概念对其进行论证，认为菲尔丁提出的小说家必备"天才、学问、经验、爱人类的心"四种条件与章学诚提出的史家素养相似。

菲尔丁的"天才、学问、经验、爱人类的心"四种条件具体来说，"天才"是"鉴别事物的能力"[3]，也就是说能够透过现象看本质，发现真相，提炼可笑与可教之事。"学问"就是作家在文学历史知识方面的积累。"经验"则是生活经验和社会经验。杨绛十分反对作家与学者"两耳不闻窗外事，一心只读圣贤书"的做法。她认为，只有真正接触了人，了解人性和世相之后，学问才能活起来，作家的虚构才能更加逼真。"爱人类的心"是指作家对人与事的真心真情。作家只有具备真情与真心，才"写得出有义气的友谊，动人的情爱，慷慨的气量，真诚的感激，温厚的同情，坦白的胸怀"[4]，也才能感动读者，使读者的心灵通过文本与作者相遇和。

---

[1] 吴学昭：《听杨绛谈往事》，生活·读书·新知三联书店2017年版，第282页。
[2] 杨绛：《杨绛全集》卷1，人民文学出版社2014年版，第291页。
[3] 杨绛：《杨绛全集》卷1，人民文学出版社2014年版，第291页。
[4] 杨绛：《杨绛全集》卷1，人民文学出版社2014年版，第293页。

中国传统文论中的"才、学、识、德",最早见于唐代史学家刘知几的"三长说"。《旧唐书·刘子玄传》载曰:"史才需有三长,世无其人,故史才少也。三长谓才也、学也、识也。夫有学而无才,亦犹有良田百顷,黄金满籝而使愚者营生,终不能至于货殖者矣。如有才而无学,亦犹思兼匠石、巧若公输,而家无梗柟斧斤,终不果成其宫室者矣。犹须好是正直,善恶必书,使骄主贼臣所以知惧。此则为虎傅翼,善无可加,所向无敌者。"① "三长"说中,"才"与"学"都强调史家著述对史料的梳理能力和判断能力,而"识"为判断是非的能力。章学诚在《文史通义·史德》中对刘知几的"三长"说进行了具体评析,认为刘知几用"三长"说来概括他对史家素养的认知,有值得推崇的地方,但是他所谓的"才"与"学"过分强调史家的记忆能力和修辞艺术,这些都是一般史家能够做到的,而不足以让人分辨良莠。所以章学诚指出:

  记诵以为学也,辞采以为才也,击断以为识也,非良史之才、学、识也。虽刘氏之所谓才、学、识,犹未足以尽其理也。夫刘氏以谓有学无识,如愚估操金,不解贸化。推此说以证刘氏之指,不过欲于记诵之间,知所抉择,以成文理耳。故曰:古人史取成家,退处士而进奸雄,排死节而饰主阙,亦曰一家之道然也。此犹文士之识,非史识也。能具史识者,必知史德。德者何?谓著书者之心术也。夫秽史者所以自秽,谤书者所以自谤,素行为人所羞,文辞何足取重!……盖欲为良史者,当慎辨于天人之际,尽其天而不益以人也。尽其天而不益以人,虽未能至,苟允知之,亦足以称著述者之心术矣。而文史之儒,竟言才、学、识,而不知辨心术以议史德,呜呼可哉?②

---

① (后晋)刘昫等:《旧唐书》,中华书局1975年版,第3173页。
② (清)章学诚:《文史通义》,罗炳良译注,中华书局2012年版,第310页。

他将"史德"作为"才、学、识"的统摄,认为史家不仅仅应该有是非善恶之心,更应该有"尽其天而不益以人"的著述者"心术"。

杨绛在论文中对中西方文论话语的运用是审慎的。她没有一上来就对中西方文论思想进行嫁接,强行用中国传统文评来阐释菲尔丁的思想,而是用"仿佛"二字指出他们之间存在类同之处,然后在对菲尔丁"天才、学问、经验、爱人类的心"条件四说的具体分析中来印证中西文论中存在的共同规律。比如,"天才"是与"识"有一致性的。在古希腊哲学家那里,"天才"说更有神秘性,而杨绛对菲尔丁"天才论"的阐释则强调"判断力"。在菲尔丁那里,"判断力"和"创造力"都属于天赋,很难由后天训练而成,而"创造力"又离不开"判断力",只有具备"判断力","创造力"才能发挥它的作用——作家的"判断力"与中国传统文论中强调的"识"的相通之处在于,他们不仅都强调主体对客观事物的甄别能力,还都将"识"放在核心地位,把"识"看作"才"的基础。此外,虽然菲尔丁强调的作家"判断力"指向的是西方文化精神中的"真",而中国文论中的"识"指向的是中国儒家伦理范畴中的"善",但作家对"天才"的利用,也最终是要使人受教,这又无形中契合了中国"以史为镜"的思想传统。

至于"学问"与"经验"二者,中西方之间的文化差异更少。菲尔丁所提倡的"学问""经验",基本上都能被纳入中国文论中的"史学"范围,由于中国传统学术中文史哲分类并不明晰的特点,史家对史书材料的把握能力,也往往蕴含了他们的文学修养。不过刘知几的"三长"说中,"学"主要指史家的学问而不是人情经验,这种重案头而不重具体人事的功夫,被章学诚讥为"记诵之学"。虽则如此,章学诚也没有对史家在"人情练达"上的修养提出具体要求。

杨绛这篇论文运用"双向阐发"法的成功之处是,她把握住了运用中国文论话语的尺度。在论证过程中,她能够分清论文的立足点,以菲尔丁的小说理论为中心,积极发现中国传统文论与西方文论之间的潜在关联。而且，杨绛在调动自身传统文化积累时，能够辨析中西方文论的语境差异，不套用概念，避免了将菲尔丁的理论变成论证中国传统文评"才、学、识、德"真理性的工具，从而真正使中西方文论话语获得平等对话的可能。

前面对"阐发研究"概念史进行粗略梳理时已经说过，当时学界针对"阐发研究"提出的质疑，主要集中于研究者运用西方文论话语阐释中国文学尤其是中国古典文学时，能否避免文化沙文主义而产生真正的学术创见等问题上。围绕这些问题，支持者和反对者都纷纷提出了自己的理论意见和建议。但比较遗憾的是，"阐发研究"的整体实践状况并不如支持者们当初想象得那么乐观。理论大约确实是灰色的，而生命之树常青。回顾杨绛发表于1959年的论文《李渔论戏剧结构》，就会发现20世纪90年代以来比较文学研究领域中许多悬而未决的问题，前辈学者早已给出了一个生动的学术案例。

如果说《菲尔丁的小说理论和实践》还只是部分地运用了"阐发法"来"以中释西"，那么到了《李渔论戏剧结构》中，阐发研究的理论路径就已经相当明白了。在这篇论文中，杨绛主要运用了亚里士多德《诗学》中的悲剧和史诗理论来阐述李渔在戏剧理论和实践上的差异。论文可以分为三个层次。第一层次是讨论李渔戏剧理论与西方戏剧理论的共同点。杨绛大量引用李渔《闲情偶寄》"词曲部""演习部"中的原文与亚里士多德《诗学》中的悲剧理论相互印证。其中，李渔谓"凡属孝亲所应有者，悉取而加之"[①]，杨绛认为其中"所应有者"与亚里士多德提出的"当然或必然的事"相类[②]。而李渔对角色声腔的论述又贴合了亚里士多德对悲剧描摹人物要与人物身份性格相合的要求。杨绛在比较了李渔戏剧理论与西方戏剧理论相仿之处后指出，之所以在这些文艺原则上中西

---

① 杨绛：《杨绛全集》卷5，人民文学出版社2014年版，第332页。
② 杨绛：《杨绛全集》卷5，人民文学出版社2014年版，第333页。

方能有所共通，是因为它们与文化差异无关，而与人类的共同原则有关。

第二层次是讨论中西方在戏剧结构上的差异。杨绛引李渔原文说，尽管李渔戏剧理论中"立主脑"等原则，与亚里士多德的悲剧"整一性"原则看起来非常相似，但由于二者立足的文化环境，赖以为据的戏剧传统不同，因而存在本质上的差异。杨绛进一步具体分析了西方戏剧"整一性"原则在演出中的表现形式。西方戏剧的演出有不分幕、时间短、限制地点、结局即高潮等特点。如果一个故事缺乏时间和地点上的限制，且情节过长，违反了"整一性"原则的话，"那就不是戏剧的结构，而是史诗的结构"①，在西方戏剧理论中是一种比较差的戏剧结构。中国传统戏剧则不然。传统戏剧不讲究时间地点的整一性，而强调写意的、程式化的表现方式。杨绛认为，中国传统戏剧的写意特点使其具备了一些史诗的特征。这主要体现在传统戏剧中，一桩事件里的许多情节可以像史诗那样——铺叙，而不必像西方符合"三一律"的戏剧那样"借助剧中人的叙述"才能让观众了解到所有情节②。此外，中国传统戏剧在结构上也没有西方戏剧对整一性结构的追求，反而讲究情节的婉转曲折，甚至可以根据故事的需要，把整部戏分为好几折来演，力求"收场一出，即勾魂摄魄之具"③。

第三层次是杨绛对李渔戏剧结构的理论总结。通过对中西方戏剧传统差异的辨析，杨绛指出，李渔的戏剧结构理论即便是离开他的戏剧实践，也只是看起来与亚里士多德的悲剧理论有所相似而已。杨绛最后将李渔的戏剧结构总结为"史诗结构"。

在分析李渔戏剧结构理论的基础上，杨绛又进行了问题的发散。她简要地提及了比较文学研究中常见的理论误读与误用的问题。杨

---

① 杨绛：《杨绛全集》卷5，人民文学出版社2014年版，第347页。
② 杨绛：《杨绛全集》卷5，人民文学出版社2014年版，第344页。
③ 杨绛：《杨绛全集》卷5，人民文学出版社2014年版，第346页。

绛认为，要避免理论的"迷误混淆"，就不能"脱离了作品而孤立地单看理论"①。

虽然杨绛对比较文学研究领域中的问题只是浮光掠影地谈及，但这两篇论文的研究思路本身就提供了切实可行的解决问题的方法：在研究具体问题时，无论是运用西方文论话语来阐释中国文学，还是援引中国传统文评与西方文艺理论进行对话，研究者都必须切入文本，并树立起明晰的学术史观，才能从源头上减少研究的误区。

第二节　杨绛的翻译理念与翻译策略

据杨绛在《记我的翻译》里的自述，杨绛的翻译生涯开始于她在清华读研究生的时候。从翻译的作品类型看，以1949年为界，民国时期杨绛的翻译作品主要是篇幅较短的文章或书籍，分别是应叶公超之托，刊登在《新月》1933年第4卷第7期的政论《共产主义是不可避免的吗？》以及20世纪40年代在上海生活期间发表的《随铁大少回家》和《一九三九年以来英国散文作品》。这些翻译文章可以算是杨绛翻译生涯早期的试水之作，杨绛对自己这一时期的翻译评价也并不高，认为生平第一篇译作是"七翻八翻""勉强交卷"②的作品，而《一九三九年以来英国散文作品》则"翻得很死"③。新中国成立后杨绛回到清华，开始新的翻译工作。这一时期，杨绛陆续翻译了《小癞子》《吉尔·布拉斯》以及《堂吉诃德》等作品。通过对这些小说作品的翻译，杨绛的翻译理念也逐渐明晰化和系统化。总结起来就是："借尸还魂"和"一仆二主"。

---

① 杨绛：《杨绛全集》卷5，人民文学出版社2014年版，第347页。
② 杨绛：《杨绛全集》卷3，人民文学出版社2014年版，第267页。
③ 杨绛：《杨绛全集》卷3，人民文学出版社2014年版，第268页。

一 "借尸还魂":杨绛的翻译理念

杨绛在《我们仨》中写道:"……那年的春天,我的学术论文在刊物上发表,并未引起注意。……随后我们所内掀起了'拔白旗'运动。锺书的《宋诗选注》和我的论文都是白旗……我暗下决心,再也不写文章,从此遁入翻译。锺书笑我'借尸还魂',我不过想借此'遁身'而已。"① 钱锺书将杨绛的从创作转入翻译称之为"借尸还魂",是一个很有深意的说法,包含了钱锺书与杨绛对于翻译的几层理解。

钱锺书在《林纾的翻译》一文中指出中西方都有轻视翻译的传统,尤其在中国,翻译一向被认为是不文雅的工作。他举例说,在文学史上,南北朝时期的谢灵运作为"古代唯一的一位大诗人而兼翻译家那桩事"②,一向都是被忽视的。

清末民初以来中国在国际政治文化格局中的弱势地位,导致中国知识分子"开眼看世界"以实现国家民族变革的诉求高涨,翻译事业也随之得到极大的重视。但近代知识分子对翻译的认知都带有比较强的功利主义色彩。比如林纾这样在中国现代翻译史上具有重要影响力的翻译家,是这样看待翻译的:"欲开民智,必立学堂,学堂功缓,不如立会演说,演说又不易举,终之唯有译书。"③ 在林纾看来,译书只是一个"开民智"的工具,而且是在办学堂和演说都比较困难的情况下不得已的选择。与自己的古文创作比起来,林纾对自己的翻译事业显然没有多高的评价。较之林纾,梁启超倒是从文学功用的角度谈论了翻译文学之于本民族文学在语词容量、语法和文体变化,以及审美情趣等方面的影响④。但他重功用而轻本体的论述,依然只是将翻译放在一个文化传播工具的位置上。随着翻译

---

① 杨绛:《杨绛全集》卷4,人民文学出版社2014年版,第332页。
② 钱锺书:《七缀集》,生活·读书·新知三联书店2002年版,第103页。
③ 林纾:《〈译林〉序》,《清议报》1900年第69期。
④ 梁启超:《中国古代之翻译事业》,《改造(上海1919)》1921年第11期。

的重要性在中西文化交流过程中的凸显，知识界也越来越重视翻译理论，翻译的文体、技巧等问题也得到越来越多的讨论。茅盾更是驳斥了郭沫若重创作而轻翻译的"媒婆"与"处女"论，直言翻译的价值"实不在创作之下"，而翻译的难度"实倍于创作"[①]。

钱锺书在论林纾的翻译时对其重创作而轻翻译的态度不无调侃，这至少说明了钱锺书和茅盾一样，在他眼中翻译的价值和地位是与创作一样高的。所谓"借尸还魂"的说法，无非是认为杨绛由创作转而翻译，并非中断了文学创作，而是以另一种形式继续文学实践。杨绛将钱锺书的这一说法特意点出，说明她在翻译与创作的关系上，与钱锺书秉持同样的观点。在钱锺书"借尸还魂"的观点上，杨绛又做了补充，说自己是借翻译"遁身"。所谓"遁身"，就是一种自我保全的行为。杨绛曾说写作"纯属个人行为"[②]，从《我们仨》里透露出的历史背景看，杨绛的翻译就是保全"个人行为"，为自己赢得相对自由的精神空间的策略。

从杨绛的翻译选择来看，《小癞子》和《吉尔·布拉斯》是典型的"流浪汉小说"；《堂吉诃德》是反骑士小说，从结构和内容看，也与"流浪汉小说"密切相关。杨绛在《小癞子》的译本序中介绍过"流浪汉小说"的特点：在人物塑造的层面，"流浪汉小说"的主角都是"非英雄"或"小人物"，杨绛认为"流浪汉都看破这个世界而安于这个世界"，具有不同寻常的智慧。从故事内容看，"流浪汉小说"一般通过主角流浪的所见所闻来反映社会现实。从杨绛对"流浪汉小说"的认知中可以看到，"流浪汉小说"是一种反英雄的、讽刺性的小说文类。联系杨绛由创作和学术研究转入翻译的历史背景，一些学者认为，杨绛选择《小癞子》等作品进行翻译，不仅仅是杨绛自己所述的那个家庭因素和其他偶然因素使然，而是

[①] 茅盾：《"媒婆"与"处女"》，载罗新璋编《翻译论集》，商务印书馆1984年版，第350页。

[②] 杨绛：《杨绛全集》卷4，人民文学出版社2014年版，第346页。

由于她的"天性"与"流浪汉小说"自身具有的反霸权精神具有相互契合的地方,选择"流浪汉小说"进行翻译,也是杨绛"流浪汉"精神在文学上的一种呈现①。

二 "一仆二主":杨绛的翻译策略

杨绛认可的所谓翻译是"借尸还魂"的说法,还有第三层含义,指向翻译原则,也就是译文与原文的契合度问题。杨绛对翻译的另一个比喻意思与此相似,即"一仆二主"。杨绛认为翻译者需要遵循的翻译根本原则是忠实原著与忠实读者。忠实于原著就是不仅要领会原著的言内之意,还要能了解字句的弦外之音;忠实于读者,则是要"用读者的语言,把原作的内容按原样表达"②。不过,由于不同的民族之间,在语言的语法特点以及民族语言蕴含的风俗习惯等方面,都存在不同程度的差异,翻译要能够做到将原著的精髓完完全全地传递给读者,是非常困难的。尤其在诗歌的翻译问题上,王以铸认为诗歌是不能翻译的。翻译过来的诗歌,至多只能使读者阅读时比较顺畅,并且对原作产生"作进一步的探索"③的兴趣,而无法真正领会诗歌的"味道"。杨绛也曾谈及自己尝试翻译雪莱和莎士比亚诗歌的经历。由于诗歌语言具有暗示性、象征性等特点,每一个词,每一句书蕴含的感情并不能没有遗漏地被翻译过来,所以杨绛不得不承认,"越是好诗,经过翻译损失愈大"④。杨绛对诗歌翻译的经验总结与王以铸"诗之不可译"的观点都说明了翻译的局限性。钱锺书也承认"彻底和全部的'化'是不可实现

---

① Carlos Rojas, *How to Do Things with Words: Yang Jiang and the Politics of Translation*, Christopher Rea (ed.), *China's Literary Cosmopolitans: Qian Zhongshu, YangJiang, and the World of Letters*, Boston: Brill., 2015.
② 杨绛:《杨绛全集》卷2,人民文学出版社2014年版,第275页。
③ 王以铸:《论诗之不可译》,《编译参考》1981年第1期。
④ 杨绛:《杨绛全集》卷4,人民文学出版社2014年版,第290页。

的理想"①，翻译因文化差异而产生的讹误是不可避免的。翻译的局限是翻译者的共识，但如何看待翻译中的讹误，各人的态度有所不同。钱锺书赞赏林纾翻译中出现的创造性讹误能引起人对原作的兴趣，且具有别样的文学魅力。可见，他之所谓"借尸还魂"的准则在异国之"魂"与中国之"尸"的契合度问题上，是可以视翻译者的创作水平而适当宽宥的。杨绛则对"译文不免失去原文光彩"②有所遗憾，她并不赞同过分的意译，认为翻译者没有为了使译文更加符合本民族语言习惯，而可以任意增删原文的自由。不过，杨绛也不赞同为了尽量忠实原文而采取直译，因为翻译"远不是抄写文章那样'抄过来就是翻译'"③。

直译和意译在翻译中的得失问题，梁启超曾有详细讨论："翻译文体之问题，则直译意译之得失，实为焦点。其在启蒙时代，语义两未娴洽，依文转写而已。若此者，吾名之为未熟的直译。稍进，则顺俗晓畅，以期弘通；而于原文是否吻合，不甚厝意。若此者，吾名之为未熟的意译。"④ 梁启超认为，过分遵从原文而不知变通的直译和过分追求语义的通顺而不顾原文的意译都是不成熟的翻译形式，好的翻译者如玄奘、义净等人对佛经的翻译，可以做到"意译直译，圆满调和"⑤。梁启超提出的"直译"与"意译"的"圆满调和"，其实就是所谓"信"与"达"的适度状态。

杨绛就"信"与"达"之间的关系，提出了"翻译度"的概念。她认为，"翻译度"小，看起来忠实于原文，实则离原文很远。她进一步举例指出，有些译者因为"把握不稳，怕冒风险"，宁愿完

---

① 钱锺书：《七缀集》，生活·读书·新知三联书店2002年版，第79页。
② 杨绛：《杨绛全集》卷4，人民文学出版社2014年版，第257页。
③ 杨绛：《杨绛全集》卷4，人民文学出版社2014年版，第256页。
④ 梁启超：《翻译事业之研究：中国古代之翻译事业（翻译文学与佛典）》，《改造（上海1919）》1921年第11期。
⑤ 梁启超：《翻译事业之研究：中国古代之翻译事业（翻译文学与佛典）》，《改造（上海1919）》1921年第11期。

全遵从原文的语法规范，而不肯在翻译时对字句顺序做出任何变动，结果就是出现了一种词不达意，甚至不知所云的"死译"和"硬译"。所以，"畅达的译文未必信，词不达意的译文必定不信"①。"达"是以"信"为前提的，在"信"的基础上要满足翻译的"达"。杨绛对"直译"和"意译"的缺陷批评实际上传达出了和梁启超一样的翻译观念。也就是说，在翻译过程中，既不能为了让异国之"魂"适应本国之"尸"而削足适履，也不能为了使本国之"尸"装下异国之"魂"，而将本国之"尸"改造得刻板生硬，毫无生命灵气。所谓"借尸还魂"的翻译就是译文要最大限度地追求对原文的形神兼备。

那么如何做到使译文对原文既不增删一句，又能尽量用明白晓畅的民族语言再现原本的意义内容呢？杨绛提出了几个方面的翻译技巧。

一是造句。杨绛借用晋代释道安翻译佛经所谓"胡语尽倒"的概念，指出不同语系之间的文学作品翻译，就是要像"翻跟斗"一样，打乱原文的句子结构，按照本民族语言的语法习惯重新进行排列组合②。她指出，西方语言的特点是一个句子里常常包含了很多复句，而且复句之中往往又有"主句、分句、形容词组、副词组等等"③，与汉语语言相对比较简单的语法结构相比，差异很大。在翻译过程中，怎么断句、怎么对原文进行语序上的排列组合，决定了译文传达原文意义内容的程度。杨绛用了《堂吉诃德》中的一个例子来说明断句和组合的重要性：

（一）……你为什么不去召唤那个最忠实的朋友在朋友中太阳所看见的，或黑夜所遮盖的？……

---

① 杨绛：《杨绛全集》卷4，人民文学出版社2014年版，第281页。
② 杨绛：《杨绛全集》卷2，人民文学出版社2014年版，第275页。
③ 杨绛：《杨绛全集》卷2，人民文学出版社2014年版，第276页。

（二）……你为什么不去把白日所见、黑夜所藏的最忠实的朋友叫来呀？……

（三）……你为什么不去把那位忠实的朋友叫来呀？比他忠实的朋友，太阳没照见过，黑夜也没包藏过！……①

杨绛指出《堂吉诃德》中这一句的原文有一个主句和一个分句。主句中"忠实的朋友"是一句反语，而分句在这里起到的作用是通过夸张，加强主句的讽刺效果。杨绛举出的三个例子中，第一句译文属于没有任何断句，"依文转写"的"死译"②，句子语序混乱，含义不清，句不成句。第二句是属于语序重组后的翻译，在语法上没有明显错误，但是过长的状语使整个句子读起来冗长生硬，而且语气流于平淡，无法完整地传达出原文句子中强烈的讽刺意味。第三句是把一整个复句断成两个单句，既符合汉语的语法习惯，也很好地"达出比较的意思"③，更没有任意增删原文。

杨绛指出，在翻译过程中之所以会出现句子意义含混或者翻译生硬的现象，就是因为原文的语序对译者造成了干扰。而要避免这个问题的发生，使译文做到干净洗练且符合原文语意，翻译就必须有一个"拆解—冷却—重新组合"的过程。整个过程包含了三个翻译阶段。第一个"拆解"阶段，在杨绛这里，就是在对原文语意烂熟于心的基础上，分解"主句、分句、各式词组"④。第二个翻译阶段是"冷却"，就是摆脱原文的语序束缚。"冷却"在杨绛这里是一个很重要的翻译过程。她认为只有摆脱原文语序的束缚，才能在第三个翻译阶段发现最初译文中的问题。不过，杨绛这个观点还隐藏了一个潜在要求，就是对译者中文修养的要求。余光中曾批评过"非驴非马不中不西的'译文体'"，这类"翻译体"的作品常见的问题

---

① 杨绛：《杨绛全集》卷2，人民文学出版社2014年版，第282页。
② 杨绛：《杨绛全集》卷2，人民文学出版社2014年版，第280页。
③ 杨绛：《杨绛全集》卷2，人民文学出版社2014年版，第282页。
④ 杨绛：《杨绛全集》卷2，人民文学出版社2014年版，第280页。

是"一口气长达四五十字,中间不加标点的句子;消化不良的句子;头重脚轻的修饰语;画蛇添足的所有格代名词;生涩含混的文理;以及毫无节奏感的语气"[1];等等。余光中认为,这类公式化的"翻译体"之所以会出现,一大原因就是翻译者的中文修养不够高,词汇贫乏。一个翻译者假如没有比较好的文学修养,即使能够如杨绛所说的那样,遵循从拆解到重新组合造句的三个翻译阶段,恐怕也很难发现翻译中那些不妥之处。

二是成章。成章实际上是"造句"的第三个翻译阶段,就是重新组合被拆解的原文句子。如何保证重新组合的句子语意连贯、每一句的主句突出,是这一阶段需要解决的问题。杨绛指出汉语语法和西文语法在繁简上有所不同,在翻译时需要适当地删繁就简,来防止翻译的滞涩。杨绛借用了唐代刘知几《史通》中的"点烦"概念来解释她的翻译方法。所谓"点烦",是史家编纂史书,"芟芜去杂"[2],使文字洗练的一种方法。杨绛将史家的"点烦"法运用到翻译上,同样也存有使译文更加明快流畅的目的。对于杨绛而言,翻译者不过是一个"孝顺的厨子"[3],翻译的目的主要还是为读者服务,要使读者在阅读译文时"读得明白省力些"[4],"点烦"就成了一道不可少的工序。

在"点烦"的具体操作方法上,杨绛指出了两个关键点:一是不能破坏原文中句与句之间的逻辑关系;二是不能"点"掉原作风格,也就是杨绛阐释"翻译度"概念时所强调的,"重拼时不能减少一块板或增添一块板"[5]。"点烦"意味着翻译者对两种语言的把

---

[1] 余光中:《翻译和创作》,载罗新璋主编《翻译论集》,商务印书馆1984年版,第753页。

[2] 杨绛:《杨绛全集》卷2,人民文学出版社2014年版,第285页。

[3] 杨绛:《杨绛全集》卷2,人民文学出版社2014年版,第292页。

[4] 李景端:《杨绛译的〈堂吉诃德〉》,载《文汇报》编辑部编《每次醒来,你都不在》,文汇出版社2006年版,第285页。

[5] 杨绛:《杨绛全集》卷2,人民文学出版社2014年版。

控能力都要很好，否则就会出现任意删减原文，破坏原文面貌的现象。杨绛自己坦承，运用"点烦"法时，有时就会因为"掌握不稳"，而造成过多的意译，不得不"到再版的时候又斟酌添补"①。

正是由于"点烦"法对译者的翻译水准要求很高，许多并不了解杨绛"点烦"法内涵的人对杨绛这一翻译观点纷纷提出批评。尤其是2005年董燕生在公开场合批评杨绛的《堂吉诃德》"点烦"译本乃是"删节误译"②之后，一时之间有关杨绛"点烦"法的争议蜂拥而至。事实上，杨绛就《堂吉诃德》中删去的字数有过详细的解释。她在给李景端的信中阐明过自己"点烦"的原因：《堂吉诃德》开卷有十一首塞万提斯自己写的赞美诗被她删去不译，是因为这一组诗是小说《前言》中与正文无关的"点缀品"，而且"诙谐不足，而略嫌沉闷，又加篇幅冗长"③，忠实地翻译只会损耗读者对小说的兴趣，所以删去不提。而至于"点烦"的效果，李景端借西班牙学者之口对其进行了评说。他们认为，杨绛的"点烦"不仅没有删减原著内容，而且其文字精练，使"语意更加突出，情节更加紧凑"④。事实上，在翻译中追求语言的简洁达意，是许多翻译家的共识。不仅余光中批评过那些所谓忠实原著的"翻译体"作品之累赘，金圣华也在肯定杨绛"点烦"本的同时，批评了受西语影响严重，"化简为繁、语多冗词"的"添烦"之作⑤。

不过，对杨绛的"点烦"法持反对观点的人，虽然有些批评过于偏激，但其观点依然值得考量。譬如高为在《扯淡对点烦》中以林纾的翻译为例，认为杨绛"点烦"掉的十万多字未必不存在与林

---

① 杨绛：《杨绛全集》卷2，人民文学出版社2014年版。
② 李景端：《杨绛"点烦"怎成"反面教材"？》，载《翻译编辑谈翻译》，湖北教育出版社2009年版，第32页。
③ 杨绛：《杨绛致李景端的信（摘录）》，《出版史料》2004年第2期。
④ 李景端：《杨绛译的〈堂吉诃德〉》，载《文汇报》编辑部编《每次醒来，你都不在》，文汇出版社2006年版，第286页。
⑤ 金圣华：《齐向译道行》，商务印书馆2011年版，第65页。

纾一样的创造性的讹误。就《堂吉诃德》的原著风格来说，塞万提斯"冗长啰嗦"[①] 的语言风格经由杨绛一"点烦"，的确是会有所变化。这也说明了杨绛的翻译理论与翻译实践之间的一点差异。

三是选字。选字就是要从中文中找出"对当的"[②]、能够精准表达原文意思的语词来进行翻译。杨绛认为选字的困难有两种情况：一是对概念、双关语、专门术语的翻译，二是普通文字的翻译。前者自有特殊的解决方式，后者则比较考验翻译者对文字的调度能力。杨绛在这里讨论的问题实际上指向的是翻译中的"传神"问题，或者说翻译中的"等效翻译"问题。

所谓"等效翻译"，其实就是要使翻译对接受者的效果与原文对原文接受者的效果相同。20 世纪初，许多作家对翻译理论的探索实际上已经涉及"等效翻译"的相关原则。20 世纪 20 年代，茅盾就曾在《译文学书方法的讨论》一文中讨论过"形貌"与"神韵"之间的关系。他认为，翻译作品要做到"形似"且"传神"，就不能不满足单字翻译的"字不妄"和句调精神的"不失真"这两个条件[③]。林语堂也在《论翻译》中强调翻译的"字神"，也就是说，翻译要能够传达出"一字之暗示力"[④]。陈西滢则认为，翻译的"信"，就是要"意似"[⑤]。曾虚白在陈西滢的基础上进一步给"神韵"下了一个定义，即"读者心灵的共鸣作用所造成的一种感应"[⑥]。王以铸于 1951 年发表了《论翻译》一文，借王国维的"境界"说来阐明

[①] 李景端：《杨绛译的〈堂吉诃德〉》，载《文汇报》编辑部编《每次醒来，你都不在》，文汇出版社 2006 年版，第 286 页。

[②] 杨绛：《杨绛全集》卷 2，人民文学出版社 2014 年版，第 285 页。

[③] 茅盾：《译文学书方法的讨论》，载中国翻译工作者协会《翻译通讯》编辑部编《翻译研究论文集 1894—1984》，外语教学与研究出版社 1984 年版，第 94 页。

[④] 林语堂：《论翻译》，载罗曙天编《翻译论》，光华书局 1933 年版，第 16 页。

[⑤] 陈西滢：《论翻译》，《新月》1929 年第 2 卷第 4 期。

[⑥] 曾虚白：《翻译中的神韵与达——西滢先生〈论翻译〉的补充》，载中国翻译工作者协会《翻译通讯》编辑部编《翻译研究论文集 1894—1984》，外语教学与研究出版社 1984 年版，第 151 页。

翻译的"神韵"就是指"深藏在语言内部的"①，那些和写作主体以及与主体相关的社会历史环境等因素。

一些学者指出，所谓"神似"原则"正确地考虑了总体效果的对等"②，但在具体的翻译实践中，常常会出现重"神似"而轻"形貌"的问题。金隄在《论等效翻译》中借霍桑《古屋回忆》的译文案例指出，有些着意"传神"的译作，尽管能够让译文读者与原文读者一样感知到作品的艺术魅力，但存在增删原文中细节信息的问题。他进一步提出，"等效翻译"的效果就是使译文读者和原文读者在"主要精神、具体事实、意境气氛"③三个方面获得完全相同或基本相同的信息。

杨绛的"选字"原则，与金隄的"等效翻译"原则有精神上的契合。在《翻译的技巧》中，她选取了几例《堂吉诃德》中的译文做了说明。比如"动了他的老本儿，就动了他的命根子"④这一句译文。这一句的语境是堂吉诃德带着侍从桑丘在艾布罗河边错把磨坊当城堡，借了渔夫的船要渡河去磨坊"搭救"臆想中的骑士和贵人，结果毁掉了渔夫的船，不得不赔钱。桑丘对赔钱的事情十分懊恼，于是有了这一句心理描写。联系原文语境，这一句话包含了两层信息：一是赔钱的既成事实，二是赔钱之后引起的人物心绪变化。杨绛对这一句话的翻译还有其他两个版本，分别是"触及他的本钱就触及他的灵魂"和"动用他的本钱就刺心彻骨似的痛"⑤。第一个版本的翻译用了"触及"二字，不能完整地传达出"赔钱"的信息；第二个版本的翻译用了"刺心彻骨的痛"来形容桑丘的懊恼，

---

① 王以铸：《论神韵》，《翻译通报》1951年第3卷第5期。
② 金隄：《论等效翻译》，载金圣华、黄国彬主编《因难见巧 名家翻译经验谈》，中国对外翻译出版公司1998年版，第36页。
③ 金隄：《论等效翻译》，载金圣华、黄国彬主编《因难见巧 名家翻译经验谈》，中国对外翻译出版公司1998年版，第39页。
④ 杨绛：《杨绛全集》卷2，人民文学出版社2014年版，第287页。
⑤ 杨绛：《杨绛全集》卷2，人民文学出版社2014年版，第287页。

用词太板正严肃，不能传达出原文滑稽的气氛。杨绛最后使用的第三个版本，是一句比较口语化的翻译，语气较之第二个版本更为明快。"命根子"这种比较粗俗的比喻，符合桑丘农民的身份，也与《堂吉诃德》整部小说中诙谐的语言风格相一致。

此外，杨绛还就成语翻译的问题提出了自己的看法。第一是在使用固定性的成语时，需要遵循语词信息对等的原则。杨绛以成语"朗日和风"为例，因为原文语词没有"风"的信息，就必须改为"天气晴和"一词[1]。第二是异化原则。杨绛认为原文中一些具有"本土风味"的成语，"可以保持异国情调"[2]。这种保持源语文化中的"异国情调"的翻译方式，被美国翻译家韦努蒂称为"异化"翻译，他认为异化翻译的目的就是"保留原文的语言和文化差异"[3]。杨绛在《翻译的技巧》中列举了西班牙成语的翻译案例，如"这一扇门关了，那一扇门又开了"与中国成语"天无绝人之路"语义对等，但是中国的成语在语词信息上，缺少了西班牙成语中"门"的信息[4]。杨绛选择逐字直译，而不是直接用"天无绝人之路"代替，既保证了原文信息的完整传达，也使读者更好地了解到译文中蕴含的异国风貌。

作为现代翻译大家，杨绛的翻译理念和翻译实践都体现了她一种务实而严谨的学者姿态。杨绛极少谈及翻译中的纯理论问题，而偏向于从经验中总结翻译的理论和方法。她甚至曾将自己谈翻译方法的文章直接命名为《失败的经验》。但杨绛的翻译成就却是不能忽视的。她的小说翻译曾被朱光潜高度赞誉，她的翻译理念和实践也有着切实的方法论意义。这当然离不开杨绛高超的外语水平和中文修养。她对英语、法语和西班牙语的精通，使她能够深刻地理解外

---

[1] 杨绛：《杨绛全集》卷2，人民文学出版社2014年版，第289页。
[2] 杨绛：《杨绛全集》卷2，人民文学出版社2014年版，第289页。
[3] ［美］韦努蒂：《译者的隐形：翻译史论》，张景华等译，外语教学与研究出版社2009年版，第113页。
[4] 杨绛：《杨绛全集》卷2，人民文学出版社2014年版，第289页。

国文学作品中原文的深层语义结构；而深厚的中文修养，使她能够用纯正的汉语精准地表达原文意思。一个精通不同语言、熟悉不同民族文化的文学研究者，是能够以一种更开放的眼光去观照本民族文学问题的。正如朱光潜在《论翻译》中谈到的那样："纯正的文学趣味起于深广的观照，不能见得广，就不能见得深。"[①] 正是因为既能"见得广"又能"见得深"，杨绛的文学研究和文学翻译才能真正实现异质文化之间的气韵贯通。

[①] 朱光潜：《谈翻译》，《华声》1944年第1卷第4期。

第 五 章

杨绛创作与学术之关系

杨绛曾这样回顾自己的创作生涯:"早年的几篇散文和小说,是我在清华上学时课堂上的作业,或在牛津进修时的读书偶得。……解放战争胜利后,我在清华大学当教师,业余写短篇小说和散文,偶尔翻译……翻译工作勤查字典,伤目力,我为了保养眼睛,就'闭着眼睛工作',写短篇小说……"[1] 从杨绛的自述中可以看到,她的文学创作与学术研究是紧密相关的,甚至可以说,写作是一种由研究和翻译衍生的文学实践。杨绛称自己为"业余作者"[2],不能完全算作是一种自谦。对于一个以教师和学者为主要职业的知识分子而言,杨绛的写作带有非常鲜明的自娱特点。这决定了她无法和职业作家一样,花费主要时间和精力进行文学创作。从她的小说、散文和戏剧的创作数量上看,杨绛也确实不像某些"专业作家"那样多。与职业作家主要依靠创作实践来总结创作经验的写作模式不同,杨绛的文学创作总是带着学术生活的影子。总体而言,与职业作家专事创作的生活相比,学者型作家往往是"文"与"学"两头兼顾。这种兼顾不仅是指创作与学术都是他们生活的内容,还意味着学术与创作之间存在某种程度的互动关系。

---

[1] 杨绛:《杨绛全集》卷1,人民文学出版社2014年版,第1页。
[2] 杨绛:《杨绛全集》卷1,人民文学出版社2014年版,第1页。

第一节 "文学学者":学术思维
对杨绛创作的影响

王富仁认为:

> 所谓"学者小说""学者散文""学者诗歌",我认为,不应当只是它们的作者曾经是一个学者或现在仍然是一个学者,而应该是其作品本身就流露着浓郁的学者的气息。它们的作者是长期在学院文化的氛围中生活的,是在与身边大量学院精英知识分子的交往中,形成了自己的世界观和人生观念以及与此相联系的一系列人性的和人格的特征的,是长期从事学术研究和教学工作的。这都使他们更习惯于理性的思考,更习惯于理智地面对现实的世界和与自己有关的一切,性格偏于内向。这就过滤了情感中大量直感直觉的成分,使其性格更趋于稳健和平,既不属于热情洋溢的那一类,也不属于感伤悲观的那一类,即使表现的是自己人生中的坎坷经历和悲剧感受,也有他们更多的人生的思考。[①]

他这一段对学院学者作家的论述指出了这类作家的两大特点。一是贯穿写作过程中的理性思维。如果说一般的专业作家,面对现实世界是以感性体验为支撑的话,那么支配学院学者作家处理自我和外部世界关系的,是他们经过严格的知识训练之后形成的理性思维。这使得学院学者作家的写作常常判断重于感受。二是学院学者作家的理性思维,使他们的写作容易形成稳定的风格。与感性思维居多的专业作家相比,学院学者作家的写作更不容易受到各种文学

---

① 王富仁:《他摸到了学院学者文学家的脉搏——读于慈江〈杨绛,走在小说边上〉》,《博览群书》2015年第1期。

思潮、政治文化因素的影响。

　　事实上，学院学者作家与一般专业作家相比，在文学创作的性质上也存在差异。学院派文学学者大多是在某一学术领域有专攻，且取得一定成就的知识分子。他们对于文学问题的认识，首先是基于长久以来的知识积累和学术实践。与职业作家相比，他们的写作很少是一种自发性的或者说下意识的写作，而总是有一种"为什么要写作"的自觉。

　　从杨绛的整个文学创作生涯看，她的创作属于典型的学者写作。杨绛的文学创作可以分为三个阶段：一是清华和牛津期间，二是上海沦陷区期间，三是新时期至去世之前。

　　就杨绛的文学创作和学术生活之间的关系看，杨绛的创作确实可以算得上是一种"学术业余活动"。早年在清华和牛津期间，杨绛主要发表了《收脚印》《阴》等散文和小说《璐璐，不用愁！》。这些散文和小说，主要是杨绛当年在清华选修朱自清《散文》课的作业。20世纪40年代在上海沦陷区生活期间，杨绛创作了《称心如意》《弄真成假》《游戏人间》三部喜剧和《风絮》这一部悲剧。其中，《称心如意》和《弄真成假》两部话剧使杨绛以"喜剧作家"的身份在当时的上海文坛声名鹊起。杨绛的戏剧创作在体裁上主要是喜剧而非悲剧，和她早年清华、牛津的学习经历也不无相关。以杨绛和李健吾为代表的一批清华学人，在20世纪二三十年代的清华外语系，都接受过王文显在西方戏剧理论与戏剧史方面的指导。作为在中国现代戏剧史上有开创意义的剧作家，王文显曾经撰写过讽刺性喜剧《委曲求全》《梦里京华》等。他在清华期间，不仅开设了专门的戏剧课程，而且在清华戏剧社中对学生有实践上的指导。杨绛就是当时的受益者之一。杨绛20世纪40年代创作的几部喜剧，无论是人物塑造还是戏剧结构特点，都可以看到与王文显在创作方法上的承继关系。晚年杨绛散文集《走到人生边上——自问自答》，也与她的翻译活动有直接关联。从《走到人生边上》的内容看，杨绛对生死问题、对灵魂问题的思考，受到了古希腊哲学思想的影响。

而在此之前，杨绛正好于1999年翻译完古希腊哲学著作《斐多》[1]。从杨绛这些作品的创作动机看，杨绛的写作和她的读书生活有着不可分割的联系。

从杨绛创作的取材倾向和创作内容上看，她的写作呈现了自身作为一个学者的知识积累。杨绛曾直言自己的创作没有特别受到哪一个作家的影响，而是受到了很多人的影响，因为她"读了很多文学作品"[2]。这说明与专业作家直接以生活体验为写作基础相比，学者型作家在文学知识和理论上的贮备，是他们进行创作的一个重要因素。

欧洲游学期间，杨绛大量阅读了英国19世纪的经典小说，以及英法等国喜剧作家的作品。从杨绛后来撰写的论文看，她对菲尔丁、简·奥斯丁等具有喜剧性倾向的小说家都非常熟悉。同时，杨绛对《堂吉诃德》《小癞子》等小说的翻译，显示了她对流浪汉小说的偏好。

在前面讨论杨绛的翻译观问题时已经说过，流浪汉小说的一大特点是，主人公是小人物。小说内容也是小人物在流浪途中经历的"不值得史籍记载"[3]的事情。从杨绛新时期以来的文学创作题材来看，无论是小说还是散文，都偏向于表现小人物和日常生活。杨绛的小说人物，基本上都是普普通通的知识分子、市井小民，小说内容离不开饮食男女的爱情婚姻、人与人之间日常交往的矛盾冲突，甚至如《洗澡》这样有宏大政治背景的小说，描写思想运动的斗争场面也非常个人化和家常化。杨绛20世纪40年代的几部喜剧也同样如此，尽管她的戏剧创作于抗战时期，但剧作内容没有战火纷飞，也没有敌我之间的对立，有的只是普通市民的家长里短。在杨绛的

---

[1] 见《杨绛生平与创作大事记》，载杨绛《杨绛全集》卷9，人民文学出版社2014年版，第488页。

[2] 此处据2002年杨绛与刘梅竹的电话访谈记录稿，载刘梅竹博士论文《杨绛笔下的知识分子》，第381页。

[3] 杨绛：《杨绛全集》卷9，人民文学出版社2014年版，第221页。

一些怀人忆旧的散文中,她对历史人物的塑造也偏向于从小处、细处表现人物性格。譬如杨绛对三姑母杨荫榆的描写。在一般的读者印象中,杨荫榆是鲁迅笔下那个逆革命潮流的守旧女校长。杨绛的《回忆我的姑母》,却通过对杨荫榆与家人的日常相处细节,为读者呈现了一个喜欢小孩子和小动物,和学生相处不错,但性格孤僻,"不会照顾自己"①的女性长辈形象。

除了在小说题材上能够看到杨绛的创作与学术生活之间的内在联系外,有时杨绛还会将她所偏好的作品和人物化用为文本中某些符号性的存在。在《第一次观礼》中,杨绛记述自己面对用颜色替代等级的观礼条的心情,就十分俏皮地将自己比作《红楼梦》中的人物,"不问人家红条、黄条,'我只领太太的恩典'"②。从杨绛的其他作品中也可以看到,《红楼梦》对她的影响之大。不仅在《洗澡》中,许彦成、杜丽琳和姚宓之间的三角恋结构与《红楼梦》中宝、黛、钗的人物关系结构存在相似之处,在杨绛的其他作品中,杨绛更是直接化用《红楼梦》的某些典故。一些学者在分析杨绛的《小阳春》时,就注意到了在小说中颇具象征意味的"小阳春"天气与《红楼梦》之间的联系。龚刚认为,《红楼梦》第九十四回写到怡红院海棠枯木逢春的奇事,贾母谓之小阳春天气所致,而《小阳春》应当就是"从贾母所谓'小阳春的天气'获得创作灵感"③。

《堂吉诃德》是另一部深受杨绛喜爱并令她不惜耗费心血进行重译的小说。主人公堂吉诃德那不合时宜的"为了他信仰的真理,不辞辛苦,不惜牺牲生命"④的疯骑士精神,在杨绛的散文《回忆我的父亲》中,被用以形容父亲杨荫杭高贵正直的知识分子精神,在《第一次下乡》中,"堂吉诃德"又成了营造幽默效果的修辞手段。

---

① 杨绛:《杨绛全集》卷2,人民文学出版社2014年版,第165页。
② 杨绛:《杨绛全集》卷3,人民文学出版社2014年版,第150页。
③ 龚刚:《"中年危机"叙事的早期范本——杨绛、白先勇同名小说〈小阳春〉比较分析》,《扬子江评论》2017年8月。
④ 杨绛:《杨绛全集》卷2,人民文学出版社2014年版,第266页。

作为学者作家,杨绛的作品最鲜明的特点当然是贯穿她整个文学生命中的学者思维。当然,她的学者思维不是钱锺书式的爱好大发议论。尽管杨绛也有思辨色彩浓郁的散文随笔,但大多数时候,她的作品里呈现出的学者思维,主要表现为一种对历史、文化、人生冷静观照的态度。这种态度令杨绛的写作大多缺乏浪漫色彩甚至出现反浪漫主义的倾向。耿德华在分析杨绛20世纪40年代的戏剧时就曾指出:

> 杨绛的戏剧,钱锺书的散文和小说,他们以各自不同的方式为排斥浪漫主义作家的装腔作势和价值观念作出了贡献。……在他们的作品里,没有任何理想化的概念,也没有英雄人物、革命或爱情。取而代之的是幻想的破灭,是骗局的揭穿,是与现实的妥协。高潮让位于低潮。唯情让位于克制、嘲讽和怀疑。机智代替了标语口号[①]。

虽然耿德华对杨绛等人反浪漫倾向的分析试图将他们与西方"一战"后兴起的现代主义思潮联系在一起,来谈论西方现代作家对杨绛等人的影响,但耿德华的观点也从侧面证明了一个事实:作为学者作家,杨绛等人的学者思维,使他们对于现实问题总处于一种怀疑、反思、判断的状态之中。与那些投身于革命的左翼浪漫青年作家相比,他们更不容易卷入主流政治文化的漩涡,而始终与时代保持一定的距离。所以,虽然在20世纪80年代之后,杨绛主要的散文和小说作品如《干校六记》《洗澡》都不同程度地涉及政治运动,但是她对新中国成立之后政治变革的描写,基本缺乏投身其中的热情或者声嘶力竭的呐喊和控诉。这也是在许多研究者看来,杨绛的写作是以"智性"见长的原因。

---

① [美]耿德华:《被冷落的缪斯:中国沦陷区文学史(1937—1945)》,张泉译,新星出版社2006年版,第199页。

第二节 "文""学"互动：杨绛的小说研究与创作

杨绛的小说理论研究散见于《事实—故事—真实》《有什么好？——读奥斯丁的〈傲慢与偏见〉》以及《艺术与克服困难——读〈红楼梦〉偶记》等论文当中。这些学术论文和杨绛讨论翻译问题的文章相比，后者由实践而理论的特点更为鲜明。而且，结合杨绛新时期以来的文学创作，可以看到杨绛在思想和艺术上的统一性。

由于杨绛的学术研究范围主要是小说理论与批评，且新时期以来杨绛进行创作选择的文体范围是小说和散文，其中杨绛没有任何专论散文写作的学术文章，所以这里的讨论以杨绛的小说理论批评和小说创作之间的关系为主。

一 文学自律：小说的"虚构"与"真实"

在杨绛的学术论集《关于小说》中，《事实—故事—真实》这篇文章作为开篇，具有理论总纲的性质，也是杨绛所有论文中理论色彩和思辨性最强的一篇。杨绛在论文中主要讨论的是文学真实与虚构的问题，这也是文艺理论基础研究中一个具有根本性特点的重要问题。

所谓"真实"，就是词与物的相符。这里蕴含了几层意思："物"是不因主体认知而转移的客观存在，"词"反映了主体对客观存在的认知形式。"词"越能贴近"物"的面目，"真实"的程度也就越高。主体对客观存在的认知形式之一，就是通过对客观现实的"再现"来表现对现实的理解。而"再现"客观现实的手段就是对现实的"摹仿"。亚里士多德指出："人最善于摹仿，他们最初的知识就是从摹仿得来的，人对于摹仿的作品总是感到快感。"① 亚里士多德的"摹仿论"按照杨绛的理解，是对文学本质的界定。所谓"模仿真实"就是创造，就是虚构，所以小说也就是"创造"和"虚构"。但小说所模仿的"真实"，在杨绛看来，还不是一种客观现实，而是一种主观现实，即认知主体根据自身的知识水平、道德修养和价值观对客观现实进行剪裁而获得的，自己"心目中的人生真相"②。小说的"模仿真实"，就是对这种主观真实的模仿。这种模仿的模仿，让杨绛的小说本质论看起来似乎并未脱离柏拉图的"理念"说范围。不过，作为哲学家的柏拉图在"理念"与"艺术"之间，是将"理念"放在至高无上的地位，而对艺术"模仿的模仿"嗤之以鼻。杨绛则认为"虚构的故事能体现最普遍的真实"③。

"虚构"是对"主观真实"的模仿，是小说本质论的问题，而"虚构"能体现"最普遍的真实"，则是小说功用论的问题。"虚构"为什么能够体现"最普遍的真实"？"虚构"如何能够体现"最普遍的真实"？杨绛在这篇论文中——进行了回答。首先，文学创作要体现的"普遍真实"不是对客观现实不加修饰的记录。虽然现实生活是小说创作必不可少的灵感来源，但并不是日常生活中的所有人和事都能成为创作的素材。杨绛认为，尽管作家所获取的"心目中的人生真相"并没有将现实生活中的所有细节都——写出，但是这种主观真实是以对"世事的全貌"④ 的认知为基础的。正如杨绛在谈论菲尔丁关于作家经验理论时所说的那样，作家需要尽可能地去了解不同阶层人物的生活形态，对他们的喜怒哀乐、人品心性都有所观察和体会。只有在全面了解世态人情的基础上，作家才能对形形色色的人物和日常生活经验做出判断，从中提炼出最能引起读者共鸣的，也最能表现具有普世价值意义的人性和世情。由此可见，杨

---

① [古希腊] 亚里士多德：《诗学》，陈中梅译注，商务印书馆 2011 年版，第 58 页。
② 杨绛：《杨绛全集》卷 2，人民文学出版社 2014 年版，第 208 页。
③ 杨绛：《杨绛全集》卷 2，人民文学出版社 2014 年版，第 219 页。
④ 杨绛：《杨绛全集》卷 2，人民文学出版社 2014 年版，第 210 页。

绛所谓的"人生真相",应当是那些蕴含了人类普遍情感和价值的社会现象和人生经验。

其次,"虚构"体现"普遍真实"的中介是作家的想象。杨绛认为,作家的想象是一种以现实生活经验为前提,并受到判断力或者说逻辑思维规约的形象思维。在这篇论文中,杨绛阐述的"形象思维"观点并不具有理论创见。早在20世纪50年代,"形象思维"就是哲学研究和文艺理论研究领域比较热门的学术话题。新时期初文艺界思想解放之风吹起时,关于"形象思维"的讨论又重新形成规模。很难说杨绛对小说"真实"与"虚构"关系的讨论是否受到了当时学术思潮的影响,但就理论高度而言,与那些致力于建构理论的学者相比,杨绛在体系性和逻辑性上可能还要略逊一筹。

不过,杨绛的文学批评也不以理论建构见长。作为学者作家,她的批评不是一种八股式的"职业批评",而是一种有个人审美观的"大师批评"。

蒂博代在《批评生理学》中将文学批评分为三个类型:自发的批评、职业的批评和大师的批评。其中,职业的批评也就是今天所谓的"学院批评"。从事"学院批评"的人,多为专业的文学研究者,对知识和传统的推崇使他们十分强调批评的学术性。在语言风格上,学院批评者往往更注重批评语言的逻辑性和规范性,对作家作品的品评总会显示出一种经过严格学术训练的慎重感;在批评方法上,学院批评者比较注重对材料的收集和考据,喜欢借助各种文学理论工具对作家作品进行权威性的阐释。

职业的批评或者说"学院批评"的缺点是显而易见的。蒂博代指出,职业批评者并不一定就是好的文学鉴赏者,由于他们困囿于自身的知识体系之中,对于文学作品,"他有时缺少自发性、敏锐"[1]。

---

[1] [法]阿尔贝·蒂博代:《批评生理学》,赵坚译,商务印书馆2015年版,第61页。

所谓"自发性"和"敏锐",在蒂博代这里指的是对文学作品的审美力,对于文学批评者而言,审美力的缺失会使他们"陷入一种沉闷的学究气之中而无人理睬"①。

"大师的批评"即蒂博代所谓"寻美的批评"。它要求批评家对作品怀有艺术家式的热情,有个人的美学趣味,不仅能够从一堆文学作品中判断出它们的价值,还要能理解优秀文学作品中那些使它们成为杰作的部分。这要求批评家对作品的理解不能止步于阐释和分类,而应该"在美感和直觉上与一种天才融洽相处……又因为保持了一段距离,所以又可以从外部来观察他——深入到他的内心相当的程度以感觉他并从他那里走出相当的距离来理解他"②。

杨绛的《事实—故事—真实》虽然主要是在讨论文艺理论的问题,但整个行文过程,并不叠床架屋式地讲理论,而是从文学实际出发,使理论与文学创作的联系更为紧密。其中,杨绛为了论证"虚构"与"真实"的差异而对元稹《莺莺传》做出的评述,就是典型的"寻美的批评"。

元稹的《莺莺传》具有鲜明的自传体特点,历来诸家对这篇小说的阐释,都倾向于去探究小说多大程度地反映了元稹本人真实的生活经历。这种阐释模式走向极端,就容易陷入一种将小说当作史料的考据怪圈。虽然中国古典文学研究中一向有"知人论世"的传统,而且元稹在小说末尾对创作意图的说明也确实比较容易引起读者对作者个人经历的好奇,但是"真实"与"虚构"二者毕竟不能完全等同。杨绛对元稹的诗歌进行了大致梳理后指出,元稹的"艳诗"虽然有诸如题为《莺莺诗》《会真诗》等诗作,但是艳诗中的作者和莺莺形象,都与传奇中的张生与莺莺不相同。首先,中国诗歌传统中本就存在"游仙"和"会真"的题材,专门用来记述诗人

---

① [法]阿尔贝·蒂博代:《批评生理学》,赵坚译,商务印书馆2015年版,第60页。
② [法]阿尔贝·蒂博代:《批评生理学》,赵坚译,商务印书馆2015年版,第104页。

的艳遇。在这些诗歌中出现的艳遇女主角一般是妓女而非闺阁女子，她们与诗人的爱情游戏，情人之间的悲欢离合常常成为艳诗的主题。《莺莺传》则不然。这篇传奇的结局处张生与崔莺莺也并未像《西厢记》中那样"有情人终成眷属"，而是各自嫁娶。张生甚至还对友人发表了一番"尤物"论，感叹"余之德不足以胜妖孽，是用忍情"[1]。元稹对此表示赞叹，认为张生的幡然醒悟可以使"知者不为，为之者不惑"[2]。作者在结尾处的"现身说法"有十足的道德讽劝意味。然而杨绛认为，传奇的主题主要不是在道德讽谏，而是在表现人性理智与情感的冲突：

> 传奇里着重写张生秉性坚贞，非礼勿乱，无非显得他对莺莺的迷恋不同于一般好色之徒的猎艳。莺莺能使张生颠倒，也衬出了莺莺不同于寻常美人。莺莺是个端重的才女。她爱张生的才，感张生的痴情……假如莺莺是个妓女，张生是个寻花问柳的老手，他们的相爱就不像张生和莺莺之间的情意那么希罕而值得记载。但张生既是个孤介书生，凭他的封建道德观和男女不平等的贞操观，必然会对莺莺有鄙薄的看法……张生无意娶她，却又恋恋于她，就和元稹不能与所欢偕老而决绝不下、感情略有相似。[3]

杨绛对《莺莺传》的这段评析表现了"职业批评"和"大师批评"之间的差异。如前所述，以往研究者对《莺莺传》的批评注重材料考据，而非设身处地地去理解元稹本人，因而，许多批评者想当然地就把《莺莺传》归结为一篇男权思想严重的道德说教小说。

---

[1] （明）汤显祖等原辑：《中国古代短篇小说集》（上），人民日报出版社2011年版，第80页。

[2] （明）汤显祖等原辑：《中国古代短篇小说集》（上），人民日报出版社2011年版，第81页。

[3] 杨绛：《杨绛全集》卷2，人民文学出版社2014年版，第215页。

但正如蒂博代引述拉布吕耶尔观点时表达的那样，批评家需要去区分作家"所具有的性格、他想具有的性格、人们认为他所具有的性格，以及他想让人们认为他所具有的性格"[①]。由于杨绛自己就是作家，与一般学者通过理论积累来获得对文学规律的认知不同，杨绛对文学创作规律的认知还来源于她自身丰富的写作经验。因而，杨绛对《莺莺传》的解读，虽然也有学院批评的材料考据，但更多的是一种源于作家思维的、对文本的理解。所以，在对《莺莺传》的解读中，杨绛一再强调小说中张生与崔莺莺的人物身份与性格，指出人物行动是随着人物的个性和故事发展逻辑而变化的。张生的性格有爱欲与道德（或者说情感与理智）之间的矛盾，这是张生对莺莺始乱终弃的内因。张生的爱欲又不受理智的辖制，这就造成了二人分手后，张生的辗转反复。杨绛通过对故事结构的分解，指出张生的性格矛盾之处，使他的"忍情"说不仅不是元稹在小说结尾处说明的道德对爱欲的胜利，反而证明了情感与理智之间的不可调和。杨绛借《莺莺传》中人物行动与作者意图之间的分裂，进一步说明了文本的自足性。

事实上，杨绛这段对小说"虚构"与"真实"关系的辩证，最后指向的是文学自律与他律的问题。文学的"自律"即文学自身的规律和文学的内部要求，文学的"他律"则指影响文学形成和发展的除文学之外的一切外部力量。"自律"和"他律"一直是中国文学创作及文学批评中两股不可回避的力量，从"五四"以来的"为人生"和"为艺术"之争，到20世纪80年代文学本质论问题的争辩，都反映了文学的"自律"与"他律"的冲突。杨绛在这篇论文中对文学"自律"或者说小说"自律"的强调，说明了杨绛的小说理论并不是一种脱离时代学术背景的先锋理论。但杨绛的文学批评，因文学创作经验和作家思维对学术研究的渗透，具备了和

---

① ［法］阿尔贝·蒂博代：《批评生理学》，赵坚译，商务印书馆2015年版，第182页。

一般"学院批评"不同的趣味和新见。这也是杨绛文学批评的难能可贵之处。

二 杨绛小说创作中的"虚构"与"真实"

钱锺书的小说曾被人批评"有太多的自己"①，杨绛的小说和钱锺书相比，在对"真实"与"虚构"关系的处理上，显得更为圆熟。不过，这并不是说杨绛的小说就没有了自己。作为和钱锺书一样的学院学者，杨绛小说的取材也大多来源于自身，有时从中可以看到作者生活经历的痕迹。比如《事业》中，随丈夫留学归来，被默先生半诱哄半强迫地拉去帮忙当"求实"中学校长的陈倚云，就有杨绛自己的影子。小说中默先生的"牛角喇叭"②、陈倚云为期一年的校长经历，都是现实中有据可考的历史。此外杨绛的其他小说如《洗澡》中，作者对杜丽琳这一"标准美人"上学时追求者"多于孔门成名弟子七十二"③的调侃，来自杨绛大学期间自身的传闻；而对许彦成"把学位看作等闲"④的夸赞，则对应了钱锺书在欧洲留学期间不以学位为目的的学术精神。由于杨绛在小说取材上的自传性特点，一些研究者喜欢将杨绛的小说与真实生活经历进行对比，甚至将杨绛婚恋叙事中男主人公夫妻情感状态套用在杨绛与钱锺书的婚姻生活上，进行一些窥私性的研究。将小说的虚构映证作家生活的材料，这恰恰是杨绛在讨论小说"虚构"与"真实"关系问题时所反对的。

借杨绛分析元稹《莺莺传》的方式，来对《事业》和《洗澡》做出一番评析，就可以看到杨绛是怎么处理小说中的"真实"和"虚构"的。虽然《事业》中的陈倚云和杨绛的经历相似，她在请

---

① 蓝棣之：《对于人生的讽刺和感伤——钱锺书〈围城〉症候分析》，《贵州社会科学》1999年第3期。
② 杨绛：《杨绛全集》卷1，人民文学出版社2014年版，第182页。
③ 杨绛：《杨绛全集》卷1，人民文学出版社2014年版，第236页。
④ 杨绛：《杨绛全集》卷1，人民文学出版社2014年版，第242页。

辞"求实"中学校长前后和默先生的"意志斗争"①，在杨绛的回忆中也确有其事，但是小说中陈倚云的请辞，是由于她对"求实"中学的感情没有像默先生那么深厚，也无法理解默先生的牺牲。杨绛以自己为原型塑造了陈倚云这个人物，但杨绛本人的经历性格和陈倚云差距很大。尽管杨绛的兴趣始终不在行政而在教书和写作上，甚至将自己在振华女中当校长的经历形容为"狗耕田"②，但她在后来的回忆中对这段经历十分感激，且非常能理解王季玉为母校的牺牲。而小说中陈倚云是个一心想当医学生开医院，且十分反感默先生对"求实"的牺牲，甚至会揣度默先生的牺牲实质上是一种私心的学生。

小说名为《事业》，写的却是默先生和学生对"事业"的不同理解。于默先生而言，她的事业就是为"求实"中学牺牲，而这种牺牲是为陈倚云等学生所不能理解的，陈倚云等学生也无法像默先生那样选择为"求实"终身不婚，四处奔波。陈倚云和默先生之间的"意志斗争"是两种不同价值观之间的斗争，或者说是陈倚云自身价值观和她对默先生的师徒之情之间的斗争。杨绛在这里并没有试图去评判陈倚云和默先生之间谁的选择更好，她写作的目的既不是为了追忆当年自己如何不慕名利，也不是为了向读者说教一个真正高尚的知识分子要如何为自己的事业牺牲一切。小说中默先生和学生之间的冲突，不是正面人物和反面人物的冲突，而是人作为独立个体，对事物的判断总是率先以自身的经验为标准，因而不能真正相互理解而产生的冲突。

《洗澡》的小说人物和情节，同样源自于杨绛的生活经历，是她"掇拾了惯见的嘴脸、皮毛、爪牙、须发以至尾巴"③，重新组合而成。因此，尽管《洗澡》中杜丽琳和青年时期的杨绛一样追求者众，

---

① 吴学昭：《听杨绛谈往事》，生活·读书·新知三联书店2017年版，第157页。
② 吴学昭：《听杨绛谈往事》，生活·读书·新知三联书店2017年版，第157页。
③ 杨绛：《杨绛全集》卷1，人民文学出版社2014年版，第212页。

许彦成的痴性也与钱锺书有几分相似,但无论是杜丽琳的人物形象,还是许、杜二人的婚姻状态,都与杨绛的现实生活相去甚远。而《洗澡》中杨绛为姚宓捏造的一段身世,虽然也可以从杨绛少女时期遭遇的父亲重病事件,找到生活依据,但杨绛毕竟不是失怙少女,也不必从大学肄业早早承担家庭重担,当然她与钱锺书的相遇也就没有像许彦成与姚宓一样"恨不相逢未嫁时"了。

杨绛从现实生活中撷取这一鳞半爪,敷衍出姚宓、许彦成与杜丽琳之间的三角恋爱故事,正如杨绛评析《莺莺传》中张生的"忍情"一样,写的是平凡世界中男女情感中常见的不如意之事。许彦成是使君有妇的君子,姚宓是自珍自爱的坚强女性,他们之间的爱情注定无法冲破世间伦理道德的束缚,于是二人只能从此保持距离。然而,也正如杨绛在评价张生与莺莺的爱情故事时所说的一样,为理智所认识到缺陷却无法驯服的情感是"人生普遍的经验"[1],许彦成与姚宓的爱情,是二人理智上能够认识到缺陷的情感,但这种情感又无法随着二人的自我克制真正熄灭。于是,尽管二人的爱情最后在姚家书房里戛然而止,但这段绵绵不绝的惆怅没有随着道德的胜利而消失不见。

三 现实主义创作方法

除去《事实—故事—真实》这种专门的理论研究论文外,杨绛的小说写作理念都是比较分散地通过对其他作家作品的批评间接表达的。结合杨绛的文学批评和创作实践,我们还是能够对她的小说创作艺术特点进行一些总结。

纵观杨绛的文学批评和创作实践,可以发现她偏好的是现实主义审美原则和创作方法。现实主义作为西方18—19世纪的一股文学思潮,在中国现代文学发轫期就被引入,与中国现代文学发展的历史进程息息相关。其一般特征是主张"模仿"和"再现"生活,强

---

[1] 杨绛:《杨绛全集》卷2,人民文学出版社2014年版,第216页。

调细节的真实与典型人物、典型环境。杨绛在分析奥斯丁的《傲慢与偏见》时，认为简·奥斯丁小说的一大特点就是能够成功地刻画出典型环境中的典型人物。她指出简·奥斯丁的小说题材一般取材于乡镇，以描写英国19世纪乡绅中产阶级的日常生活为主。《傲慢与偏见》这部小说以恋爱结婚为角度，通过男女之间在爱情中的波折，来展现人物的性格。而爱情中男女的性格发展都是和当时英国的经济发展状况以及阶级冲突相联系的。杨绛借奥斯丁自己的话对她进行了高度赞扬："小说家在作品里展现了最高的智慧；他用最恰当的语言，向世人表达他对人类最彻底的了解。把人性各式各样的方面，最巧妙地加以描绘，笔下闪耀着机智和幽默。"[1] 这段话也可以看作杨绛的自我期许。在她自己的创作实践中，读者可以看到杨绛通过塑造具备鲜明性格特点的人物形象来表现特定时代中普遍人性的艺术追求。譬如杨绛发表于20世纪40年代的话剧处女作《称心如意》，以孤女李君玉到上海投奔亲戚为线索，引出了一系列家庭纠纷。在戏剧冲突的发展过程中，舅舅赵祖荫的道貌岸然、舅妈荫夫人的虚伪，都典型地反映了上海沦陷区"孤岛"经济对人性的侵蚀。

不过，由于学院生活的限制，杨绛的小说创作也存在着题材反复和人物类型同质化的问题。

题材反复。譬如小说《"大笑话"》和《洗澡》之间，《小阳春》和《"玉人"》之间，都能够很明显地看到后者对前者不同程度的复刻。《"大笑话"》的故事被限制在一个封闭的"平旦学社"[2]中，学社中存在大量不学无术的伪知识分子，这些伪知识分子充当了传播流言和制造阴谋的功能性人物，男女主人公的情感发展在流言和阴谋中经过了一个从萌芽到破灭的过程。在《洗澡》中，读者

---

[1] 杨绛：《杨绛全集》卷2，人民文学出版社2014年版，第259页。
[2] 杨绛：《杨绛全集》卷1，人民文学出版社2014年版，第58页。

同样可以看到一个类似于"平旦学社"的"文学研究社"①。虽然这里有一个更大的历史背景,但是"文学研究社"中"伪知识分子"的名不配位和《"大笑话"》中的设置是一样的。而主人公许彦成和姚宓的感情,同样受到了研究所里流言与阴谋的考验。不过,由于《洗澡》长篇小说的体量,它的情节冲突比《"大笑话"》要更为复杂。《小阳春》和《"玉人"》则都是由男主人公不成功的婚外恋来贯穿情节。整个故事就是通过男主人公的幻想出轨—寻找理想情人—理想失败,回归家庭的一连串行动将各种情节串联而成的。

人物类型化。杨绛不同小说之间的主角,性格特点上有比较多的相似之处。在杨绛的小说里,正面的女性角色往往都具有一种看透世情而安于世情的淡然,正面的男性角色则都是不懂人情世故,一心埋头学问的书呆子。前者大多能够看到杨绛自身的一些性格特征,而后者总让人忍不住联想起杨绛在散文中塑造的钱锺书形象。

杨绛小说中人物的同质化问题,除了长期的学院生活使她很难有意识地去观察不同人物,为文学创作积累素材之外,学院文学学者的理性思维也是限制杨绛虚构能力的原因之一。尽管学院派学者作家和职业作家相比,系统文学知识教育和学术训练,能使他们更轻易地形成纯正的文学趣味和成熟的理论素养,但这同时也使他们很难在写作时无所顾忌地进行想象。杨绛小说在题材和人物塑造上的缺陷,正说明了学院派学者在学术和创作上很难做到真正的两者兼顾。

《有什么好?——读奥斯丁的〈傲慢与偏见〉》写于 1982 年。20世纪 80 年代可以说是现代中国又一个文学革命时代。对苏联模式下现实主义传统的反思,对西方现代主义文学思潮的引进,让作家们对文学观念的变革充满了热情。活跃的时代风气鼓励着作家进行各种形式上的实验。与那些富于冒险气质的作家相比,杨绛看起来似

---

① 杨绛:《杨绛全集》卷 1,人民文学出版社 2014 年版,第 232 页。

乎并没有多少现代性精神。至少当整个中国文坛在求新求变的时候，杨绛却在寻求文学的"恒常"。这种"恒常"不仅仅是指她对"人"的重视，还包含了杨绛在形式上的某些古典情怀。

一是小说的布局谋篇。一部文学作品艺术效果的好坏，离不开作家对作品的整体结构、情节安排等方面的规划。金圣叹评点《水浒传》时，就强调过小说谋篇布局的重要性。他认为《水浒传》写一百零八个好汉而能"章有章法，句有句法"[1]，无非是因为作者"有全书在胸而始下笔著书"[2]。奥斯丁同样重视小说的布局。杨绛认为，奥斯丁的小说在布局上具有西方戏剧的结构特点。亚里士多德认为悲剧情节需要具备整一性、具备适当的长度并符合当然或必然的原则，也就是说，情节要具备逻辑上的合理性和可信度。杨绛认为，《傲慢与偏见》中的情节具有相当的紧凑感，而且在因果逻辑上环环相扣。但奥斯丁的小说又没有显得过分整饬，显得比较自然而无人工的痕迹。杨绛以小说中的功能性人物为例，认为由于人物行为都符合人物身份，贴合人物性格，诸如小说中将伊丽莎白带入达西庄园使二人误会的舅母这类事件关键人物的出场就消除了作者刻意安排的嫌疑。

杨绛对简·奥斯丁在小说形式上的看法与戴维·塞西尔勋爵一样。塞西尔勋爵将奥斯丁与乔治·艾略特相比较，认为与艾略特那些过分匀称以至于失真的小说情节相比，她的小说既能做到"条理分明"，同时"也是一幅令人信服的生活画面"[3]。但和塞西尔勋爵仅仅指出奥斯丁小说布局的严密天然不一样，杨绛知其然还试图知其所以然。她对奥斯丁小说布局出现上述特点的原因进行了猜测，

---

[1] （明）施耐庵:《水浒传》注评本，（清）金圣叹评，上海古籍出版社2015年版，第999页。
[2] （明）施耐庵:《水浒传》注评本，（清）金圣叹评，上海古籍出版社2015年版，第186页。
[3] ［英］F.R.利维斯:《伟大的传统》，袁伟译，生活·读书·新知三联书店2002年版，第11页。

认为是小说空间的有限性令小说的整体结构不容易出现逻辑上的瑕疵和故事的失真感。

很难说这是杨绛的由己及人还是她从奥斯丁的作品中获得了某些灵感。但杨绛的小说和戏剧确实都展现出了一种下意识的对空间的限制。无论是早期的小说《璐璐,不用愁!》,还是20世纪40年代的《"大笑话"》《"玉人"》《鬼》,抑或80年代完成的《洗澡》,故事发生的地点都仅限于一个学社、一座宅院或者一间公寓。但在这些有限的空间里,人与人之间的相互试探,因为理解和误解产生的波折,和奥斯丁笔下的婚恋故事一样平淡,但也同样"每个细节都令人关切"[①]。

《鬼》这篇小说可以说是杨绛所有小说中,情节最离奇,结局最意外,但又使人读后并不觉得作者在小说布局上很刻意的一部作品。故事里王家大宅的格局和王家旧式家族的规矩,起到了关键作用。小说中胡彦进了王家大宅当家庭教师,结果夜遇王家小妾贞姑娘假扮的"艳鬼",与之一夜春风后,很快因为害怕"着鬼迷"[②]而辞去家教职务离开。贞姑娘却意外暗结珠胎,被王家太太得知,想出了一招调包计,让王家少奶奶假装怀孕,借腹生子。最后,王家少奶奶竟因假装怀孕得了"产褥热"[③]意外去世。种种误会和巧合,在王家旧式宅院的格局之中,毫无人工安排的痕迹。

这一座宅院分为内院和外院。胡彦因为是教书先生,按规矩只能居住在外院,这就决定了他不可能与贞姑娘常常见面而相熟。贞姑娘作为小妾,她的身份决定了其住处与主人相近,那么有关胡彦的一切消息,都可以通过主人夫妻的夜话知道。贞姑娘既然能够偷听到主人夫妻夜话,那么她对胡彦产生好奇,进而想办法走出内院去求证胡彦的相貌、春心萌动与其夜半相会的行为就很自然。而小

---

① 杨绛:《杨绛全集》卷2,人民文学出版社2014年版,第253页。
② 杨绛:《杨绛全集》卷1,人民文学出版社2014年版,第141页。
③ 杨绛:《杨绛全集》卷1,人民文学出版社2014年版,第162页。

说中贞姑娘的怀孕没有受到惩罚，最后还闹出了场借腹生子的悲喜剧。其中王家传宗接代的旧式思想是一个关键性的因素。贞姑娘进入王家，是由于王家少爷与妻子结婚十年没有孩子；贞姑娘的怀孕，使王家太太和王家少奶奶有危机感，她才会同意仆人的调包计而意外失掉自己的性命。

二是对情节的设置和提炼。杨绛认为奥斯丁的小说之所以在有限的空间里能够把故事讲得波澜起伏，一个很重要的原因是她借助了侦探小说的一些写作方法。侦探小说和其他类型的小说相比，更注重读者的审美心理体验。侦探小说通常依靠悬念和伏笔来刺激读者的审美情绪，延长他们对故事的期待。不过奥斯丁小说中的悬疑性和推理性特点，与侦探小说单纯靠惊险刺激的情节来展开叙事不同，奥斯丁的小说通常是借助侦探小说的悬疑和推理元素来描摹世情。杨绛以《傲慢与偏见》为例，指出小说中伊丽莎白与吉英常常像福尔摩斯和华生一样"一起捉摸这人那人的用心，这事那事的底里"[①]，原因就在于人性复杂处，需要像侦探一样通过抽丝剥茧才能触及深层的真相。

杨绛的小说大多有这样的特点。无论是早期的《ROMANESQUE》，还是后来的《"大笑话"》《鬼》以及长篇小说《洗澡》，都是在悬念丛生的情节设置中观察和探讨最普遍的人生真相的作品。《璐璐，不用愁！》这篇杨绛的小说处女作尽管写的是一个少女恋爱的故事，却也同样充满了人与人之间要通过"三分话"来推测真心的悬念。小说主人公璐璐有两个追求者，各有各的优劣之处，这使得她在两个追求者之间摇摆不定。她喜欢小王的真心，又怕被汤宓看出自己的犹疑徘徊，导致两人从此断绝来往。为了确定汤宓的心思，璐璐总是忍不住通过汤宓的神态、言行去猜测自己的行为是不是已经全部被汤宓收在眼底。一些学者认为，侦探小说的元素为杨绛的创作带来了故事性、趣味性和通俗性。不过很难说杨绛小说中

---

① 杨绛：《杨绛全集》卷 2，人民文学出版社 2014 年版，第 252 页。

的这种推理成分是否就专受侦探小说的影响。中国古典小说由于传奇和写实的特点，在叙事上同样注重巧构奇思。杨绛在分析《红楼梦》的叙事特点时，认为曹雪芹写宝黛爱情的妙处，同样在于对男女主人公爱情心理悬疑的设置。杨绛借卡斯特维特罗的话将这种情节上的心理悬疑设置称为艺术上的"克服困难"。杨绛用了一个流水遇石而能激荡浪花的比喻具体说明"克服困难"能达到的艺术效果[1]。这与中国古典小说理论中强调文字曲折要"将欲通之，忽若阻之；将欲近之，忽若远之"[2]的观念颇为相似。不过中国古典小说对情节曲折性的追求主要是为了延长读者期待，重视的是读者的审美心理，而杨绛对情节悬念的追求，目的却是通过恰当的形式"把自己最深刻、最真挚的思想情感很完美地表达出来"[3]。

除了情节要具备合理性和巧构奇思外，一个故事要能引人入胜，作家的语言表达技巧也是十分重要的。杨绛认为，奥斯丁小说语言的好处在于简洁。她没有雨果式的对某一背景不厌其烦的描摹，也没有20世纪意识流小说对人物内心状态的感性剖析。杨绛赞赏的是奥斯丁能够光靠人物对话就让读者看到人物"丰富而复杂的内心"[4]。在杨绛的创作实践中，"对话"也是她表现人物性格和心理活动的重要手段。试以《小阳春》中俞太太和胡小姐的对话为例：

> 她已经满脸堆笑，对胡小姐道歉："简慢胡小姐了，不能早来奉陪。"胡小姐怪甜醇地笑着，也一再道歉："打扰了俞太太。"俞斌忽然发现俞太太在笑的空隙中，两只眼睛里，放射着刀枪剑戟似的目光，在剁人刺人。"胡小姐真能干啊！"——一刀。
>
> "哪里，俞太太！"她满不在乎地笑着，垂下浓密的睫毛做盾牌。

---

[1] 杨绛：《杨绛全集》卷5，人民文学出版社2014年版，第331页。
[2] （明）罗贯中：《三国演义》毛宗岗批评本，岳麓社2015年版，第338页。
[3] 杨绛：《杨绛全集》卷5，人民文学出版社2014年版，第331页。
[4] 杨绛：《杨绛全集》卷2，人民文学出版社2014年版，第257页。

"您真是能者多劳！"——一枪。

"您笑话了，俞太太。"①

　　胡小姐是俞太太丈夫俞斌教授的学生，她多次借邀稿的名义上门与俞斌调情。俞太太察觉到二人之间的暧昧，对胡小姐的来访十分厌烦，故意避而不见。而丈夫对胡小姐的热情，让俞太太醋意大发，怒而下楼，于是有了与胡小姐在会客室交锋的一幕。俞太太和胡小姐这段交锋的艺术效果，是由二人对话内容中句子意义和话语意义的不一致造成的。俞太太和胡小姐的相互道歉是交锋的第一回合。"简慢胡小姐"和"打扰俞太太"从句子意义看是二人之间的谦让，但人物的实际行为造成了一种说话内容和说话目的错位的结果。于是俞太太对胡小姐的道歉不仅没有诚意，反而是一种向胡小姐宣示主权的炫耀；而胡小姐的退让，则显示出她登堂入室的得意。俞太太对胡小姐的炫耀没有起到让胡小姐羞愧怯懦的效果，于是二人有了第二回合的交锋。俞太太夸赞胡小姐的"能干"和"能者多劳"，但这份夸赞并没有具体的所指，与上文语境并无关联，实施的是俞太太讥讽胡小姐有事没事来自己家打扰的言外行为。而胡小姐对俞太太话语的回应，都是对其字面意义的回答。胡小姐看起来并没有理解俞太太话语的深层含义，她的言外行为却显示出一种对对方的讽刺风淡云轻的态度。

　　除了《小阳春》以外，杨绛的其他小说和戏剧也显示出她是一个写对话的高手。在这一点上，杨绛确实与简·奥斯丁极为相似。偏向通过人物对话而不是人物内心独白表现人物的心理状态，正是杨绛遵循现实主义客观性审美原则的证明。

　　从杨绛的小说创作理念和小说创作实践看，她确实是一个没有革命精神的"老"作家。从题材、创作方法和审美原则等方面来看，杨绛都没有超出奥斯丁所谓"喜剧性的小说"传统。这个"喜剧性

---

① 杨绛：《杨绛全集》卷1，人民文学出版社2014年版，第43页。

小说"传统并非指西方古典文论中所谓喜剧要通过"摹仿低劣的人"①来达到训诫世人的作用。恰恰相反,杨绛并不打算通过小说来进行道德说教,她也不认为小说应当成为道德训诫的工具。杨绛曾不止一次强调过文学的自律——也就是文学写作的"随遇而作"②。这是她与"五四""为人生"派作家的文学要疗救人心观念的区别所在。杨绛并不认为文学对丑陋人事的鞭挞能"拔除愚蠢的钝根"③。作家的智慧应当是清醒地看到人间的残缺时,领会它们,摹写它们,宽恕它们。

英国文论家利维斯评价简·奥斯丁的一番话可以作为杨绛文学创作理论与实践意义的生动诠释:"她对于生活所抱的独特道德关怀,构成了她作品里的结构原则和情节发展的原则……她努力要在自己的艺术中对感觉到的种种道德紧张关系有个更加充分的认识,努力要了解为了生活她该如何处置它们,在此过程中,聪颖而严肃的她便得以把一己的这些感觉非个人化了。假使缺了这一层强烈的道德关怀,她原是不可能成为小说大家的。"④ 杨绛的创作理念和创作实践尽管看起来过于老派,但她对于人性问题的严肃思考和对生活温厚的关怀,使她超出当代那些沉迷于叙事游戏的作家而具备了更高的文学价值和人文价值。

---

① [古希腊] 亚里士多德:《诗学》,陈中梅译注,商务印书馆 2011 年版,第 58 页。
② 杨绛:《杨绛全集》卷 1,人民文学出版社 2014 年版,第 1 页。
③ 杨绛:《杨绛全集》卷 2,人民文学出版社 2014 年版,第 247 页。
④ [英] F. R. 利维斯:《伟大的传统》,袁伟译,生活·读书·新知三联书店 2002 年版,第 11—12 页。

第 六 章

杨绛的文学风格

所谓"风格",在西方文论中有两个方面的含义:一是文体、修辞等层面上的意义,即"能够把各种具有不同特点的形体结合起来加以融会贯通的模仿"①;二是"风格乃是人本身"②,这一观点由布封在1753年法兰西学院入院式上的演说中提出。由于"风格即人"的观点涉及创作主体精神等问题,一些批评者有时会将其与中国传统文论中的"文如其人"这一批评观混用。值得注意的是,虽然这两类批评观都涉及创作主体和风格成因的问题,但是两种观念形成的理论基础不同。"风格即人"的批评观以修辞学为基础。虽然布封提出风格与作家的思想、灵魂、品位有关,但他强调风格的呈现主要还是靠作家对思想的调度,也就是思想中的"秩序与行动"③,所以,以修辞学为基础的"风格即人"论侧重的还是作品形式层面的问题。"文如其人"的批评观作为中国古典风格论的中心内容,则涉及创作主体与现实因素的种种联系。在中国古典文论中,"风格"一词最早用于品评人的品性、体貌等,后来被刘勰用于文艺批评:"然

---

① [德]歌德:《自然的单纯模仿·作风·风格》,载[德]歌德等《文学风格论》,王元化译,上海译文出版社1982年版,第3页。

② [法]布封:《论风格》,载《自然史》,陈筱卿译,译林出版社2013年版,第215页。

③ [法]布封:《论风格》,载《自然史》,陈筱卿译,译林出版社2013年版,第208页。

仲瑗博古，而铨贯有叙；长虞识治，而属辞枝繁；及陆机断议，亦有锋颖，而腴辞弗剪，颇累文骨：亦各有美，风格存焉。"①从刘勰的论断可以看到，中国古典风格论偏重从创作主体的才气、禀赋、德行以及后天的知识、修养等方面讨论风格的形成，不仅强调了创作主体的独立性，还强调了读者的审美感受。如钱锺书所言，"'文如其人'，乃读者由文以知人；'文本诸人'，乃作者取诸己以成文"②，与"风格即人"论相比，中国以"文如其人"批评观为核心的古典风格论涵盖了包括读者在内的一切审美主体，这是两种风格论最主要的差异所在。

虽然中西方文论中关于"风格"概念的讨论理论基础不一，且指涉各异，但涉及作品意义及价值层面的判断时，依然可以看到一些共通之处。譬如威客纳格在谈及"器宇浅窄的人"的"矫饰作风"时指出，这种不是为内容所决定而是从伟大思想家那里剽窃来的作风，无非是一种"缺乏内在生命原则的单纯外表"，而真正独特的风格是"为古代历史家所孕育，为中世纪的和民族的年代纪作家所哺养成熟的那种精神的无拘无束的必然表现"③。关于"矫饰作风"，中国古典文论中如元好问诗"心声心画总失真，文章宁复见为人"亦有讨论，二者指向的问题本质上都是人格与风格之间的关系问题。从文体、修辞等层面来讲，人格尤其是道德人格未必与风格相统一，所谓"巨奸人为忧国语，热中人作冰雪文"④，就是从言语的伪饰来谈创作主体精神与文本风格呈现的矛盾之处。但"狷急之人作风，不能尽变为澄澹；豪迈之人笔性，不能尽变为谨严"⑤，道

---

① （南朝梁）刘勰：《文心雕龙注》，范文澜注，人民文学出版社1978年版，第438页。
② 钱锺书：《谈艺录》，商务印书馆2016年版，第422页。
③ ［德］威客纳格：《诗学·修辞学·风格论》，载［德］歌德等《文学风格论》，王元化译，上海译文出版社1982年版，第21—22页。
④ 钱锺书：《谈艺录》，商务印书馆2016年版，第418页。
⑤ 钱锺书：《谈艺录》，商务印书馆2016年版，第418页。

德判断虽不能替代审美判断成为评价作品价值的标准，但关注作品的意义时，审美判断不可以完全离开道德判断，所以"其言之格调，则往往流露本相"①，而"庄严的表达自然来自思想境界最为崇高的人"②。这是人格与风格相统一处，也是中西方风格论的会通之处。

人格与风格之间的关系，一是，从创作主体精神方面为探讨作家作品风格形成的成因提供了理论依据；二是，使作品呈现的"意义"成为风格研究中的重要问题。前文已经从文化、性别、学术和创作等角度分析了杨绛文化人格、学术人格等方面的特点，可以看到东西方文化的贯通、女性身份以及学者的理性思维特征，对杨绛文学风格的形成产生了什么样的影响。杨绛的性别身份、精神气质决定了她几乎不会像鲁迅那样，冷峻而犀利，直面血淋淋的现实；也不像钱锺书那样，才华横溢，锋芒毕露，居高临下地讽刺人性的弱点。但由于"风格"有文体修辞和创作主体精神两方面的指涉，因而风格可以是作品的风格，也可以是作家的风格。作品风格强调"情以物迁"③，也即威客纳格所说的"风格的客观方面"④，受制于内容和意图，这也是"热中人"可以作"冰雪文"的缘故。作为一位跨时代女性学者作家，杨绛在不同文学领域中的尝试和耕耘，使得研究者在面对杨绛文学风格问题的讨论时，不可以不关注杨绛在将近一个世纪的文学活动中经历过"人"与"文"之间的磨合与调整之后，在何种程度上达到了"人""文"统一的问题。在这个基础上，杨绛其人其文的价值才能够获得有效判断。

---

① 钱锺书：《谈艺录》，商务印书馆2016年版，第418页。
② ［古希腊］朗吉努斯：《论崇高》，载［古希腊］朗吉努斯等《美学三论：论崇高论诗学论诗艺》，马文婷、宫雪译，光明日报出版社2009年版，第16页。
③ （南朝梁）刘勰：《文心雕龙》，范文澜注，人民文学出版社1978年版，第693页。
④ ［德］威客纳格：《诗学·修辞学·风格论》，载［德］歌德等《文学风格论》，王元化译，上海译文出版社1982年版，第19页。

第一节　宽厚：摹写人性的尺度

杨绛曾在《菲尔丁的小说理论与实践》中指出，在菲尔丁的小说理论中，"爱人类的心"[①] 是小说家必备的条件之一。作家有"爱人类的心"，就是有真心真情，有仁厚的心肠。具体来讲，就是要有"同情之心"，就是能够突破社会身份、文化地位等这些外在的条件给作家造成的限制，以广博的爱心去体谅他人，用发现的目光去看见生命的庄严和华美。

菲尔丁的这个观点实际上包含了一项文学准则：作家是对人类怀有责任的。这种责任既是艺术上的，也是伦理上的。约翰·斯坦贝克在1962年获得诺贝尔文学奖时发表了以"作家的责任"为主题的演讲。他说："文学不是被那些在空荡的教堂里柔弱无力且挑剔的吟唱祷文的神职人员所传播的，它不是与世隔绝选出来的游戏，更不是没有希望的、自命不凡的乞丐们玩的游戏。……作家自古的职责并没有改变。他负责揭露我们许多惨痛的错误和失败，并且为了人类的进步，把我们的黑暗和危险的梦想暴露出来。还有，作家被委托来宣告和赞美人类经过考验而形成的能力，豁达的精神，崇高的情怀，战胜困难的勇气，以及勇敢、热情和仁爱。"[②]

约翰·斯坦贝克这一番有关作家责任的演说包含了对一个作家在创造力和人格修养上的要求。一个真正的作家，首先要能够关心人类的情感、道德、生命尊严等问题，其次是能够把对人类生活的思考用恰当的艺术方法表现出来。李建军认为，一个完整意义上的大师，是为人类的幸福和自由而写作的，他应当是"温柔的安慰者"

[①] 杨绛：《杨绛全集》卷5，人民文学出版社2014年版，第293页。
[②] [美]约翰·斯坦贝克：《作家的责任》，载金利主编《百年诺贝尔文学奖演讲精选》，东南大学出版社2014年版，第141页。

"强大的支持者"和"社会的良心","他通过对生活警觉的观察,通过对问题冷静的思考,通过与邪恶的对抗,向人们提供可靠的信息、正直的判断和捍卫正义的勇气"①。

杨绛的文学创作正是如此。她对普遍人性的观察和思考,她的道德关怀,都隐藏在她那些闪烁着人文智慧的文字当中。的确,无论是杨绛的小说、戏剧还是散文,她的文学创作都显示着一种对生活惊人的洞察力。不过,正像李健吾指出的那样,杨绛的智慧是"缄默"②的。世态人情,在杨绛的笔下,始终以温和的面貌出现。她的气质不是慷慨悲歌的,甚至不是愤世嫉俗的,而是温柔敦厚的。杨绛的文学创作,可以说就是一种"人"的文学、"诚"的文学、宽厚的文学。

杨绛对"人"充满了好奇与天真的兴趣。她读《论语》,最感兴趣的不是《论语》中孔子对社会伦理、国家政治、礼仪教化等方面思想的阐发,而是《论语》中一个个鲜活的生命个体:"'四书'我最喜欢《论语》,因为最有趣。读《论语》,读的是一句一句话,看见的却是一个一个人,书里的一个个弟子,都是活生生的,一人一个样儿,各不相同。"③ 在她看来,《论语》可贵之处在于,孔子的思想不是面无表情的道学阐发,而是通过言传身教,在与弟子的日常相处中,在个体生命经验的呈现中,引导诸人闻道践仁。对于杨绛来说,人是天地间最有灵气也是最可贵的生命,人性也是最为幽微复杂的。探索人性的乐趣,构成了她喜爱文学、进行文学创作的一种内在驱动力。在《回忆我的父亲》一文中,谈及青少年时期的兴趣,杨绛将法律等专业视为可以接触人,与人打交道,积累经验,从而为小说写作做准备的重要途径。"我喜欢文学,就学文学?爱读小说,就学小说?父亲说,喜欢的就是性之所近,就是自己最

---

① 李建军:《文学因何而伟大》,华夏出版社2010年版,第9页。
② 孟度:《关于杨绛的话(剧作家论之一)》,载田蕙兰、马光裕、陈珂玉编《中国文学史资料全编·现代卷·钱钟书 杨绛研究资料》,知识产权出版社2010年版,第598页。
③ 杨绛:《杨绛全集》卷4,人民文学出版社2014年版,第294页。

相宜的。……我选读法预，打算做我父亲的帮手，借此接触到社会上各式各样的人，积累了经验，可以写小说。"①

探索人性，了解人性，既是杨绛文学创作的内驱力和必要的写作准备，也是她文学写作的宗旨。譬如杨绛的小说创作，在目的上既不像菲尔丁、萨克雷等作家那样要"宣扬仁爱"，或者高举明镜，希望通过艺术警醒世人、劝善惩恶；也不像曹雪芹一样，"满纸荒唐言，一把辛酸泪"，要将生命中的大苦痛和大悲哀化为彻悟文字，而是谦逊地将自己的小说奉给读者，供人"养养心，歇歇力，再抖擞精神投入工作"，而假如读者能从中有所得，"觉得还有点意思，时间消耗得不算无谓"，就已经成就了杨绛的"更高的愿望"②。用"娱目快心，阅世启智"③ 八个字来概括杨绛在小说写作功用上的自觉，大体是不差的。杨绛并不将自己放在比世人更高的位置，她相信人性本善，人人都有羞恶之心，同时谨守"忠恕之道"，反求诸己。所以，从杨绛的小说和戏剧中可以看到，她表现人性晦暗的一面，总是着重表现其"滑稽"。按照亚里士多德的观点，滑稽的人和事，尽管丑陋，但并不凶恶，不会给观者带来痛苦。在杨绛的小说和戏剧中，几乎看不见人性"恶"的一面，她的小说里没有要置人于死地的穷凶极恶之徒，也不存在被极端环境激发的残暴、杀戮等人的"兽性"。在杨绛的小说和戏剧中，即使有阴谋和陷害，它们也从来没有成功的可能。

以杨绛的两部喜剧《称心如意》和《弄真成假》为例。《称心如意》写的是孤女李君玉去上海投奔亲戚，却被几家亲戚当作包袱，从这家推到那家，最后竟无意中获得一位长辈的喜欢，不仅解决了婚事，还继承了一笔财产的故事。在这部戏里，大舅舅赵祖荫表面上刻板守旧，对李君玉父亲的裸女图嗤之以鼻，实际上自己却和身

---

① 杨绛：《杨绛全集》卷2，人民文学出版社2014年版，第126页。
② 杨绛：《致读者（〈倒影集〉自序）》，载田蕙兰、马光裕、陈珂玉编《中国文学史资料全编·现代卷·钱钟书 杨绛研究资料》，知识产权出版社2010年版，第532页。
③ 于慈江：《杨绛，走在小说边上》，世界图书北京出版公司2014年版，第136页。

边的女秘书存在不正当的男女关系；而舅妈荫夫人为了驱逐情敌，刻意把李君玉放到丈夫身边当秘书；二舅舅赵祖贻是个崇洋媚外的外交官，动不动就要批评"中国人的不正确"①；四舅舅赵祖懋吝啬愚钝，为了让痴迷慈善的太太打消领养小孩子的念头，不惜借李君玉之手搞出一场私生子的闹剧。几个舅舅和舅母都对李君玉没有真正的慈爱之心，甚至把李君玉当作夫妻之间相互算计的工具。但是这些夫妻对李君玉的利用受到了纲常伦理、血脉亲缘的辖制，赵祖荫等人的行为，并不能算是人性之"恶"。

《称心如意》是一部更为直白地反映资本主义经济摧残城市青年精神的作品。这部喜剧历来被认为是杨绛作品中反浪漫主题的代表。因为在这部戏里，爱情已经不再承担"五四"时期解放思想的责任，它不再具有"五四"作家笔下浪漫而崇高的象征意义，而成了上海都市文化中的一件消费品和贫穷青年实现阶层跨越的有力武器。在这部戏里，男主角周大璋和女主角张燕华都是目标明确的"野心家"。周大璋想要娶资本家的女儿来获得一笔可观的陪嫁，以成为"环境的主人"②，所以不惜诱人私奔。张燕华因为家底不丰，寄希望于嫁给一个有钱的丈夫来改善自己的生活状况，不惜拒绝真诚地爱着自己的书生冯光祖。在张燕华眼里，没有什么"没条件的爱情"③，爱情的核心就是金钱，就是漂亮的皮相。为了赢得又"阔"又"能干、漂亮"的周大璋，张燕华不惜故意向周大璋传递假消息，自己代替堂妹与其私奔。戏剧的情节是由两个人为了个人利益而设计出的各种"阴谋"推动的，但在一系列阴差阳错中，两个想要通过婚姻过上优渥生活的青年男女却最终成了夫妻。

在杨绛的其他作品中，杨绛也尝试过表现特殊年代里的人性之"恶"。小说《洗澡》中以施妮娜、余楠等人为代表的一批反面人

---

① 杨绛：《杨绛全集》卷5，人民文学出版社2014年版，第29页。
② 杨绛：《杨绛全集》卷5，人民文学出版社2014年版，第120页。
③ 杨绛：《杨绛全集》卷5，人民文学出版社2014年版，第161页。

物,蝇营狗苟,因为一己私欲得不到满足,可以干出偷盗他人手稿、联名写文章陷害同僚的勾当。但是,施妮娜等人为对付姚宓联手写的批判文章最终没有激起一点水花。散文《丙午丁未年纪事》中,"极左大娘"仗势欺人,结果作恶的人最后也挨了批斗。人性之恶在小说中是点到为止的,没有变成不可控的罪恶,以赤裸裸的方式展现在读者眼前。在杨绛的笔下,没有特别好的人,也没有特别坏的人。她不像当代一些作家喜欢淋漓尽致地探索人性"恶",而是将眼光置于人类最普遍的庸常与复杂之中,常怀一种宽容和怜悯。

在一些以婚恋叙事为主的小说中,杨绛通过对"无爱"婚姻状态的描写,关注生命的某种孤独状态。《小阳春》和《"玉人"》是这类小说中比较典型的文本。《小阳春》讲述了40岁的俞斌一次不成功的"怀春"。人到中年,生活往往会走向关注柴米油盐、赚钱养家的固化状态,人的精神也容易因此变得庸俗,失去对世界的激情和想象。而俞斌恰恰是在这种状态中突然醒悟,试图重新寻找他的青春,他对生活的感受力。俞太太作为安于庸常生活的一员,对俞斌突如其来的冲动完全不能理解。女学生胡若渠是一个和俞斌生活中的"常规"完全不同的变数,成了他青春激情的寄托。但这种"春天"的冲动是越轨的,它同时挑战了世俗伦理和俞斌内心的道德规范。一内一外的双层牢笼,使俞斌最终向中年状态的象征——俞太太妥协,回归了家庭。《"玉人"》则是一个与《小阳春》类似的中年夫妻婚姻危机的故事。郝志杰的生活如同老牛,"一代又一代驾在磨子上,转了多远的路,哪儿都没到"①。尽管妻子田晓能干又美丽,但并不能体会他的彷徨苦闷。"玉人",即初恋枚枚,既是过去岁月的寄托,又代表了另一种生活的可能。郝志杰对"玉人"的念念不忘引发了夫妻之间的矛盾,但这种矛盾终究因现实中"玉人"变成市侩的房东许太太而得到缓解。

杨绛的这类婚恋叙事,尽管大多数"出轨"事件都以梦想破碎

---

① 杨绛:《杨绛全集》卷1,人民文学出版社2014年版,第112页。

或者男人的怯懦为转折，成就安然无事、家庭圆满的结局。但是婚姻中的隔阂、夫妻双方的同床异梦却始终存在。《小阳春》中，俞斌和妻子之间看似风平浪静，但"时光不愿老，回光返照地还挣扎出几天春天，可是到底不是春天了"①。这终究寻不回的"春天"既象征着俞斌对于中年庸常生活失败的反抗，又暗示了俞斌夫妻之间空虚婚姻的恒常性。《"玉人"》里，"玉人"虽然被残酷的现实打碎了，但是在郝志杰的心中"好比水里的月亮，碎了又会拼上"②，"玉人"不会消失，郝志杰与田晓之间的精神隔膜也就不会消失。这些无爱的婚姻状态，都呈现出一种深远的孤独感和幻灭感。

对于现代人的精神困境，中外作家有过许多不同形式的探索和表达。卡夫卡对人的个体价值的被摧毁，现代文明的荒诞、非理性等问题都有过果决的悲剧性的呈现。无论是《变形记》《城堡》还是《审判》，都充斥着寓言式的变形、直觉与梦幻的画面，一切合理与不合理并存于卡夫卡的笔下，宣示他对现代性灾难的反抗。与卡夫卡相比，杨绛并不具备这一逆流姿态。杨绛浸润于中国传统儒家与道家文化，她的智慧更多用于洞察与省思，所追求的是身披"隐身衣"的自由，在"曳尾于涂中"的过程中获得精神上的超脱。杨绛对这些挣扎于庸常之中的人物所抱有的是智者与长者的理解同情，她对于人始终怀有的仁爱，和对"人"的灵性的欣赏，让她无法如同卡夫卡那样把"人"彻底地变成甲虫，而是以一种谐谑的口吻调侃俞博士等人的反抗。

所以，尽管人性充满了缺陷，但杨绛常怀一种对美好人性的愿景。在杨绛的作品中，虽然有许许多多庸常的、丑陋的人和事，但高尚的、美好的人同样存在。人性的光明与晦暗，如同硬币的两面，一起构筑了杨绛的文学世界。

小说《事业》围绕求实女中的兴办和衰败，塑造了"默先生"

---

① 杨绛：《杨绛全集》卷1，人民文学出版社2014年版，第57页。
② 杨绛：《杨绛全集》卷1，人民文学出版社2014年版，第134页。

和以陈倚云为代表的女学生两组人物。求实女中的校长"默先生"生性迂腐呆板，不通人情，不仅自己为求实女中牺牲了婚姻和健康，还要求自己的学生像她一样为求实女中"牺牲"。这种过分板正的性格并不讨人喜欢。但在战争时期，她为了求实女中四处奔走，鞠躬尽瘁死而后已的行动，充分显示了知识分子的高尚情操。作为"默先生"的对照系，陈倚云等几位女学生，在毕业之后，被社会、家庭的种种问题磨炼得圆滑世故，成了"一批批贤妻良母"①。然而，作者在小说的开头，却叙述了可爱的"春游"事件，女学生们古灵精怪，喜欢互相捉弄，和严肃过头的老师们相比，她们是快乐的，充满希望的，拥有无限美好的光阴。可惜，"一辈子只有一个春天"②，被错过的"春游"象征着陈倚云等人纯洁的过去，青春已逝，太美丽的过去终究让人无法对后来这群"贤妻良母"做出太多苛责。

散文《丙午丁未年纪事》则写出了特殊年代中的人性光辉。伤痕文学和反思文学塑造了一代人关于特殊时期的记忆，20世纪70年代以来的"文革叙事"都极力挖掘运动中人们被释放的兽性，展现那个时代的混乱和畸形。在知识分子的回忆性散文中，最常见的就是在运动中被洗脑的、面目狰狞的群众，和在特殊历史时期茫然困惑、战战兢兢的知识分子。而杨绛的"文革叙事"，却对自己在这一时期得到的帮助多有记叙。20世纪60年代，知识分子被列入"牛鬼蛇神"的队伍，连日常生活所用的蜂窝煤球都被制止供应，但是煤厂的工人"总放我进厂，叫我把钱放在案上，任我自取煤饼"③。而那些"革命群众"，在杨绛的记忆里，也都是"披着狼皮的羊"④，是同样对他人怀有同情和善意的人。

杨绛的宽厚，还体现在创作中的喜剧倾向上。喜剧精神一向被

---

① 杨绛：《杨绛全集》卷1，人民文学出版社2014年版，第182页。
② 杨绛：《杨绛全集》卷1，人民文学出版社2014年版，第175页。
③ 杨绛：《杨绛全集》卷2，人民文学出版社2014年版，第62页。
④ 杨绛：《杨绛全集》卷2，人民文学出版社2014年版，第78页。

认为是杨绛文学创作中的重要构成因素。沃尔波尔说："这个世界，凭理智来领会，是个喜剧；凭感情来领会，是个悲剧。"[1] 这句话既说明了一种人生态度，也诠释了艺术理性与情感的关系。因为人们栖身其间的世界总是充满了各种不完美，于普通人而言，生活就是一场迎接困难和挑战的旅程。如果沉浸于生活的残缺，任凭感性情绪支配自我，那么人也总是会被不幸包围；而理智意味着理解、超越、和宽恕。当人真正接受了世界的残缺，能够以理性的力量支撑自我去面对不幸的事实，并超越它、宽恕它时，生命的力量感便由此呈现。作为人生的表现，文学中的情感能使人体会不幸，而理性则使人超越不幸。一个在人格上完满的作家，是能够在表现人生不幸的同时，引领人去超越不幸的。杨绛超越不幸的方式就是"笑"。

生活总体上是荒诞的现实，而杨绛都以"笑"待之。即便在人格尊严受到损害的时候，她也能"学孙悟空让元神跳到半空中，观看自己那副怪模样"[2]，通过对自己的调侃，来抗衡、消解现实的残酷，从而使灾难叙事变得"哀而不伤"。

不过，杨绛文学创作中的喜剧性倾向并不总是被认可的。譬如小说《洗澡之后》这部杨绛晚年创作的小说续作让许多读者不太买账。《洗澡之后》对姚宓、许彦成等人的结局安排，十分热闹，有烟火气，甚至颇具童话意味，一扫《洗澡》尾声处的凄然。在这部续作的结尾，杨绛让姚宓从门后走了出来，姚许二人在小室静坐而达到极致的精神恋爱终于落到地上，有了现实的指称。这种为了姚许二人的合法婚姻扫除一切障碍的做法，让一些人觉得这不仅失去了杨绛应有的智慧和苍凉，而且将《洗澡之后》变成了"一部言情小说"[3]。更有甚者，直言《洗澡之后》是"艺术的退化"，反映出杨

---

[1] 杨绛：《杨绛全集》卷2，人民文学出版社2014年版，第250页。
[2] 杨绛：《杨绛全集》卷2，人民文学出版社2014年版，第76页。
[3] 武丛伟：《从〈洗澡〉到〈洗澡之后〉》，《中华读书报》2015年2月25日第024版。

绛老年写作的"力不从心"[1]。

《洗澡之后》是不是"艺术的退化"暂且不提,将这部小说的结局与杨绛的研究对象之一,菲尔丁的《弃儿汤姆·琼斯的历史》的结局进行对比,倒可以发现一些有意思的地方:

> 琼斯结婚之后,奥尔华绥对他也十分慷慨。只要有机会向琼斯和他的妻子表示眷爱他从不放过——苏菲亚也像对生父那样敬爱他。……总之正因为没有比这对恩爱夫妻更值得尊敬的人,我们也无法设想比他们更幸福的伉俪。[2]
>
> 姚太太和女儿女婿,从此在四合院里,快快活活过日子。[3]

作为18世纪英国重要的喜剧小说家,菲尔丁的《汤姆·琼斯》尽管得到了批评家们的高度评价,但其大团圆结局的处理,却受到了同样层出不穷的类似指责:比较普遍的看法是,菲尔丁这部号称"摹仿自然"的小说结局并不自然,"如果《汤姆·琼斯》是实际生活,汤姆最后毫无疑问会被吊死,而卜利福则有可能成为首相"[4]。同样的危险也存在于《洗澡之后》中。小说为了使姚宓和许彦成能够合法结婚,特地安排了杜丽琳下乡劳改遇到心仪的伴侣叶丹这一情节。杜丽琳下乡,符合故事发展逻辑。但下乡之后,却有多种可能。小说中杜丽琳在碰到叶丹之前,受到过另一人的骚扰。这里不妨也做一做假设:倘使杜丽琳遭受骚扰时,反抗不及受到伤害,又或者在劳改时被划成大右派,抑或她并没有碰到叶丹,一个人下乡,

---

[1] 李俏梅:《力不从心的"老人小说"——从杨绛的〈洗澡之后〉谈起》,《现代语文》(学术综合版)2016年第8期。

[2] [英]亨利·菲尔丁:《弃儿汤姆·琼斯的历史》(下),萧乾、李从弼译,人民文学出版社1984年版,第1103页。

[3] 杨绛:《杨绛全集》卷1,人民文学出版社2014年版,第514页。

[4] Terry Eagleton, "The English Novel: An Introduction",见韩加明《菲尔丁研究》,北京大学出版社2010年版,第256页。

又一个人回来。那么,姚、许二人"纯洁的友情"是否会背负罪责,或者凄怆更深?

即使结局一切从人情上说真有如此称心如意的安排,然而"生活在革命的时代……一场斗争刚完,接着又是一场"①,四合院里快快活活的日子岂不是空中楼阁一般?

事实上,杨绛自己未必不知道皆大欢喜的结局是一个不合现实的幻梦。对菲尔丁这部小说的结局安排,从人世常情来讲是否贴合现实,杨绛在专门论菲尔丁小说理论与实践的《斐尔丁在小说方面的理论和实践》一文中提出过疑问。尽管对菲尔丁的小说布局颇多赞赏,认为"他的情节都安排得入情合理"②,小说中琼斯看起来无比自然的幸运结局,却时时有被更冷酷的现实戳破的危险。杨绛对此作了一个假设:"假如布力非迟几年败露,琼斯沦为城市簸片之流,素怀或者嫁了别人,或者终身不嫁,是否更自然合理呢?"③

既然杨绛在讨论菲尔丁的小说创作时,已经十分清楚地看到了菲尔丁小说中这不合他"以人生为范本"④原则的问题,那么她为什么还会在《洗澡之后》中走向同样的误区呢?以老年人写作的原创力衰退这一结论来为《洗澡之后》的"大团圆"结局做出判定,未免有主观揣测的嫌疑。从杨绛研究菲尔丁小说理论和实践的这篇论文,以及其他的批评文章中,可以看出,"大团圆"的结局安排是杨绛的自觉选择。

杨绛在《漫谈〈红楼梦〉》一文讨论高鹗的续书时写道:"高鹗的结局,和曹雪芹的原意不同了。曹雪芹的结局'落了片白茫茫大地真干净',高鹗当是嫌如此结局,太空虚,也太凄凉,他改为'兰桂齐芳'。我认为,这般改,也未始不可。"⑤《红楼梦》后40回续

---

① 杨绛:《杨绛全集》卷1,人民文学出版社2014年版,第488页。
② 杨绛:《斐尔丁在小说方面的理论和实践》,《文学研究》1957年第2期。
③ 杨绛:《斐尔丁在小说方面的理论和实践》,《文学研究》1957年第2期。
④ 杨绛:《杨绛全集》卷5,人民文学出版社2014年版,第280页。
⑤ 杨绛:《杨绛全集》卷3,人民文学出版社2014年版,第298页。

书历来被许多读者嘲为狗尾续貂之作,尤其最后宝玉出家,宝钗却有遗腹子,贾家在没落之后还能起复的结局更加为人诟病。然而杨绛对高鹗的如此安排颇有肯定之意。可见,杨绛对于《洗澡之后》,未必全是为了避免"有人擅写续集"而要"敲钉转角"[①] 地结束这个故事,而是她本身对《洗澡》中姚宓和许彦成囿于道德,只能各自退守,终至无声无息的爱情并不是那么满意。只有《洗澡之后》,各人皆有归宿,整个故事在结构上才算是完满的。

胡河清对《洗澡》中许彦成、姚宓与杜丽琳同在一个屋檐下却各自相安无事的三角恋颇多溢美之词,认为其增补了中国文学中"精神恋爱"[②] 的题旨。但《洗澡》也只有在没有《洗澡之后》时,才是"五蕴皆空"的。有了《洗澡之后》,这个故事就需要重新来看。

《洗澡》加上《洗澡之后》,杨绛小说中许、姚、杜三人的爱情故事蕴含了一个"喜—悲—喜"的结构,这是与中国传统戏曲结构相吻合的。与西方古典悲剧理论注重艺术元素的同一性,反对悲喜混杂的倾向相比,中国古典戏曲更注重不同艺术元素的和谐统一。李渔在《曲话》中提出:"所谓无道学气者,非但风流跌宕之曲,花前月下之情,当以板腐为戒;即谈忠孝节义与说悲苦哀怨之情,亦当抑圣为狂,寓哭于笑。"[③] 古典戏曲中没有单一的悲剧,悲剧的演绎往往强调喜剧因素的插入,在同一部戏剧中,两种对立的艺术因素是兼收并蓄的。因此,在中国传统戏曲中,很难看到彻底的悲剧,一部剧中,有悲必定有欢,有离必定有合,大团圆结局即是中国传统戏曲常见的情节处理模式。

大团圆的情节处理模式与中国文学注重人情教化的传统不无关系。钱穆认为中国人生注重内心情感,中国戏剧注重人情,"人之情

[①] 杨绛:《杨绛全集》卷1,人民文学出版社2014年版,第453页。
[②] 胡河清:《杨绛论》,《当代作家评论》1993年第2期。
[③] (清)李渔:《李笠翁曲话》,陈多注释,湖南人民出版社1980年版,第42页。

感，悲胜于喜。非有悲，则其喜无足喜。然果有悲无喜，则悲亦无可悲"①，喜怒哀乐都是人的情性，中国传统艺术在情感表达上，往往各种情性兼具，且无明确分别，浑然率性，本我一体。要防止喜胜于悲，或专尊可悲，在艺术表达上就不能崇尚极端的形式和非理性。只有在一定范围内的、有限度的形式，才能使人内心平静，塑造和谐健全的人格。通过主人公的不幸来表现人和命运冲突的悲剧显然达不到这一要求，它在情节发展过程中引起的怜悯和恐惧，并不能使观众在戏剧结束之后达到一种心境上的平和，而大团圆的喜剧效果则可能使人们在一个"好人有好报"的美好梦想中建立起对生活的信心。

尽管小说戏剧中的"大团圆"情节受到过不少诟病，但是这种处理方式未必是完全无意义的。菲尔丁在谈论小说的喜剧性时，认为小说中的诙谐带来的欢笑"是心灵的良药，有助于破愁解闷，化除不愉快的心情，功效之大远超过一般人的想像"②。杨绛在20世纪80年代为《喜剧二种》写作后记时也曾说道："如果说，沦陷在日寇铁蹄下的老百姓，不妥协、不屈服就算反抗，不愁苦、不丧气就算顽强，那么，这两个喜剧里的几声笑，也算表示我们在漫漫长夜的黑暗里始终没有丧失信心，在艰苦的生活里始终保持着乐观的精神。"③

以笑声对抗漫漫长夜，用喜剧性的艺术来保持向上之气，这是杨绛为人处世一以贯之的精神信念，这也造就了《洗澡之后》的"大团圆"结局。可以说，将《洗澡》与《洗澡之后》作为分开的两个独立文本来理解，可能艺术表达有高下之分；将这两部小说作为一个整体来阅读，则能重新发现杨绛宽厚而真诚的"爱人类的心"。

《中庸》云："唯天下至诚，为能尽其性；能尽其性，则能尽人

---

① 钱穆：《中国文学论丛》，生活·读书·新知三联书店2002年版，第163页。
② ［英］亨利·菲尔丁：《约瑟夫·安德鲁斯的经历》，王仲年译，新文艺出版社1957年版，第4页。
③ 杨绛：《杨绛全集》卷5，人民文学出版社2014年版，第192页。

之性，能尽物之性，则可以赞天地之化育。"① "至诚"者能知他人，知天地，而反过来知他人和天地，又能使"至诚"者"尽其性"。所谓"诚"的文学，绝不是一种将"我"神圣化，迷恋于私人叙事，拒绝以同情之心去想象其他生命存在的文学，而是一种能够聪明睿智而又宽裕温柔的文学，是"我"与"他"同样作为主体存在的，生命与生命之间平等交流的文学。而杨绛，正是因为她始终能够看见他人，接纳他人，而不是将他人和世界仅仅作为一个观察的客体，她的文学创作才有其"至诚"的光辉。

第二节　节制：理智与情感的张力

从杨绛创作的情感风格上看，杨绛作品中很少有强烈的抒情。钱瑗曾将母亲和父亲的文学风格进行对比，认为："妈妈的散文像清茶，一道道加水，还是芳香沁人。爸爸的散文像咖啡加洋酒，浓烈、刺激，喝完就完了。"② 知母莫若女，钱瑗的评价是比较中肯的。她的评价也证明了杨绛作品风格上的节制。

这种节制风格的形成，一方面源于杨绛的学者身份。学者的理性思维决定了杨绛在进行文学创作时，会不自觉用理智来限制情感的泛滥，这也造成了杨绛创作"理性"多于"感性"的特点。因此，有论者认为："她（杨绛）的小说文本虽只是一些小作品，却在不动声色之中充满了大智慧。如果说在此之前的中国女作家们基本上都属于一种'情性写作'，那么杨绛的文学则属于典范的'智性写作'。"③ 所谓"智性写作"，其实就是杨绛"节制"风格的一种表征。

---

① （宋）朱熹：《四书章句集注》，中华书局1983年版，第33页。
② 罗银胜：《杨绛传》，北京联合出版公司2015年版，第316页。
③ 徐岱：《大智慧与小文本：论杨绛的小说艺术》，《文艺理论研究》2002年第1期。

另一方面,杨绛"节制"风格的形成,也与她深受中国传统文化的影响有关。法国学者刘梅竹曾于 2004 年通过信件采访杨绛,认为杨绛"虽精通多门外语,熟读外国文学,了解外国文化",但骨子里,杨绛仍是"一位纯粹的、现已不多得的中国传统文人"①。杨绛对刘梅竹的这一观点表示赞同。

以儒家思想为主体的中国传统文化,在艺术情感表达上喜欢强调适度。所谓适度,就是"尽善尽美"。在儒家的美学思想体系中,"美"与"善"是相互依存的。孔子甚至认为"里仁为美",也就是说"善"是美的前提,也是美的核心。《论语·八佾》中有一则孔子与子夏言诗的记载:"子夏问曰:'巧笑倩兮,美目盼兮,素以为绚兮。'何谓也。子曰:'绘事后素。'曰:礼后乎?子曰:'起予者商也!始可与言《诗》也。'"②这一段孔子师生由《诗经》而引发的关于美学问题的讨论生动地反映了孔子对"美"与"善"关系的理解。历来中国文论家对"绘事后素"的理解存在"先事后素"和"绘事后于素"的争论,但在基本结论上达成了共识,即"美"要受到"善"的约束和引导才能成其为美。没有"善"作为前提的美,是有瑕疵的,次一等的。孔子认为《韶》乐能够成为音乐美的典范,原因就在于它达到了美与善的统一。而《卫风·硕人》中之所以齐姜的美被歌颂,是由于美人"美其质"而"约之以礼"。巧笑倩盼的神情呈现在白皙秀美的面孔上,让人体验到的是美而不是美的湮灭,原因在于美人"善"的内在与外貌的和谐。这种和谐是端正的,不让人产生邪思的。孔子所以提倡读《诗》论《诗》,原因之一便在于,《诗》三百篇,"一言以蔽之,曰:'思无邪'"③。

无论是"绘事后素"还是"思无邪",本质上追求的也还是理性对艺术的规约。孔子多次批评"郑声淫",原因就在于它过分追求

---

① 杨绛、[法]刘梅竹:《杨绛先生与刘梅竹的通信两封》,《中国文学研究》2006 年第 1 期。

② (宋)朱熹:《四书章句集注》,中华书局 1983 年版,第 63 页。

③ (宋)朱熹:《四书章句集注》,中华书局 1983 年版,第 53 页。

音乐给人的快感而不加道德理性的节制。这种古典美学原则在梁实秋的《文学的纪律》中也有讨论："我屡次的说,古典主义者要注重理性,不是说要把理性作为文学的唯一的材料,而是说把理性作为最高的节制的机关。浪漫的成分无论在什么人或是什么作品里恐怕都不能尽免。不过若把这浪漫的成分推崇过分,使成为一种主义,使情感成为文学的最高领袖的原料,这便如同是一个生热病的状态。以理性与情感比较而言,就是以健康与病态比较而言。"[1] 梁实秋认为,健康的文学一定是受到了理性引导和制约的,情感与理性比例恰当的艺术。这种主张可以看作对儒家"尽善尽美"的美学思想的一种现代性转换。由此可以看到,中国传统美学思想对中国现代作家的强大影响力。

散文《干校六记》就是杨绛文学作品中以理性节制情感的艺术典型。和同时期作家的干校记忆书写相比,《干校六记》之所以呈现出一种中和平淡的风格,首先体现在对题材的处理上。钱锺书曾经在给《干校六记》所写的序中,记录过他对干校生活的印象。在钱锺书的记忆里,干校生活是紧张而且充满了压迫感的。知识分子在干校中完全没有人身自由,"搞运动的节奏一会子加紧,一会子放松,但仿佛间歇疟,疾病始终缠住身体"[2]。从其他作家对干校生活的回忆来看,"五七干校"中严酷的政治氛围、压抑的精神环境和严苛的生活管理方式同样也是他们对干校生活的主要体验。而杨绛的《干校六记》中,《下放记别》重点记叙了下放前后杨绛与家人、朋友分别的情形;《凿井记劳》则是一幅知识分子在干校菜园班里集体凿井的劳动速写;《学圃记闲》讲了杨绛在干校看守菜园的所见所闻;《"小趋"记情》记录了菜园班里的知识分子们与一条小黄狗的情谊;《冒险记幸》回忆了杨绛在息县下放时一次走夜路的经历;而

---

[1] 梁实秋:《文学的纪律》,载《梁实秋论文学》,时报文化出版事业有限公司1978年版,第118页。

[2] 杨绛:《杨绛全集》卷2,人民文学出版社2014年版,第3页。

最后一篇《误传记妄》，讲述了杨绛与钱锺书因为一则"老弱病残"可以由干校返京的误传消息而引出的心绪变化。

杨绛没有从历史的宏大叙事角度去记叙20世纪六七十年代的整个时代气氛和知识分子的整体命运，而是从个人体验出发，记录的都是亲友之间的悲欢离合，以及日常生活中的琐碎事物。写大历史中的小故事，从细微处见人生，在离别、凿井等"小"题材中寄寓对时代的感怀，这样不仅冲淡了读者对干校生活压抑酷烈、知识分子不幸悲哀的单一刻板印象，而且使读者领会了在极端环境中也无法被消灭的、积极向上的人性力量。更重要的是，《干校六记》这种"大故事的小穿插"[①]的写法体现了一种"个体之真"。

《干校六记》仿的是《浮生六记》的体例，从散文内容上看，崇尚的也是小品文的美学趣味。

明代小品文的一大特点是"小"而"淡"。也就是说，小品文是要从小题材中，写一种"淡"趣。在中国古代文论中，"平淡"经常被认为是艺术的至高境界。袁宏道在《叙呙氏家绳集》中说："苏子瞻酷嗜陶令诗，贵其淡而适也。凡物酿之得甘，炙之得苦，唯淡也不可造；不可造，是文之真性灵也。"[②] 在袁宏道看来，平淡美是不能通过刻意的营造而获得的，非人力而可为。也就是说所谓平淡美，应该是一种写作主体真性情的流露，与主体的人格修养和艺术修养有关，其外在表现是"理明句顺、气敛神藏"[③]。一部具备平淡审美意趣的文学作品，语言应当是朴素而又明白顺畅的，在情感表达上，往往不张扬、不浓烈，显示出一种抒情的节制。借用杨绛评介简·奥斯丁的一句话，故事要引人入胜，"表达的技巧起重要作

[①] 杨绛：《杨绛全集》卷2，人民文学出版社2014年版，第3页。
[②] （明）袁宏道：《袁中郎随笔》，刘琦注，中华工商联合出版社2016年版，第242页。
[③] （清）王夫之等：《清诗话》，丁福保辑录，上海古籍出版社1963年版，第850页。

用"①。同样，文学艺术中的抒情，如何做到中和节制，说到底也是要通过作家的语言表达技巧表现的。

在《干校六记》中，很少看到杨绛的直接抒情。直接抒情是一种强度的、公开的、直白的、不借他势的抒情方式。它表现的是一种达到了饱和、无法控制的情感状态，通过激烈的爆发，写作主体将自己的情绪在短时间内传递给读者，引起读者的共鸣。但直接抒情由于亢奋、强烈的特点，和间接抒情方式相比，给读者带来审美心理体验时间更短，缺乏审美体验的余韵。譬如郭沫若在诗歌《天狗》中，就采用了大量直接抒情的方式，从"我是一只天狗呀！/我把月来吞了，/我把日来吞了，/我把一切的星球来吞了，/我把全宇宙来吞了，/我便是我了"②开始，诗歌就保持了非常高的情感强度。这使得后面留给诗人情感回旋的空间极少，只能不断地增强情绪，到最后情绪的不可控就变成了"我的我要爆了"。"爆"过之后呢？诗歌的审美空间唯余一片废墟。中国传统文论，大多以"中和"美学思想为核心，提倡婉转曲折的情感表达方式。《诗品》云："不着一字，尽得风流。语不涉难，已不堪忧。是有真宰，与之沉浮。如渌满酒，花时返秋。悠悠空尘，忽忽海沤。浅深聚散，万取一收。"③ 文学艺术的情感表达，含蓄与浅露相比，往往更能"言有尽而意无穷"。而杨绛的《干校六记》，因其表现了一种适度的情感状态，给读者留下了细细品味的余地。

具体来看，《干校六记》之所以呈现出一种中和节制的情感风格，首先是因为《干校六记》的以事写情和借事寓情。以《下放记别》为例，作者在回忆钱锺书先于自己单独下放干校的情形时，没有任何的内心独白来向读者倾诉自己面对夫妻分离，担心丈夫不能

---

① 杨绛：《杨绛全集》卷2，人民文学出版社2014年版，第257页。
② 郭沫若：《天狗》，载张贤明编著《百年新诗代表作 现代卷》，现代出版社2017年版，第16页。
③ （唐）司空图：《二十四诗品》，罗仲鼎、蔡乃中注，浙江古籍出版社2013年版，第43页。

照顾好自己的心绪，而是通过写自己在给钱锺书准备行李时的所思所想来表现"我"的忧虑：

> 准备的衣服如果太旧，怕不经穿；如果太结实，怕洗来费劲。我久不缝纫，胡乱把耐脏的绸子用缝衣机做了个毛毯的套子，准备经年不洗。我补了一条裤子，坐处像个布满经纬线的地球仪，而且厚如龟壳。默存倒很欣赏，说好极了，穿上好比随身带着个座儿，随处都可以坐下。他说，不用筹备得太周全，只需等我也下去，就可以照看他。至于家人团聚，等几时阿圆和得一乡间落户，待他们迎养吧。①

这一段"言在此而意在彼"叙述中，杨绛的情绪流露全部放在了衣服是否经穿、是否会因为太结实而"洗来费劲"这些问题上，处处在写"衣服"，却也处处在写"人"。无论是"我"把衣服补得跟"龟壳"一样厚的细节，还是给钱锺书做毛毯时"准备经年不洗"的打算，行李准备得越细致，就越能够衬托出杨绛对钱锺书的不舍。而接下来作者转折一笔，写钱锺书劝解杨绛的话，又是通过钱锺书状似乐观的开解，来烘托出杨绛对家人四散分离的别愁。

所谓"临行密密缝，意恐迟迟归"，正像中国古典诗词擅长从人类共同经验中取类比象，使情感表达有所实指，又不至于直白到毫无美感一样，杨绛写"衣"而不写"人"，是将自己的情绪"藏"于"衣"中，使夫妻分别的离情有所收敛，而又能够使读者从这些衣食住行的日常细节中，感知缠绵不绝的深情。

又如在《冒险记幸》中，杨绛不写干校生活的繁重劳动如何让自己与钱锺书难以见面，也不宣泄自己对丈夫的思念之情，而是细细刻画了"我"在冒雨寻夫的途中遇见的困难：从当时杨绛住的地方到钱锺书所在宿舍，隔着砖窑、大道与河流，下雨天道路泥泞，

---

① 杨绛：《杨绛全集》卷2，人民文学出版社2014年版，第6—7页。

"雨鞋愈走愈重；走一段路，得停下用拐杖把鞋上沾的烂泥拔掉"①；雨后水势湍急，"原来一架五尺宽的小桥，早已冲垮，歪歪斜斜在下游水面上"②。杨绛对客观环境的这一系列白描，穿插了自己不愿因眼前困难折返的心理活动，把雨天寻夫的经历写出了一种惊心动魄的效果。叙事而不抒情，是使"情"渗透在"事"间。而困难愈大，"我"的勇气愈大，杨绛与钱锺书的夫妻之情也就愈显得厚重。

二是客观抒情或者说"冷抒情"。一些学者在研究新生代的诗歌情感表达特点时发现，新生代诗人擅长通过对生活现象的不事加工的方式，来进行对主体情感的控制，而这种"反情感"的情感表现技巧被称为"冷抒情"。这里借用"冷抒情"的概念来评析杨绛在散文中的一些抒情特点。在《干校六记》中，杨绛除了通过借事寓情的间接抒情方式来削弱情绪的强度外，还经常以一种冷静观照的叙事态度来控制情感。在《学圃记闲》中，杨绛记叙了1971年在菜园班看人挖坟埋人的一件小事。在整个事件过程中，"我"充当了一个"远远望着"的旁观者，唯一直接抒发杨绛对这一事件的感受的，只有"震惊"一词。杨绛在整个讲述故事的过程中，对这一事件没有任何评价，也没有刻意去挖掘亡者的受害人身份，而是尽量进行客观的叙述："借铁锹的人来还我工具的时候，我问他死者是男是女，什么病死的。他告诉我，他们是某连，死者是自杀的，三十三岁，男。"③ 这一段叙述没有采用任何的修辞策略，仅仅是将死者的大致身份和死亡方式交代了出来，而正是这种对死亡的轻描淡写，让人看到在特殊年代中生命是如何失去了应有的尊严，死亡又是如何成为那个年代里最常见不过的事情。《下放记别》里也采用了客观还原的叙事态度来记叙杨绛与家人的生离死别："我们'连'是一九七〇年七月十二日动身下干校的。上次送默存走，有我和阿圆还

---

① 杨绛：《杨绛全集》卷2，人民文学出版社2014年版，第37页。
② 杨绛：《杨绛全集》卷2，人民文学出版社2014年版，第38页。
③ 杨绛：《杨绛全集》卷2，人民文学出版社2014年版，第26页。

有得一。这次送我走，只剩了阿圆一人；得一已于一月前自杀去世。"① 这段叙述与《项脊轩志》中"庭有枇杷树，吾妻死之年所手植也，今已亭亭如盖矣"② 有异曲同工之妙。归有光怀念亡妻，写枇杷树的形态，暗示了夫妻阴阳两隔时间之长，从而使读者体会到作者的哀戚；杨绛通过时间和人数的变化，暗示了历史的动荡给知识分子小家庭带来的冲击，尤其最后一句"得一已于一月前自杀"近似新闻速写的手法，却产生了"渊默而雷声"的艺术效果。

第三是以乐掩悲。许多作家在回忆干校生活时，文字的基调大多痛苦沉重，例如巴金在《说梦》中就通过叙述自己梦中与鬼打架的事，直陈当时自己在精神上受到的折磨。杨绛的《干校六记》中却不时能看到一种较为轻松愉悦的氛围。《"小趋"记情》一文的语调就是如此。散文着重描写小黄狗与作者之间的来往情谊。小狗见人就要"摇尾蹦跳""就地打个滚儿"③ 的形态如同天真可爱的孩童给人以轻快的阅读感受，而狗对人的依赖，更令读者感受到了干校生活中的一丝温馨。除此之外，杨绛还善于用幽默的笔法写沉重的事。林语堂认为，幽默能够滋养生活和思想的简朴性，使人更能接近事实，一个幽默的人"沉浸于突然触发的常识或机智，它们以闪电般的速度显示我们的观念与现实的矛盾"④。这也就是杨绛说的当内心的标准与现实不调和时产生的"闪电般的笑"。《学圃记闲》中，杨绛开篇写到知识分子下放菜园班，人人都被安排了具体的体力劳动任务，而自己"吃饭少，力气小，干的活儿很轻，而工资却又极高，可说是占尽了'社会主义优越性'的便宜"⑤。知识分子不

---

① 杨绛：《杨绛全集》卷2，人民文学出版社2014年版，第10页。
② （清）姚鼐纂集：《古文辞类纂》，胡士明、李祚唐标校，上海古籍出版社2016年版，第658页。
③ 杨绛：《杨绛全集》卷2，人民文学出版社2014年版，第30页。
④ 林语堂：《生活的艺术》，安徽文艺出版社1988年版，第78—79页。
⑤ 杨绛：《杨绛全集》卷2，人民文学出版社2014年版，第19页。

做自己的本职工作,而被迫去看菜园,本身是一件不合理的事情。杨绛却在这里用一种近乎炫耀的口吻写自己如何占了便宜。不合理的现实引起的却是一种喜气洋洋的情绪,这就造成了一种由因果逻辑矛盾产生的喜剧效果。

杨绛的《回忆我的姑母》和《回忆我的父亲》同样体现了杨绛散文写作的节制风格。这两篇写人记事的回忆性散文与《干校六记》还有所不同。《干校六记》写的是"大背景的小点缀,大故事的小穿插"①,而非"转受经旨,以授于后"②的历史传记。因而,《干校六记》中节制的情感表达,可以说是作家主动采取的一种语言形态,"节制"更多是作为体现杨绛个性气质、心理状态的主观风格而存在的。

《回忆我的父亲》和《回忆我的姑母》虽然写的是作家自己的亲人,记叙的内容大多也是相对私密的、日常的细节,但是由于杨绛父亲和姑母身份的特殊性,使得这两篇散文的情感处理,受到了许多客观因素的限制。

在中国的骈文传统中,为亡者作传,一向有"称美而不称恶"③的创作原则,且以抒发哀情为主要特点。《文心雕龙·诔碑》篇讲"诔之为制,盖选言录行,传体而颂文,荣始而哀终。论其人也,暧乎若可觌,道其哀也,凄焉如可伤"④,说的正是这类骈文的文体特点。这种写作方式不仅成了一种文体风格,还作为一种文化惯性影响了作家写人记事,尤其是回忆亲友题材的散文创作思维方式。无论是古代还是现当代,读者可以从大量怀人记事的散文中看到,这

---

① 杨绛:《杨绛全集》卷2,人民文学出版社2014年版,第3页。
② (南朝梁)刘勰:《文心雕龙注》,范文澜注,人民文学出版社1978年版,第284页。
③ (清)孙希旦:《礼记集解》,沈啸寰、王星贤点校,中华书局1989年版,第1250页。
④ (南朝梁)刘勰:《文心雕龙注》,范文澜注,人民文学出版社1978年版,第213—214页。

类题材的作品大多以抒发哀情见长。在这些散文中，作者大多立足于自身视角，寓怀念之情于日常交往细节。由于作家情感的主观性和视角的有限性，塑造出来的人物往往是叙述者单一视角下的形象。但一般怀人记事的散文，其功能主要是借事抒情。读者关注的主要也是作家在记事中的情感态度。散文中的人物形象突出的是审美意义而非历史意义。至于散文中人物形象是否符合现实中人物本相，不是这类散文承载的主要功能。回忆录或者人物传记则不然。这类文体承载了历史叙述的功能，需要向读者传递相对客观且准确的信息。如果作家不能处理好主观真实和客观真实之间的关系，就容易造成信息不实或者文过饰非的问题。譬如唐弢回忆鲁迅的《琐记》一文，就因为相关历史信息失真而遭到了倪墨炎的批评[1]。所以钱锺书在《写在人生边上》中对自传回忆录一类文章就不无调侃："我们在创作中，想象力常常贫薄可怜，而一到回忆时，不论是几天还是几十年前、是自己还是旁人的事，想象力忽然丰富得可惊可喜以致可怕。"[2]

杨荫杭和杨荫榆，既是牵涉中国近现代历史上诸多重大事件的历史人物，又是杨绛的父亲和姑母，为二人写传记散文，作家首先不得不面对历史真实与私人情感之间的两难。尤其是杨荫榆，作为曾经的女师大校长，因为女师大学潮开除学生等事件，遭到鲁迅等名作家的激烈抨击。鲁迅在《记念刘和珍君》《忽然想到·七》等文章中，将杨荫榆形容为一个"广有羽翼的"[3]、滥用私权开除"她私意所不喜的学生"[4]的反动校长。因为鲁迅的声名和地位，他的批评几乎将杨荫榆的这一负面形象变成了后世对她固有的历史认知。在这种盖棺定论面前，杨绛为姑母作文，多少会有为亲人辩护的嫌

---

[1] 倪墨炎：《真假鲁迅辨》，上海人民出版社2010年版，第246—258页。
[2] 钱锺书：《〈写在人生边上〉和〈人·兽·鬼〉重印本序》，载《钱锺书集》，生活·读书·新知三联书店2016年版，第119页。
[3] 鲁迅：《鲁迅全集》卷3，人民文学出版社2005年版，第291页。
[4] 鲁迅：《鲁迅全集》卷3，人民文学出版社2005年版，第64页。

疑。这会使读者首先质疑杨绛的写作动机而非把杨绛的散文当作重新认识二人的窗口。

面对这种两难,杨绛采取了交代具体前因的做法。《回忆我的父亲》一文有一个比较长的"前言",点出这篇散文是受中国社会科学院近代史研究所的请托写的一份父亲的"简历"。近代史所是为了"调查清末中国同盟会(包括其他革命团体)会员情况"[1],而且"在补塘先生一生中,有过一个重大的变化,即从主张革命转向主张立宪。这中间的原因和过程如何,是史学界所关心,盼望予以介绍"[2]。为姑母所写的传记,则是作为父亲传记的一个资料补充,加上近代史所强调"令姑母荫榆先生也是人们熟知的人物,我们也想了解她的生平。荫榆先生在日寇陷苏州时骂敌遇害,但许多研究者只知道她在女师大时间中的作为,而不了解她晚年彪炳,这点是需要纠正的"[3],向人们介绍杨荫榆的生平,就有了一种客观上的必要。

这样的起笔方式看起来与古代为亡者写墓志铭交代起因的体例习惯好像并无二致,但用在这里可以说是十分必要且高明的。首先,对社科院近代史所需要补全历史资料这一前因的交代,撇清了杨绛自己为亲人张目的嫌疑,暗示了自己为亲人作传并非出于个人私心,而是出于学界研究的需要,使读者在阅读时不至于因为作者身份而有"亲亲相隐"的心理预设。其次,杨绛对两篇传记散文"简历"和"资料"性质的强调,从文体的规定上向读者展示了作家对自我的约束。作为历史资料性的传记散文,天然地要求作家遵循"不虚美、不隐恶"的创作原则。杨绛在文章开头阐明这一点,等于与读者定下了一个契约,不仅使读者面对两篇人物传记时,有一种想要看看作家的客观真实记录做到什么地步的阅读期待,而且使人们从

---

[1] 杨绛:《杨绛全集》卷2,人民文学出版社2014年版,第91页。
[2] 杨绛:《杨绛全集》卷2,人民文学出版社2014年版,第91页。
[3] 杨绛:《杨绛全集》卷2,人民文学出版社2014年版,第150页。

阅读之始就有了一种打破对历史人物刻板印象的心理准备。第三，也是最重要的一点，杨绛从开头起引用社科院近代史所的邀请内容，一方面用事实性的证据说明了写作目的，限定了写作的主要范围和内容——为父亲作传是为了补全史学界对父亲杨荫杭政治立场转变问题的研究空白，为姑母作传则是为了纠正以往史学研究中对杨荫榆的偏见；另一方面，通过展示近代史所的邀请内容，为两篇传记散文奠定了一个客观叙事的基调。

客观叙事是杨绛《回忆》两篇最为突出的特点，可以说深得中国史传传统的叙事精髓。以《春秋》为例，《春秋》对历史人物及相关事件的叙述，以对人物的言语、行动和场景的直接呈现为主，而少有对人物心理及事件隐情的描述和评判，形成了文直事核的叙事传统。不过，叙述者看起来淡出文本，将评判历史的权力交到读者手中，但实际上读者看到的历史事件也还是叙述者精心挑选的结果，所以《春秋》又有"微言大义，一字褒贬"的特点。

总体来看，杨绛的《干校六记》和《回忆》两篇都有这样客观叙事的特点。叙述者都很少直接表达自己对事件的态度，而多以精简的语言来叙述事件经过。不过，《干校六记》侧重记事，《回忆》两篇侧重写人。所记之事为大历史中的小细节，作者个人姿态和情绪的泄露，能够营造出一种在场感，使私人叙事与历史真实自然接续。所写之人则为生活在日常细节中的历史符号，叙述者复杂的情感不可浮于文字，否则难以实现主题和意图。因而《回忆》两篇的情感强度与《干校六记》相比更弱、隐藏更深。这种对叙述者情感的高强度压缩，在《回忆》两篇中主要是依靠多重式内聚焦叙述和外聚焦叙述的方式实现的。

所谓多重式内聚焦叙述，指的是从多个人物视点来反复叙述同一件事，譬如电影《罗生门》主要就是通过凶手、被告人、受害者等人物的讲述来揭示一件谋杀案的真相。《回忆》两篇中，多重式内聚焦的叙述方式主要被运用于《回忆我的父亲》这一篇散文中。在杨绛童年时期，父亲杨荫杭经历了仕途上的几起几落，曾先后出任江苏省高等审判厅厅长、京师高等检察长等职务，因坚持司法正义被迫辞职。父亲杨荫杭被迫辞职一事，是通过童年杨绛、《申报》记者以及编写《北京军阀统治时期史话》的陶菊隐等人物的视角共同完成叙述的。在童年杨绛的视角中，家庭生活的变化构成了父亲停职查办这一事件最直接的记忆面貌。对没有宏观历史认知的孩童而言，父亲的停职查办与所谓的司法正义无关，只与家中马车、马夫的消失，家庭南迁而"只能拣最圆整的"[1] 几颗桃核带走这些事情有关。陶菊隐则在《史话》一书中简要地介绍了此事的前因后果，以"×××受贿被捕，反要追究检察长杨荫杭的责任"[2] 一句，评判了这一事件的非正义性。而《申报》的要闻则将杨荫杭当年所写《申辩书》登上报纸，直言"此案之是非曲直，亦可略见一斑矣"[3]。在这一事件的叙述中，童年杨绛的记忆属于微观叙事，陶菊隐的《史话》属于历史研究成果，《申报》要闻的记录属于新闻报道材料，二者从宏观叙事的角度为杨荫杭辞职一事做出了正面的评价。微观叙事与宏观叙事的相互穿插，使杨荫杭在辞职事件中的形象变得立体且真实可信。

值得注意的是，在杨荫杭被迫辞职的事件中，除了童年杨绛、陶菊隐、申报记者等叙述者之外，还有一个隐藏的外部叙述者，即老年杨绛。虽然《回忆我的父亲》基本上都是第一人称叙述，但这个"我"有时属于老年杨绛的叙述视角，有时则属于回忆中的童年或青年时期的杨绛视角。两个叙述者的视角并不完全重合，甚至保持了一定程度的分离。譬如文中提及的年幼时"我"在父亲停薪后对家庭生活水平变化的感知，这里的"我"是一个老年杨绛视角下的幼年杨绛。叙述者虽然是年幼时期的"我"，但幼年杨绛始终处于老年杨绛的打量之中。这种视角的分离，使幼年杨绛及其他人物对

---

[1] 杨绛：《杨绛全集》卷2，人民文学出版社2014年版，第106页。
[2] 杨绛：《杨绛全集》卷2，人民文学出版社2014年版，第107页。
[3] 杨绛：《杨绛全集》卷2，人民文学出版社2014年版，第107页．

杨荫杭辞职一事的叙述变成了一连串直接且集中的事象，从而使外部聚焦的叙述者情感色彩被压缩到极致。恰恰是在这压缩的情感和简要集中的事象之间，整个文本呈现出客观叙事和感性认知之间的巨大张力。

在《回忆我的姑母》一文中，外聚焦叙述方式造成的文本张力更为明显。作者在散文开头交代写作缘由之后，接着两句"我不大愿意回忆她，因为她很不喜欢我，我也很不喜欢她。她在女师大的作为以及骂敌遇害的事，我都不大知道"[1]。这两句话将叙述者"我"放在一个不知内情的见证者位置上，于是"我"所知道的有关姑母杨荫榆的事情，除了自己参与过的事件，其他都是耳闻。在这篇散文中，杨绛使用最多的句式是"据……形容""听……讲"。这种句式使叙述者完全脱离了叙事内容的情感参与，甚至连叙事内容的真假，都不予置评，而只是对事件本身做出一个客观化的展示。有趣的是，由于这些事件的展示有一个读者熟知的，女师大学潮中鲁迅等文化名人抨击杨荫榆这样一个先天语境，叙述者耳闻的事件与读者已知的前事形成了一种戏剧化的矛盾。在滥用职权的女校长形象与身世"坎坷别扭"[2]的女性知识分子形象的对比中，叙述者的情绪虽然隐去，但具有反差意味的事件及人物形象深深地暗示着历史和人性的复杂。

不过，客观叙事不等于叙述者的完全退隐。《回忆》两篇的结尾处，作为外聚焦叙述者的老年杨绛都有直接的"显身"。但与其他传记散文如唐弢《琐忆》结尾处的直抒胸臆不同，杨绛在《回忆》两篇结尾处的情感表达，是通过说理议论而非直接抒情完成的。在《回忆我的父亲》中，老年杨绛回顾父亲的一生，遍寻父亲遗物不着，这里本是情感积蕴最厚重处，杨绛却突然另起一笔，说"我读了《堂吉诃德》，总觉得最伤心的是他临终清醒以后的话：'我不是

---

[1] 杨绛：《杨绛全集》卷2，人民文学出版社2014年版，第150页。
[2] 杨绛：《杨绛全集》卷2，人民文学出版社2014年版，第167页。

堂吉诃德，我只是善人吉哈诺。'……我如今只能替我父亲说：'我不是堂吉诃德，我只是你们的爸爸。'"① 听说或阅读过《堂吉诃德》的读者也许很多，但对《堂吉诃德》思想内核有独特理解的读者却不多。杨绛在这里用典故议论而非抒情，以一种设置阅读门槛的方式增加了审美距离。读者如要明白杨绛在此处为何对堂吉诃德遗言进行仿写，不仅需要对《堂吉诃德》这部作品有一定程度的理解，还需要弄清楚杨绛对《堂吉诃德》这部作品的批评阐释。越过重重障碍之后，读者才能触摸到杨绛对父亲那种怀念又怅惘的复杂情感。

《回忆我的姑母》的结尾处，杨绛的说理议论没有用典，而是首先引用父母对三姑母杨荫榆人生的叹惋。父母的评价自然而然地引出了杨绛对姑母一生的评价："据我所见，她挣脱了封建制度的桎梏，就不屑做什么贤妻良母。她好像忘了自己是女人，对恋爱和结婚全不在念。"② 杨绛在散文结尾处的这一段评价依然保持了一种旁观者的自持。叙述者的所思所想，全出于自己的见闻，且只是基于个人见闻的个人看法。对一己之见的强调，使杨绛对姑母的评价，看起来客观中立，实则处处藏辩护于坦诚谦卑的文字之间。她接着写道："如今她已作古人；提及她而骂她的人还不少，记得她而知道她的人已不多了。"③ 到此为止，杨绛依然没有直接地褒贬，而是以极其平淡的口吻总结了杨荫榆的身后遭遇。简淡的一句话，没有大喊大叫，却于缄默处使读者感受到巨大的悲恸。隐曲深微的笔法，不仅构造了杨绛散文不同于其他现代散文作品的独特面貌，还显示了一位知识分子面对历史和现实时的风度与教养。这正是杨绛作品中节制风格的魅力所在。

---

① 杨绛：《杨绛全集》卷2，人民文学出版社2014年版，第139页。
② 杨绛：《杨绛全集》卷2，人民文学出版社2014年版，第167页。
③ 杨绛：《杨绛全集》卷2，人民文学出版社2014年版，第167页。

第三节 中和：文质相谐的美学形态

中和之美作为中国古典美学中的一个重要范畴，其哲学基础是儒家的中庸思想。《中庸》云："喜怒哀乐之未发，谓之中；发而皆中节，谓之和；中也者，天下之大本也；和也者，天下之达道也。致中和，天地位焉，万物育焉。"① 朱熹认为，"中"是无所偏倚的未发之性，是天下之大本，"天下之理皆由此出"②；"和"就是所发之情无所乖戾。要达到这一境界，君子需要自持操守，注重自身修养，警惕内心的放纵，保持本心而不堕道德。

作为一种凝聚着儒家"中庸"思想精髓的艺术和谐观，中和之美对主体性的价值建构，在华夏民族审美文化心理的演进中起到了重要的作用。中和之美本质上是一个动态和谐的生成过程，是由主体精神以美的形式向外部世界的投射而获得的完整。以儒家中庸思想为基础的中和美学，追求的是生命的普遍和谐。"致中和，天地位焉，万物育焉"，和谐与生命的滋养，与天地秩序，人如何处理自身与群体、世界的关系有关。和谐不仅是人的内心和谐，更是人与天地万物的和谐，是由内而外的协调和融。

中和之美，反映到文艺创作上，就是要追求"文"与"质"的协调。《论语》中有多处提到孔子对"中和"原则的重视："子曰：'质胜文则野，文胜质则史，文质彬彬，然后君子。'"（《论语·雍也》）"子贡问：'师与商也孰贤？'子曰：'师也过，商也不及。'曰：'然则师愈与？'子曰：'过犹不及'。"（《论语·先进》）子贡在与棘子成对文质关系的辩论中，"文犹质也，质犹文也。虎豹之鞟犹犬羊之鞟"的观点，亦是对"中和"原则的追随。从这些讨论

---

① （宋）朱熹：《四书章句集注》，中华书局1983年版，第18页。
② （宋）朱熹：《四书章句集注》，中华书局1983年版，第18页。

中，我们可以看到，"中和"在儒家思想中，不但是一个艺术的问题，还是一个人生的问题。而孔子追求的是艺术的人生，要解决的是艺术人生的方法途径，最终要达到的是自我在社会、自然乃至宇宙的安顿与升华。这样的状态，这样理想的境界就是"和"。所谓"文质彬彬，然后君子"，"文"与"质"的统一，强调的就是这样一种健康的美学形态。

在中国传统文论中，"文"与"质"有两个层面的意思：一是文辞与主体精神修养，二是两种不同的美学风格。

从本体论的层面讲，"文质彬彬"存在文辞要与主体人格修养相统一的理论内涵。刘勰《文心雕龙·附会》云："夫才量学文，宜正体制：必以情志为神明，事义为骨髓，辞采为肌肤，宫商为声气，然后品藻玄黄，摛振金玉，献可替否，以裁厥中，斯缀思之恒数也。"[1] 刘勰将"情志"立为"神明"，把"辞采"比为"肌肤"，很明显对"文"与"质"有一个主从内外的区别。在刘勰这里，"文"与"质"已经不是先秦儒家对君子德行与言辞修饰的原初意义了，"质"的内涵开始转向作家的情感、欲望、思想观念等创作要素，而"文"作为语言形式，是"质"的外在表现。

其次是美学风格层面。刘熙载《艺概·文概》说："文，辞也；质，亦辞也。"[2] 这里的"文"与"质"都是指向美学风格而言的。由于文学创作实际上很难达到两种美学风格的统一，有时会重"质"而轻"文"，有时会重"文"而轻"质"，因此在古代文论中，常常出现重"质"或重"文"的美学观念。譬如南朝梁齐的诗歌风气重视辞藻雕饰，文风艳丽，隋唐间诗人便开始反对"采丽竞繁"[3] 的

---

[1] （南朝梁）刘勰：《文心雕龙注》，范文澜注，人民文学出版社1978年版，第650页。

[2] （清）刘熙载：《艺概笺注》，王气中笺注，贵阳人民出版社1980年版，第116页。

[3] 郭绍虞主编：《中国历代文论选》一卷本，上海古籍出版社2001年版，第119页。

诗风，而追求《诗经》的兴寄传统。但在另一些论者看来，"文"应当得到重视："且夫山无林，则为土山；地无毛，则为泻土；人无文，则为仆人。土山无麋鹿，泻土无五谷，人无文德不为圣贤。"（王充《论衡·书解》）事实上，无论是"重"文轻"质"，还是重"质"轻"文"的文论观，从历史语境看，都是针对"文"与"质"不相协调的文学发展实际状况进行的理论反拨和修正。两种美学风格之间没有本质上的高下之分，而"视乎性情得正"①。作为理想的美学范式，"文质彬彬"就是要追求"文"与"质"相协调。两种美学风格能够并存而不显突兀，达到"质而文，直而婉"的"雅之善"②。

从文体上来说，"文质彬彬"的美学风格就是要在语言表达上能够做到雅俗相间，音韵相和。杨绛在文体上非常注重文字的雕琢，她赞赏简·奥斯丁"为了把故事叙述得更好，不惜把作品反复修改"③，她本人也被施蛰存称为"语文高手"④。杨绛的小说之所以诙谐而不轻佻，平实而不寡淡，审智而不炫智，呈现出鲜明的"中和"特征，首先表现在她对不同系统的语言有着高度精确的把握。学者做小说，很容易为学者思维所限，出现语言学术化的倾向而失去小说的本味。譬如钱锺书的小说创作，尽管如《围城》之类的作品因其汪洋恣肆的才华而在文学史上经久不衰，但小说中作家经常会借叙述者身份大发议论，结构情节喜好用典，因而《围城》一书总是被人诟病有钱锺书"太多的自己"⑤。与钱锺书相比，杨绛的小说创作几乎看不见学者式的议论，也很少"掉书袋"。典雅的文言、日常

---

① （清）杨际昌：《国朝诗话·例言四则》，载吴志达主编《中华大典 文学典 明清文学分典》（3），凤凰出版社2005年版，第27页。

② （南朝梁）刘勰：《文心雕龙注》，范文澜注，人民文学出版社1978年版，第151页。

③ 杨绛：《杨绛全集》卷5，人民文学出版社2014年版，第192页。

④ 施蛰存：《施蛰存说杨绛小说〈洗澡〉》，《名作欣赏》2004年第6期。

⑤ 蓝棣之：《对于人生的讽刺和感伤——钱钟书〈围城〉症候分析》，《贵州社会科学》1999年第3期。

生活的惯用语、吴地方言等不同体系的语言在杨绛的小说中有机统一，具体来说，就是什么样的人物有什么样的声腔。

以小说《鬼》为例。这个发生在旧时代破落地主后院家的故事充斥了大量口语和"雅言"的混杂。譬如王家太太与胡彦见面的一番对谈：

> 她是个端重的胖太太，五十多年纪，冷静的目光，把先生一览无余，然后慢吞吞地转文说："小儿寿楠生来单弱，在家有养无教，只怕朽木不可雕，屈抑了先生大才。"又说她家的老门房赵荣年迈耳聋，打杂的阿福是个傻小子，伺候不周，还请先生海涵。①

王家是个典型的旧式地主家庭，规矩大，思想陈腐，有财富而无十分的底蕴，这一段人物话语中文言和白话口语间杂，文不文，俗不俗，令王家太太自恃身份的矜持高傲，却又没有多少文化的形象跃然纸上，让读者在忍俊不禁的同时感受到作者对人物的否定。

杨绛在非虚构作品的写作中同样注重人物声腔和人物身份的统一。散文《第一次下乡》里描写了知识分子下乡与农民同吃同住，一起干活的情形。其中，"我们"与老乡们之间，互相对对方都有形貌印象的描述。知识分子的话语特点是挪用书中虚构人物来打比方，显示了知识分子的文化特性；农民的话语特点则比较生活化、经验化。其中杨绛写到缝纫室大妈对"我"的印象："呀！我开头以为文工团来了呢！我看你拿着把小洋刀挖萝卜，直心疼你。我说：瞧那小眉毛儿！瞧那小嘴儿！年轻时候准是个大美人儿呢！"② 这一段缝纫室大妈对"我"的样貌赞叹是通过一连串的惊叹完成的，她认为杨绛的样貌长得好，但是具体好在哪里，怎么个好法，却没能说

---

① 杨绛：《杨绛全集》卷1，人民文学出版社2014年版，第136页。
② 杨绛：《杨绛全集》卷3，人民文学出版社2014年版，第162页。

出个所以然来,她仅有的经验就是美人等于"文工团"的。这种贫乏的比喻和空洞的赞叹,把一个没有什么文化知识的农民形象鲜活地勾勒了出来。杨绛在这篇散文里把知识分子的学者化语言和农民的生活化语言放在一起,通过话语特点的差异,营造出一种怪诞又滑稽的艺术效果。

对"雅言"化用得别有机趣的尤其要属小说《洗澡》。《洗澡》这部不算长的长篇被分为三部,每部有一个分别取自《诗经》与《孟子》的标题,即《采葑采菲》《如匪浣衣》和《沧浪之水清兮》。这三个标题引经据典,看似与小说本身毫无关系,实则"据事以类义,援古以证今"[1],标题蕴含的典故与小说内容有潜在的同一性,二者看似脱节,实质上形成一条严密的逻辑线索,"使小说的主题一步步深化,使一些表面上没有直接联系的情节结合成一个整体"[2]。标题的古雅和故事的浅白在小说里交相辉映,不仅使小说在结构上别具匠心,还令整部小说的语境层次更为丰富。

《洗澡》语言的雅趣可以说十分明显。但这种雅趣并不是像一些人认为的那样是"熟透了的"[3]、毫无人气的。尽管在这部小说中许多对话语言文质彬彬,书卷气浓郁,但必须看到的是,这是一部描写知识分子群像的小说,无论是真正有学问、有才华的许彦成、姚宓,还是装腔作势的施妮娜之流,人物语言有别于普通老百姓是必然的。其次,小说的叙述者话语中运用了大量诸如"痴汉等婆娘"之类的俗语,缓解了小说主题的沉重肃穆,又不至于使小说格调沦为插科打诨的恶俗。

汪曾祺有"写小说就是写语言"[4]的著名论断,他将语言与作

---

[1] (南朝梁)刘勰:《文心雕龙注》,范文澜注,人民文学出版社1958年版,第614页。
[2] 孙歌:《读〈洗澡〉》,《文学评论》1990年第3期。
[3] 李书磊、张欣:《〈洗澡〉的"冷"与"雅"》,《文学自由谈》1990年第1期。
[4] 汪曾祺:《汪曾祺作品集4·生活的智慧》,湖南文艺出版社2015年版,第143页。

家气质,作家所接受、了解的文化紧密联系在一起,认为"语言本身是一个文化现象,任何语言的后面都有深浅不同的文化的积淀","要测定一个作家文化素养的高低,首先是看他的语言怎么样,他在语言上是不是让人感觉到有比较丰富的文化积淀"[1]。作为一个学院派作家,杨绛的学养之深是毋庸置疑的。尽管她自称旧学功底不深,然而从小生活在书香世家,启蒙于著过《诗骚体韵》的父亲杨荫杭之手,又与学贯中西的丈夫钱锺书常常一起钻研学问,杨绛文学语言的"雅"可以说是植根于传统文化之中的。而她对于作家经验的看重,使她深谙不同阶层的人的生活习性。在吴地的成长经历,使她能够对当地人的方言与文化习俗信手拈来。如此种种,杨绛的小说便自成一派雅正清真而不庸腐鄙俚的"中和"气象。

除了语词的丰富多彩,杨绛对语言的声音节奏也十分讲究。中国古代对音乐的"中和之美"十分重视。《国语·周语》中,伶州鸠将音乐的功能与治民之德联系起来:"夫政象乐,乐从和,和从平。声以和乐,律以平声……声应相保曰和,细大不逾曰平……夫有和平之声,则有蕃殖之财。于是乎道之以中德,咏之以中音,德音不愆以合神人,神是以宁,民是以听。"[2] 在伶州鸠看来,只有中和之乐是符合道德法度的,中和之乐能使神灵安宁、百姓顺从,从而达到教化的目的。

中和之乐,扩大到语言文字的应用上,就变成了对和谐的声音节奏的追求。古人作文,讲究此道。朱光潜认为,文章无论古今,都和声音节奏密切相关。古文的声音节奏好比京戏,有形式化的典型,而今文(语体文)则需要在长短、轻重、缓急上面显出情感思想的变化和生展,总而言之,就是要"不拘形式,纯任自然"[3]。杨绛之所以被称为"语文高手",也有她对语言的声音节奏把握到位的

---

[1] 汪曾祺:《晚翠文谈》,河南文艺出版社 2017 年版,第 190 页。
[2] (春秋)左丘明:《国语·周语下》,上海古籍出版社 1978 年版,第 128—130 页。
[3] 朱光潜:《朱光潜美学文集》第二卷,上海文艺出版社 1982 年版,第 304 页。

原因。以杨绛早年的《璐璐，不用愁!》的开头为例：

> 天漆黑，风越刮越大，宿舍都有点震动。璐璐坐在灯下发愁，咬着一股打卷儿的鬓发，反复思忖，不知怎么好。随手扯了四方小纸，把心事写上，揉成团儿，两手捧着摇，心里默默祷告：四个纸团，包含两个问题；如神明——不管是洋教的上帝或土教的菩萨——有灵，该一个问题拈着一个解答。……璐璐可不耐烦了，一顿把纸团扯碎，伏在桌上赌气。听听风，那么大，天更冷了，汤宓明天还冒着风出城来看她？昨天电话里，不该那样决绝。①

第一句写景，用的是长短句交错的句式。短句急促而语调铿锵，长句绵密而气势舒缓。从"天漆黑"到"宿舍都有点震动"，是三字短句到七字长句的变化。开头所渲染的紧张压抑的环境氛围也因句子节奏的拉长而逐渐有所缓解。继而笔锋一转，"璐璐坐在灯下发愁"，原来，和坏天气相比，更令人紧张的是少女的愁绪。不过两句话，竟然具备了诗歌起承转合的架势。接下来是对璐璐之愁的详写。对璐璐在灯下如何纠结，如何彷徨的情态，杨绛分别用了"咬""扯""揉""捧""伏"等单音节词，音节顿挫之间，活灵活现地表现了人物的坐立不安。而虚词以及诘问句式的使用，既使叙述话语有波澜起伏之感，又写出了璐璐在爱情岔路上委屈中带些爱娇的情态。

又如《ROMANESQUE》中写彭年与梅在饭馆见面：

> 这时堂倌已经送进饭菜来。布帘子外面，好像有了一两个顾客。他们也觉得饿了。梅抢做主人，夹菜让彭年。彭年抢做主人，道歉菜不好。两人痴笑乱谈，把饭菜都吃个精光。彭年

---

① 杨绛：《杨绛全集》卷1，人民文学出版社2014年版，第3页。

说，从没吃得那么香。梅说，从来没那么乐。他们互相看着，毫无掩饰地各从各人眼里望到心里。笑渐渐凝成爱恋，停滞在两人眼睛里。①

整个场面描写骈散相间，句式整饬又富于变化，读起来朗朗上口，毫无滞涩之感。其中，彭年与梅的你来我往，用的是对称的短句，节奏明快，渲染了二人见面之"乐"。而"乐"的顶点，急转而下，是一个长句，二人对爱情的认知，就像句子的变化一样，突然而来。在爱情的震撼中，二人之间的氛围，由极动走向极静。

此外，杨绛语文的雅正，还得益于她对于反讽修辞的运用。反讽作为一种隐曲幽微的修辞策略，用"精炼的，或者简直有些夸张的笔墨"来写出真实。对于可笑可鄙的事物，反讽是需要有尺度的，它不应该是"造谣和污蔑"②，故作惊诧状使人骇闻。反讽需要有一个内在的尺度使其不过分。这个尺度在杨绛笔下，一是对可笑之人、可笑之事的"乖觉领悟"，二是心里梗着的"美好、合理的标准"③。对杨绛而言，反讽的目的也不是要破坏什么，而是"拉开距离，保持一种奥林匹斯神祇式的平静"④。

杨绛十分擅长通过反语来进行讽刺。例如《顺姐的"自由恋爱"》中，杨绛家的保姆顺姐从小被卖，从来没有当过自己命运的主人，但是杨绛把她当人小妾的经历冠之以"自由恋爱"的名义，将反话正说，在对顺姐蒙昧的精神状态进行讽刺的同时也寄寓了对身边底层劳动妇女的深切同情。又如喜剧《弄真成假》中，周母与周妹关于"书香人家"的争吵。周母祖上给人做过账房和衙门的书记，

---

① 杨绛：《杨绛全集》卷1，人民文学出版社2014年版，第27页。
② 鲁迅：《鲁迅全集》卷6，人民文学出版社2005年版，第288页。
③ 杨绛：《杨绛全集》卷2，人民文学出版社2014年版，第247—248页。
④ [美]华莱士·马丁：《当代叙事学》，伍晓明译，北京大学出版社1990年版，第227页。

儿子借钱出过国，而周母却因此自诩"是世世代代的书香人家"[①]。"书香人家"的字面意思和周家实际上落魄的经济情况形成了反差，于是周母的吹嘘便显露出了一个市井小民的虚荣和滑稽。

杨绛的散文《客气的日本人》也是运用反讽修辞的典型文本。不过，这篇散文主要是通过一种情境反差来获得反讽修辞效果的。杨绛记叙了抗战后期自己与家人在上海沦陷区遭遇日本人搜捕的事件。文章一开篇便交代了20世纪40年代上海沦陷区恐怖的政治环境："晚上睡梦里，或将睡未睡、将醒未醒的时候，常会听到沉重的军靴脚步声。"[②] 在这种环境中，"我"对日本人的印象是他们"报复心很强"[③]。而当"我"被请去日本宪兵司令部问话时，遇到的是一个不对"我"用刑，甚至还能跟我聊聊杜甫和巴黎的日本军官，这构成了第一层情境反差。"我"对审问自己的日本人荻原大旭的印象是他很"客气"，但实质上他对李健吾之类当时在上海进行进步话剧排演的知识分子十分狠毒，这构成了第二层情境反差。双重的情境反差强化了抗战时期上海沦陷区的知识分子备受精神和身体双重折磨的历史事实，一方面达成了对日本战争罪犯虚伪邪恶一面的讽刺，另一方面也显示了上海沦陷区的进步知识分子在战争期间不向敌人屈服的高尚品格。

总而言之，通过对杨绛的文学作品进行文本细读，可以看到杨绛的文学实践始终是以"人"为中心的。她描摹世态人情的尺度、喜剧性的创作倾向，体现了一种"爱人类"的创作精神；而她平淡节制的情感风格，以及语言体式上的雅正和谐，都体现了她"乐而不淫，哀而不伤"的中和美学意蕴。从根本上讲，杨绛文学作品中体现出来的中和美学意蕴又是她"真""诚"的内在生命的外化。因为人格境界决定艺术境界，缺乏人性的自觉，就不会有"人格的

[①] 杨绛：《杨绛全集》卷5，人民文学出版社2014年版，第136页。
[②] 杨绛：《杨绛全集》卷3，人民文学出版社2014年版，第106页。
[③] 杨绛：《杨绛全集》卷3，人民文学出版社2014年版，第110页。

升华""感情的升华"①，就更不会有对社会、对生命的同情之心。

当下的中国文坛热闹非凡，但很多时候作家尤其是小说家的创作，数量和质量并不成正比。在一个资本与传媒强势入侵日常生活的时代，如何保持一种对人和对生活现场的热情，维护文字的纯洁和尊严，是当代作家面临的重大挑战。而杨绛浑然一体的为人与为文，对喧嚣时代的人们有着意味深长的启示。

---

① 徐复观：《中国文学论集》，九州出版社2014年版，第84页。

结　语

杨绛的意义

杨绛在《孟婆茶》里说："我按着模糊的号码前后找去：一处是教师座，都满了，没我的位子；一处是作家座，也满了，没我的位子；一处是翻译者的座，标着英、法、德、日、西等国名，我找了几处，都没有我的位子。"[①] 她虚构的这段场景，可以说写尽了自己一生的微妙处境。作为作家，杨绛尽管在中国现当代主流文学史上占有一席之地，但由于她很难被归入某一文学派别——尽管她与京派作家群体渊源颇深，但"京派"外围人员的身份，使她从未进入过文学史书写的"中心"。作为学者，虽然杨绛长期坚持翻译工作，并有高水准的学术研究论文，但相较于学界对钱锺书《管锥编》《谈艺录》等皇皇巨著，以及钱瑗在英文文体学学科开创功绩的肯定，杨绛学术研究的价值很少被注意到，甚至遭到一些人的质疑。这也导致杨绛在其职业生涯中，尽管长期任职高校和研究所，但从来不是学院象牙塔内的话语权力掌握者。直到退休之时，杨绛也只是中国社会科学院外国文学研究所的三级研究员而已。而作为一位现代知识女性，哪怕杨绛与丈夫同享盛名，在大众舆论中是公认的文化名人，但大众对杨绛的认知，多数时候仅限于钱锺书对杨绛"最贤的妻，最才的女"的评价——而这实际上还是一种男性权力中

[①] 杨绛：《杨绛全集》卷2，人民文学出版社2014年版，第87页。

心的话语想象①。

　　杨绛身份处境上的这种尴尬，本质上是一个身份认同问题上的尴尬。所谓身份认同，一般包括自我身份认同、社会身份认同、集体身份认同等层面的内容。自我身份认同脱胎于以笛卡尔、康德为代表的启蒙哲学主体论，强调人以理性为核心的自知和自足。社会身份认同则强调经济、文化、权力、历史等因素对人的存在和意识的决定作用。而集体身份认同强调的是对一种文化群体的认同，在这种认同中，群体是大于个人的。在后现代主义的语境下，"身份从来不是单一的，而是建构在许多不同的且往往是交叉的、相反的论述、实践及地位上的多元组合"②，这意味着主体不再具有统一的自我，在不断变化的过程中，主体的身份呈现出多样化的表现形态。多样化的身份形态一方面使主体获得了多重生活维度；另一方面，不同身份认同之间的矛盾，造成了现代主体"强烈的思想震荡和巨大的精神磨难"③。

　　在中国现代文学史上，许多作家和知识分子都面临过身份认同的困境。如沈从文从湘西走出之后，先后从事过编辑、大学教师等职业，凭借写作的天赋获得了上流社会的认可，成为文学史上极为重要的一员，但他一生都以"乡下人"自居。沈从文固执地将自己称为"乡下人"，可以说是以一种主动出击的姿态，保持着一种自我身份认同。这种自我认同与社会身份认同总是呈现出一种对抗的形态。这种对抗性，在沈从文的文学创作中，则表现为湘西自然人性

---

①　据吴学昭记载，杨绛回忆钱锺书"誉妻癖"传闻时，说钱锺书"誉"自己的三件事：一是，杨绛成名后依然尽心尽力做家务、照顾钱锺书；二是，能够面对日本人临危不乱保护钱锺书《谈艺录》书稿；三是，能够处理好家庭琐事中的意外。这几件事，都是杨绛作为"贤妻良母"的价值，而不是杨绛作为现代女性知识分子的价值。吴学昭：《听杨绛谈往事》，生活·读书·新知三联书店2017年版，第225页。

②　[英]斯图亚特·霍尔、保罗·杜伊盖编著：《文化身份问题研究》，庞璃译，河南大学出版社2010年版，第4页。

③　赵一凡等主编：《西方文论关键词》，外语教学与研究出版社2006年版，第465页。

和城市虚伪人性的对抗。对于特殊时代的知识分子而言，傅雷这类知识分子的自杀从某种程度上也可以说是自我身份认同与社会身份认同的矛盾之下产生的对抗。

但就杨绛自身而言，身份认同似乎很少对她构成精神上乃至生死抉择上的两难。从杨绛的一生来看，在知识分子与平凡百姓之间、独立女性与贤妻良母之间、作家与文学研究者之间，杨绛算得上能入其内也能出其外。这种游刃有余却也是导致杨绛过世之后诸种争议出现的一个重要原因。

在知识分子和平凡百姓的身份之间，杨绛晚年的自我定位是"奉公守法的良民"，但在公众的期待视野中，杨绛依然属于知识分子群体。"知识分子"作为一个舶来概念，在西方语境中，一开始指具有知识背景、批判意识和社会良知的精神性群体，没有具体的职业和阶级范围规定。尽管后来随着现代社会分工的细化，对"知识分子"的定义也开始发生了变化，但从根本上来讲，能够成为"知识分子"的群体依然要具有以下特点：具有较高的知识文化修养，具有独立的人格和思想，具有"社会（政治）关怀、文化（价值）关怀和知识（专业）关怀"[①]。从现代文化语境中对知识分子的规定来看，尽管"知识分子"的内涵已经发生了巨大的变化，但道德价值取向依然是衡量知识分子的一大标准。

这种社会赋予的身份属性，一方面包含了公众对知识分子的道德期待，另一方面当知识分子把这种外在的道德期待变成内在的道德自律时，很容易造成集体文化对个体的精神压迫。以中国历史上士大夫的"失节"问题为例，自宋以后，节烈之风渐成士人群体的道德准则，到明代尤甚。原本"劳其筋骨""饿其体肤"不过是一种对士人最高标准的精神激励，到此时却变成一种自虐的激情。道德激励一变而为生存方式，走向极端就发展成以戕害生命为基本形式的极端道德主义。极端的道德主义带来的不是知识分子主体精神

[①] 许纪霖：《中国知识分子十论》，复旦大学出版社2003年版，第85页。

的昂扬,而是对"'仁''暴'之辨"①的模糊,最终带来的是对知识分子心灵的损毁。

从杨绛对傅雷自杀一事的态度来看,她并不赞成以戕害生命的方式来完成所谓对知识分子价值的坚守。知识分子的"殉节"行为,究竟是一种具有崇高意义的、对主体价值的维护,还是一种缺乏现实意义的牺牲,杨绛对此是有所质疑的。这种质疑不仅表现在她晚年对傅雷自杀事件的反思上,还表现在她与钱锺书在特殊时期的"沉默"上。杨绛与钱锺书当时远离政治、超然物外的姿态,究竟是明哲保身的犬儒主义,还是可以予以同情之理解的生存策略,历来争论不休。但实际上在这些争论中,一些研究者将钱杨夫妻的选择与傅雷乃至林昭、遇罗克等历史人物的选择作比较,本身就反映了一种道德主义的危险。因为这意味着,公众对知识分子的想象总是包含着一种宗教式的"殉节",而一旦作为个体的知识分子没有满足公众这一道德期待,就十分容易陷入"失节"的闹剧之中。

从这一点看,杨绛"奉公守法的良民"这一自我定位,反而以一种下沉的方式与社会文化规约赋予的知识分子身份拉开了距离。但对"知识分子"社会身份属性的拒绝,并不等于没有底线的自我纵容。

从杨绛的文学实践看,她的学术研究和文学创作虽然不以数量取胜,而且大多数时候徘徊在主流文学史叙事的边缘,但终其一生,杨绛从未中断过自己的创作和学术研究,并始终保持着风格的稳定。这是杨绛同时代的许多作家都做不到的事。譬如钱锺书、沈从文等人,在1949年之后,就逐渐放弃了文学创作,专心从事学术研究;何其芳、冯至等作家,在1949年前后,创作风格出现了明显的转向。冯至甚至在20世纪50年代对自己的《十四行集》等作品进行过坚决的否定。具有"自由主义"倾向的作家在"当代"的自我怀疑,甚至成为当代文学研究中的一个热点话题。与这些作家相比,

---

① 赵园:《明清之际士大夫研究》,北京大学出版社1999年版,第14页。

尽管杨绛一再强调自身写作的"业余"性，但她之所谓"业余"，除了作品数量上的问题外，更多还是一种人生态度，即前文所述"游于艺"的"隐身衣"品格。杨绛几乎不参与公共问题的讨论，也很少面向社会（政治）问题发言，但她的学术和创作，总是能够隐晦地传递出自身对现实问题的态度。杨绛对学术研究和文学创作的始终如一，本身就是一种知识分子对自身文化价值的坚守。而杨绛风格上的稳健，相较那些在时代变革中会完全否定自我的作家而言，更具有独立知识分子对主体价值的确定和自信。

在知识分子的道德实践问题上，许纪霖曾指出，中国许多以知识分子自命的人都存在这样的问题："他们习惯于唱道德高调，以此来实践他们的道德理想，以掩盖自身人格上的弱点。"[①] 真正的知识分子，往往是能够在行动上为人们做出人格上的表率的。杨绛虽然并非传统意义上的，能够为"道"殉身的崇高者，但在一些具体的历史事件中，杨绛都表现出了一个知识分子高尚正直的品格。在20世纪40年代的上海沦陷区，杨绛的戏剧创作虽然与个人家庭经济情况有关，但是杨绛宁肯写剧本补贴家用，也不愿与敌人合作以换取舒适的物质生活，本身就是一种坚持民族自尊的反抗行为。而杨绛在特殊历史时期对是非的坚持，对钱锺书名誉的维护，不仅仅是一个妻子对丈夫的忠贞，更是一个知识分子在特殊年代中敢于说真话、不轻易屈从权威的勇气。这种坚持和勇敢，实际上与人们盛传的"沉默"相去甚远。

所以，杨绛的平民式自我定位，实际上是拒绝了集体文化中知识分子想象的道德绑架而维护主体价值的一种选择。这恰恰是知识分子批判、质疑之独立精神的表征。而一些研究者所认同的，钱、杨式的沉默可以理解但不可推崇这一观点的根本症结在于，在各种各样的权力规训之中，一旦个体的自我身份认同不足以确立理性自我，就容易陷入某种虚幻的激情之中。这既是杨绛等前辈知识分子

[①] 许纪霖：《中国知识分子十论》，复旦大学出版社2003年版，第25页。

留下的历史教训，也是当代知识分子需要时刻警惕的境况。

理解了杨绛在"知识分子"与"良民"两种身份之间的选择，才能理解杨绛为何既不像"五四"前辈作家那样旗帜鲜明地讨论女性自由，也不像新时期以来的后辈作家那样沉浸在女性世界的独语之中。作为出身于开明家庭，享受过"五四"思想解放余荫的知识女性，杨绛可以算是婚恋自由这一历史潮流的得益者；作为一位横跨两个时代的世纪女性，杨绛又亲眼见证了女性解放历史进程之下现实的复杂性。从杨绛一生不同阶段的创作来看，她并非在性别身份认同上毫无疑问。《风絮》《小阳春》等作品可以看到一个女性作家对自身经验的强调。如荒林所言，"'新女性'就是一种对女性的现代命名……女性自觉写作的开始，标志着女性现代行程自我体验的开始"[1]，在言说女性自我独特生命体验的过程中，女性写作就获得了主体价值。但正如杨绛从《风絮》开始就意识到的那样，女性的自由不是一次娜拉式的行动就可以获得的。杨绛晚年以底层劳动妇女为主角的几篇散文作品依然可以看到她对中国女性解放、男女平等这一历史议题的审视态度。恰恰是这种旁观的、清明的姿态，使杨绛可以越过许许多多的理论和观念，抓住性别身份认同的核心问题。以《文汇报》对杨绛的采访为例，记者在采访中向杨绛提出为何她可以在娘家的新式文化与婆家的旧式习俗之间转换自如，杨绛的回答中除了"爱"这一答案之外，特别强调了所谓"从旧俗，行旧礼"不过"礼节而已，和鞠躬没多大分别"[2]。将"跪拜"和"鞠躬"看成同一种性质的礼节，正是杨绛在性别身份认同上超越了二元对立逻辑框架的女性身份建构的表现。所谓"匹夫不可夺帅"的理性凝聚之意，不是通过与外部形势的激烈对抗来维护自身，而更多是要在世界千变万化之时，依然对自我身份有着牢固认同。杨

---

[1] 荒林、王光明：《两性对话：20世纪中国女性与文学》，中国文联出版社2001年版，第20—21页。

[2] 杨绛：《杨绛全集》卷4，人民文学出版社2014年版，第344页。

绛正是有此理性认知，才无所谓成为一个"贤妻良母"。因为她对自己"是个有体面的人"[①]这一点的认同，始终要排在自己是个"女人"这一点前面。而这一点，也是杨绛能在"贤妻良母"与"独立女性"的身份之间转换自如的根本原因。

正是杨绛对自我身份的牢固认同，令杨绛在"文"与"学"之间可以自由"流亡"。在文学创作和学术研究的双向互动中，杨绛作为学者和作家的双重视角，使她具备专业学者或职业作家在话语表达方式上所没有的灵活。萨义德曾这样描述知识分子的"流亡"状态："如果在体验那个命运时，能不把它当成一种损失或要哀叹的事物，而是当成一种自由，一种依自己模式来做事的发现过程，随着吸引你注意的各种兴趣、随着自己决定的特定目标所指引，那就成为独一无二的乐趣。"[②]在萨义德眼里，知识分子的"流亡"包含了一种创造性的转化，即知识分子从被驱逐、无所依归的状态中发现自我，重新获得主体意义。杨绛的"隐身"也包含了这一点。

从杨绛"文"与"学"的互动来看，文学实践使她在学术活动中少了呆板无趣的理论建构，多了深入文学现场的灵动。尽管杨绛在学术领域中看起来如同散兵游勇，但恰恰是这种边缘性以及在"文"与"学"之间的"流亡"，使她的文学研究获得了一种否定之否定的反体系意义。

作为作家，学者的理性和自矜尽管使杨绛看起来缺乏专业作家的激情和感性，但是对东西方文化的深刻理解，对人性、历史等问题的审慎反思，都使杨绛的创作和那些迷失于感性经验的作家相比，有着对现实问题更加成熟的阐释力。

洪子诚在比较20世纪五六十年代的文学主流作家和"五四"及以后的现代作家之间的差异时就曾指出，20世纪五六十年代的"中

[①] 杨绛：《杨绛全集》卷2，人民文学出版社2014年版，第76页。
[②] [美]爱德华·W. 萨义德：《知识分子论》，单德兴译，生活·读书·新知三联书店2002年版，第56页。

心作家"和前辈相比，存在"学历不高，在文学写作上的准备普遍不足"①的问题。由于这些作家的写作过度依赖生活经验和自身的情感体验，不像前辈作家对传统文化和西方文学都有或多或少的了解，缺乏必要的思想和艺术资源，因而和有一定学养的现代作家相比，20世纪五六十年代这批作家的写作大多呈现出昙花一现的态势。这一现象并非特殊时期的个案。新时期以来，尽管文艺界看起来繁荣昌盛，仅就小说创作而言，每年发表出版的作品从短篇到长篇令人目不暇接，但当代文学中大量的作品在精神上的萎缩、题材上的同质化、思想上的平庸空洞都是批评界一直在关注，但至今尚未完全解决的问题。早在20世纪80年代初，王蒙就作家队伍中出现的这些问题，呼吁"作家学者化"。他认为，当代作家群体中之所以难以出现一流作家，一大原因就在于当代许多作家不能对生活进行高度提炼，对生活经验缺乏创造性转化的能力，而这些能力都要通过作家的知识积累才能培养出来②。

　　王蒙的观点指出了当代作家队伍中的一些问题，也的确提供了一些有效的建议。但在社会分工越来越细、作家越来越职业化、消费文化和电子媒介日益盛行的今天，作家的问题并不仅仅是缺乏知识积累而已。对当代作家而言，可能作家主体价值建构的问题要远远超过知识积累等技术层面的问题。毕竟，对于任何怀有表达欲望的人而言，这可能是一个最好的时代：高度发达的信息社会和新媒体的极速扩张，带来了前所未有的表达的自由。只要有一台电脑，连上网络，任何人都可以成为作家。对于那些"两句三年得，一吟双泪流"的人来说，这可是一个最坏的时代：文学被彻底地边缘化，作家身份失去了神秘性，消费时代的"娱乐至死"让人常常感到困惑。在一个标准如此多元、文学现场如此热闹的当代，作家要如何

---

① 洪子诚：《中国当代文学史》，北京大学出版社1997年版，第31页。
② 王蒙：《一个值得探讨的问题：谈我国作家的非学者化》，载北京市社会科学研究所《北京文艺年鉴》编辑部编《北京文艺年鉴　1983》，中国展望出版社1984年版，第338页。

做才能保持对文学的热情,负起对自己文字的责任呢?杨绛给出的答案是专业上的业余态度和"业余"行动上的专业水准。专业上的业余态度,就是杨绛在文学创作和学术研究之间的"流亡"状态。对于作家来说,"业余者"的写作姿态,更容易为写作争取到自由空间。所谓专业水准,就是杨绛在写作中具备的素养,正如她论述菲尔丁的小说理论时所说的一样,才德识缺一不可。

从杨绛的文学成绩来看,她未必能够跻身伟大作家之列,但是她的为人与为文,对今天的知识分子、作家乃至普通读者而言,都有值得追慕借鉴之处。对于知识分子而言,20世纪90年代之后,知识分子精神的群体性失落造成的身份边缘化和价值虚无化,是当代人文领域一直在讨论并试图解决的问题。杨绛作为历经百年历史风云的知识分子,在面对各种各样的人性困境时做出的选择,足以成为当今知识分子的精神榜样。对于主要以汉语写作的作家群体而言,杨绛作品中的精神广度和汉语纯粹性,可以唤起他们对于某些古典人文价值的记忆。对于普通读者而言,杨绛对事业和婚姻的处理方式,可以为现代女性提供一些经营婚姻和事业的经验。乔治·斯坦纳说:"伟大的文学充满了优雅世俗之人在经验中获得的东西,充满了他可支配的经验真实的大量成果。"[1] 杨绛也许未可用"伟大"来评价,但她的作品提供给人们的真实经验,在今天受到越来越多人的关注,证明了杨绛的确是一个有人文价值的"优雅世俗之人"。

---

[1] [美]乔治·斯坦纳:《语言与沉默:论语言、文学与非人道》,李小均译,上海人民出版社2013年版,第77页。

参考文献

一　专著（按人名音序排列）

［法］阿尔贝·蒂博代：《批评生理学》，赵坚译，商务印书馆2015年版。

［美］爱德华·W. 萨义德：《知识分子论》，单德兴译，生活·读书·新知三联书店2002年版。

［美］爱德华·W. 萨义德：《世界·文本·批评家》，李自修译，生活·读书·新知三联书店2009年版。

［西班牙］奥尔特加·加塞特：《大众的反叛》，刘训练、佟德志译，广东人民出版社2012年版。

［美］贝尔·胡克斯：《反抗的文化：拒绝表征》，朱刚等译，南京大学出版社2012年版。

冰心：《冰心文选·冰心小说选》，福建教育出版社2015年版。

［法］布封：《自然史》，陈筱卿译，译林出版社2013年版。

陈平原：《中国现代学术之建立——以章太炎、胡适为中心》，北京大学出版社1998年版。

陈衡哲：《新生活与妇女解放》，正中书局民国二十三年版。

［法］丹尼斯·库什：《社会科学中的文化》，张金岭译，商务印书馆2016年版。

［荷兰］D. 佛克马、E. 蚁布思：《文学研究与文化参与》，俞国强译，北京大学出版社1996年版。

[德] 恩斯特·卡西尔：《人论》，甘阳译，上海译文出版社 2004 年版。

[英] F. R. 利维斯：《伟大的传统》，袁伟译，生活·读书·新知三联书店 2002 年版。

[美] 傅葆石：《灰色上海，1937—1945：中国文人的隐退、反抗与合作》，生活·读书·新知三联书店 2012 年版

[美] 高彦颐：《闺塾师：明末清初江南的才女文化》，李志生译，江苏人民出版社 2005 年版。

[美] 耿德华：《被冷落的缪斯：中国沦陷区文学史（1937—1945）》，张泉译，新星出版社 2006 年版。

韩加明：《菲尔丁研究》，北京大学出版社 2010 版。

[英] 亨利·菲尔丁：《弃儿汤姆·琼斯的历史·下》，萧乾、李从弼译，人民文学出版社 1984 年版。

[英] 亨利·菲尔丁：《约瑟夫·安德鲁斯的经历》，王仲年译，新文艺出版社 1957 年版。

胡适：《胡适日记全编》，曹伯言整理，安徽教育出版社 2001 年版。

胡适：《胡适文集》，北京大学出版社 1998 年版。

[美] 华莱士·马丁：《当代叙事学》，伍晓明译，北京大学出版社 1990 年版。

黄键：《京派文学批评研究》，上海三联书店 2002 年版。

荒林、王光明：《两性对话：20 世纪中国女性与文学》，中国文联出版社 2001 年版。

火源：《智慧的张力：从哲学到风格——关于杨绛的多向度思考》，中国文联出版社 2016 年版。

洪子诚：《中国当代文学史》，北京大学出版社 1997 年版。

洪子诚：《问题与方法：中国当代文学史研究讲稿》，北京大学出版社 2010 年版。

蒋梦麟：《西潮》，天津教育出版社 2008 年版

[瑞士] J. 皮亚杰、B. 英海尔德：《儿童心理学》，吴福元译，商务

印书馆 1981 年版。

金圣华：《齐向译道行》，商务印书馆 2011 年版。

［俄］孔金、［俄］孔金娜：《巴赫金传》，张杰、万松海译，东方出版社中心 2000 年版。

［德］科卡：《社会史：理论与实践》，景德祥译，上海人民出版社 2006 年版。

［古希腊］朗吉努斯等：《论崇高》，马文婷、宫雪译，光明日报出版社 2009 年版。

李小江：《女性乌托邦》，社会科学文献出版社 2016 年版。

李银河：《女性权力的崛起》，中国社会科学出版社 1997 年版。

李劼：《枭雄与士林：二十世纪中国政治演变与文化沧桑》，香港晨钟出版社 2010 年版。

李泽厚：《中国古代思想史论》，人民出版社 1985 年版。

李建军：《文学因何而伟大》，华夏出版社 2010 年版。

李有亮：《给男人命名——20 世纪女性文学中男权批判意识的流变》，社会科学文献出版社 2005 年版。

李景端：《翻译编辑谈翻译》，湖北教育出版社 2009 年版。

（清）李渔：《李笠翁曲话》，陈多注释，湖南人民出版社 1980 年版。

梁培宽、王宗昱编：《中国近代思想家文库·梁漱溟卷》，中国人民大学出版社 2015 年版。

梁启超：《清代学术概论》，四川人民出版社 2018 年版。

梁启超：《变法通议》，华夏出版社 2002 年版。

梁启超：《中国近三百年学术史》，北京市中国书店 1985 年版。

梁实秋：《梁实秋论文学》，时报文化出版事业有限公司 1978 年版。

（清）刘熙载：《艺概注稿》，袁津琥校注，中华书局 2009 年版。

（南朝梁）刘勰：《文心雕龙注》，范文澜注，人民文学出版社 1978 年版。

刘梦溪：《中国现代学术要略》，生活·读书·新知三联书店 2018 年版。

(后晋)刘昫等撰:《旧唐书》,中华书局1975年版。

鲁迅:《鲁迅全集》,人民文学出版社2005年版。

罗银胜:《杨绛传》,北京联合出版公司2015年版。

(明)罗贯中:《三国演义》毛宗岗批评本,岳麓书社2015年版。

[美]M. H. 艾布拉姆斯:《镜与灯:浪漫主义文论及批评传统》,郦稚牛等译,北京大学出版社2015年版。

[法]孟德斯鸠:《罗马盛衰原因论》,婉玲译,商务印书馆1962年版。

孟悦、戴锦华:《浮出历史地表——现代妇女文学研究》,河南人民出版社1989年版。

倪墨炎:《真假鲁迅辨》,上海人民出版社2010年版。

[加]诺斯罗普·弗莱等:《喜剧:春天的神话》,傅正明等译,中国戏剧出版社2006年版。

彭发胜:《翻译与中国现代学术话语的形成》,浙江大学出版社2011年版。

钱锺书:《谈艺录》,商务印书馆2011年版。

钱锺书:《七缀集》,生活·读书·新知三联书店2002年版。

钱锺书:《槐聚诗存》,生活·读书·新知三联书店2007年版。

钱锺书:《钱锺书集·写在人生边上·人生边上的边上·石语》,生活·读书·新知三联书店2007年版。

钱穆:《中国文学论丛》,生活·读书·新知三联书店2002年版。

钱穆:《现代中国学术论衡》,生活·读书·新知三联书店2001年版。

任明耀:《求真斋文存》,浙江大学出版社2014年版。

(明)施耐庵:《水浒传》注评本,(清)金圣叹评,上海古籍出版社2015年版。

(唐)司空图:《二十四诗品》,罗仲鼎、蔡乃中注,浙江古籍出版社2013年版。

[英]斯图亚特·霍尔、[英]保罗·杜伊盖:《文化身份问题研究》,庞璃译,河南大学出版社2010年版。

（清）孙希旦：《礼记集解》，沈啸寰、王星贤点校，中华书局 1989 年版。

唐君毅：《中国文化精神之价值》，广西师范大学出版社 2005 年版。

[美] 维克多·巴尔诺：《人格：文化的积淀》，周晓虹等译，辽宁人民出版社 1989 年版。

汪曾祺：《汪曾祺作品集 4·生活的智慧》，湖南文艺出版社 2015 年版。

汪曾祺：《晚翠文谈》，河南文艺出版社 2017 年版。

王德威：《小说中国：晚清到当代的中文小说》，台北：麦田出版社 1993 年版。

[美] 韦努蒂：《译者的隐形：翻译史论》，张景华等译，外语教学与研究出版社 2009 年版。

[美] 威廉·A. 哈维兰：《文化人类学》，瞿铁鹏、张钰译，上海社会科学院出版社 2006 年版。

吴学昭：《听杨绛谈往事》，生活·读书·新知三联书店 2017 年版。

文学武：《多维文化视域下的京派文学研究》，东方出版中心 2013 年版。

[德] 席勒：《审美教育书简》，张玉能译，译林出版社 2009 年版。

徐复观：《徐复观文集·中国艺术精神（修订本）》，湖北人民出版社 2009 年版。

徐复观：《中国文学论集》，九州出版社 2014 年版。

许纪霖：《知识分子十论》，上海复旦出版社 2005 年版。

熊十力：《十力语要初续》，岳麓书社 2013 年版。

夏晓虹：《晚清文人妇女观》，北京大学出版社 2016 年版。

[古希腊] 亚里士多德：《诗学》，陈中梅译注，商务印书馆 2011 年版。

杨绛：《杨绛全集》，人民文学出版社 2014 年版。

杨绛：《关于小说》，生活·读书·新知三联书店 1986 年版。

于慈江：《杨绛，走在小说边上》，世界图书北京出版公司 2014 年版。

余英时：《士与中国文化》，上海人民出版社 1987 年版。

（明）袁宏道：《袁中郎随笔》，刘琦注，中华工商联合出版社 2016 年版。

[英] 约翰·凯里：《知识分子与大众：文学知识界的傲慢与偏见，1880—1939》，吴庆宏译，译林出版社 2010 年版。

[荷兰] 约翰·赫伊津哈：《游戏的人：关于文化的游戏成分的研究》，多人译，中国美术学院出版社 1996 年版。

（宋）张载：《张载集》，章锡琛点校，中华书局 1978 年版。

（清）章学诚：《文史通义》，罗炳良译注，中华书局 2012 年版。

赵静蓉：《怀旧——永恒的文化乡愁》，商务印书馆 2009 年版。

赵元任：《赵元任全集》，商务印书馆 2005 年版。

赵园：《明清之际士大夫研究》，北京大学出版社 1999 年版

周泉根、梁伟：《京派文学群落研究》，上海三联书店 2012 年版。

朱光潜：《朱光潜美学文集》卷 2，上海文艺出版社 1982 版。

（春秋）左丘明：《国语·周语下》，上海古籍出版社 1978 年版。

二 编著

北京市社会科学研究所《北京文艺年鉴》编辑部编：《北京文艺年鉴 1983》，中国展望出版社 1984 年版。

Christopher Rea, *China's Literary Cosmopolitans, Qian Zhongshu, Yang Jiang, and the World of Letters*, Boston：Brill. com, 2015.

陈谷嘉、邓洪波主编：《中国书院史资料·下册》，浙江教育出版社 1998 年版。

郭绍虞主编：《中国历代文论选·一卷本》，上海古籍出版社 2001 年版。

贺昌盛主编：《国学初萌》，浙江教育出版社 2014 年版。

何辉、方天星编：《一寸千思：忆钱锺书先生》，辽海出版社 1999 年版。

金圣华、黄国彬主编：《因难见巧　名家翻译经验谈》，中国对外翻

译出版公司 1998 年版。

李小江、朱虹、董秀玉主编：《平等与发展：性别与中国第二辑》，生活·读书·新知三联书店 1997 年版。

李晓娟编：《旧时的盛宴》，华夏出版社 2012 年版。

金利主编：《百年诺贝尔文学奖演讲精选》，东南大学出版社 2014 年版。

孔范今主编：《中国现代文学补遗书系·小说卷一》，明天出版社 1990 年版。

刘梦溪主编：《中国现代学术经典·陈寅恪卷》，河北教育出版社 2002 年版。

罗曙天编：《翻译论》，光华书局 1933 年版。

罗新璋编：《翻译论集》，商务印书馆 1984 年版。

《明文观止》编委会编：《中华传统文化观止丛书 明文观止》，学林出版社 2015 年版。

牟晓朋、范旭仑编：《记钱锺书先生》，大连出版社 1995 年版。

《南方周末》编：《新中国传奇》，二十一世纪出版社 2012 年版。

齐家莹编撰：《清华人文学科年谱》，清华大学出版社 1999 年版。

钱锺书、杨绛等：《人生边上：钱锺书 杨绛档案》，江西教育出版社 2018 年版。

田蕙兰、马光裕、陈珂玉编：《中国文学史资料全编·现代卷·钱钟书 杨绛研究资料》，知识产权出版社 2010 年版。

（明）汤显祖等原辑：《中国古代短篇小说集》，人民日报出版社 2011 年版。

王先霈、王又平主编：《文学批评辞典》，上海文艺出版社 1999 年版。

王元化译：《文学风格论》，上海译文出版社 1982 年版。

（清）王夫之等：《清诗话》，丁福保辑录，上海古籍出版社 1963 年版。

《文汇报》编辑部编：《每次醒来，你都不在》，文汇出版社 2006 年版。

伍蠡甫主编：《西方文论选》，上海译文出版社 1979 年版。

吴学昭整理：《吴宓诗话》，商务印书馆2005年版。

吴兴文主编：《牟宗三文集·才性与玄理》，吉林出版集团有限责任公司2015年版。

杨伯峻译注：《论语译注》，中华书局2006年版。

杨绛整理：《老圃遗文辑》，长江文艺出版社1993年版。

（清）姚鼐纂集：《古文辞类纂》，胡士明、李祚唐标校，上海古籍出版社2016年版。

奕昌大主编：《中外文艺家论文艺主体》，吉林大学出版社1988年版。

张贤明编著：《百年新诗代表作　现代卷》，现代出版社2017年版。

张明高、范桥编：《周作人散文》第四集，中国广播电视出版社199年版。

张京媛主编：《当代女性主义文学批评》，北京大学出版社1992年版。

赵一凡等主编：《西方文论关键词》，外语教学与研究出版社2006年版。

周绚隆主编：《杨绛：永远的女先生》，人民文学出版社2016年版。

（宋）朱熹编撰：《四书章句集注》，中华书局1983年版。

（宋）朱熹撰：《楚辞集注》，黄灵庚点校，上海古籍出版社2015年版。

（宋）朱熹、吕祖谦编订：《近思录》，山西古籍出版社2007年版。

朱斯煌主编：《国民经济史》，文海出版社有限公司印行民国二十八年版。

任钟印主编：《世界教育名著通览》，湖北教育出版社2014年版。

《中华大典》工作委员会、《中华大典》编纂委员会编：《中华大典　文学典　明清文学分典　3》，凤凰出版社2005年版。

中国翻译工作者协会《翻译通讯》编辑部编：《翻译研究论文集1894—1984》，外语教学与研究出版社1984年版。

三　学位论文

（一）博士论文

吕亚兰：《杨绛论》，北京师范大学，2014年。

Jesse L. Field, *Writing Lives in China: the Case of Yang Jiang*, the Graduate School of the University of Minnesota, June, 2012.

Liu Meizhu, *La FigurE De L'interllectuel Chez Yang Jiang*, Instiut National Des Langues Et Ciullisations Orientale Départment, 13 Décemlre, 2005.

（二）硕士论文

蔡磊：《杨绛晚近创作研究》，首都师范大学，2016年。

邓月香：《论杨绛喜剧的性别意识与悲剧意蕴》，南开大学，2011年。

韩雪：《暗香疏影无穷意——论杨绛小说、戏剧文本的女性叙事》，吉林大学，2006年。

何昆：《杨绛散文语言风格研究》，北京师范大学，2009年。

吉素芬：《残缺意识与喜剧性超越》，河南大学，2004年。

[台北]王建宇：《晚境风华——杨绛散文的美感研究》，台湾：清华大学，2015年。

魏东：《杨绛作品的语言艺术探讨》，北京师范大学，2013年。

王娟：《杨绛作品语言风格研究》，扬州大学，2017年。

苏欢：《论杨绛小说中的"悲凉意味"——重申杨绛小说的风格和文学史价值》，中山大学，2012年。

宋成艳：《"隐身衣"下的智性写作》，贵州师范大学，2009年。

吴燕：《女性意识的觉醒与女性身份的重建：中西文化双重影响下的杨绛解读》，海南大学，2011年。

吴嘉慧：《淡泊明志 宁静致远——由杨绛笔下的青年女性透视其人生姿态》，吉林大学，2007年。

夏一雪：《理性与智慧 选择与得失——杨绛简论》，山东大学，2007年。

许建忠：《杨绛散文语言艺术探讨》，暨南大学，2000年。

闫玉婷：《杨绛的智性散文》，山西师范大学，2016年。

杨靖：《站在人生边上的智性抒写——论杨绛小说〈洗澡〉》，安徽大学，2003年。

四 期刊论文

[美] 陈瑞琳：《涛声依旧：来自两个世纪的回响！——鸟瞰当代"海外新移民文学"的时空坐标》，《世界文学评论》2011年第1期。

陈家愉：《杨绛红学观点刍议》，《宁波广播电视大学学报》2017年第2期。

陈衡哲：《复古与独裁势力下妇女的立场》，《独立评论》1935年第159期。

陈跃红：《西方理论与中国传统文论的现代阐释——以比较文学的阐发研究为例》，《东方丛刊》1999年第2辑（总第二十八辑）。

陈西滢：《论翻译》，《新月》1929年第2卷第4期。

杜昆：《试论杨绛"文革"书写的身份认同》，《廊坊师范学院学报》（社会科学版）2016年第4期。

范培松、张颖：《钱钟书、杨绛散文比较论》，《文学评论》2010年第5期。

葛桂录：《论比较文学阐发研究方法的背景、实践及其特征》，《淮阴师专学报》1997年第4期。

谷海慧：《"文革"记忆与表述——"老生代"散文的一个研究视角》，《上海师范大学学报》（哲学社会科学版）2008年第1期。

关峰：《〈洗澡〉与杨绛的知识分子批判》，《渤海大学学报》（哲学社会科学版）2015年第3期。

龚小凡：《〈洗澡〉：那个时代的"说话"方式——读杨绛小说〈洗澡〉》，《小说评论》2011年第6期。

龚刚：《"中年危机"叙事的早期范本——杨绛、白先勇同名小说〈小阳春〉比较分析》，《扬子江评论》2017年第4期。

贺仲明：《智者的写作——杨绛的文化心态论》，《首都师范大学学报》（社会科学版）2001年第6期。

贺安芳、赵超群：《论风俗喜剧的形态特征》，《宁波大学学报》（人文科学版）2017年第3期。

何华：《解放的"贤妻良母论"：读陈衡哲女士的"复古与独裁势力下妇女的立场"后》，《妇女生活（上海1935）》1935年第1卷第6期。

胡河清：《杨绛论》，《当代作家评论》1993年第2期。

黄红春：《杨绛创作与京派的关系》，《社会科学》2016年第7期。

黄科安：《喜剧精神与杨绛的散文》，《文艺争鸣》1999年第2期。

洪静渊、张厚余：《阴阳变化景多姿 妙笔绘"阴"见深思——读杨季康的散文〈阴〉》，《名作欣赏》1983年第6期。

金其斌：《音译译名再探——从余光中、杨绛到当代汉学家》，《东方翻译》2016年第6期。

蓝棣之：《对于人生的讽刺和感伤——钱钟书〈围城〉症候分析》，《贵州社会科学》1999年第3期。

李咏吟：《存在的勇气：杨绛与宗璞的散文精神》，《当代作家评论》1993年第6期。

李钦业：《丁玲的〈"牛棚"小品〉与杨绛的〈干校六记〉》，《汉中师院学报》（哲学社会科学版）1989年第4期。

李江峰：《余杰的疏误》，《书屋》2000年第9期。

李兆忠：《疏通了中断多年的中国传统文脉——重读〈干校六记〉》，《当代文坛》2009年第5期。

李俏梅：《力不从心的"老人小说"——从杨绛的〈洗澡之后〉谈起》，《现代语文》（学术综合版）2016年第8期。

李书磊、张欣：《〈洗澡〉的"冷"与"雅"》，《文学自由谈》1990年第1期。

梁启超：《翻译事业之研究：中国古代之翻译事业（翻译文学与佛典）》，《改造（上海1919）》1921年第11期。

林筱芳：《人在边缘——杨绛创作论》，《文学评论》1995年第5期。

刘思谦：《反命名和戏谑式命名——杨绛散文的反讽修辞》，《郑州大学学报》（哲学社会科学版）2002年第2期。

刘象愚：《比较文学方法论探讨》，《北京师范大学学报》1986年第

4 期。

黎秀娥：《对话杨绛（一）——散文中的诗意还乡》，《关东学刊》 2017 年第 1 期。

罗维扬：《纯净精致的美文——杨绛早期散文四篇赏析》，《名作欣赏》2000 年第 4 期。

吕东亮：《干校文学的双璧——〈干校六记〉和〈云梦断忆〉的回忆诗学与文化政治》，《江汉论坛》2012 年第 2 期。

敏泽：《〈干校六记〉读后》，《读书》1981 年第 9 期。

牛运清：《杨绛的散文艺术》，《文史哲》2004 年第 4 期。

萍水：《贤妻良母》，《南开大学周刊》1931 年第 102 期。

施蛰存：《施蛰存说杨绛小说〈洗澡〉》，《名作欣赏》2004 年第 6 期。

孙绍振、孙彦君：《隐性抒情意脉和叙述风格——读杨绛〈老王〉》，《语文建设》2012 年第 17 期。

孙歌：《读〈洗澡〉》，《文学评论》1990 年第 3 期。

童庆炳：《新理性精神与文化诗学》，《东南学术》2002 年第 2 期。

王彩萍：《杨绛：情感含蓄与大家气象——儒家美学对当代作家影响的个案研究》，《学术探索》2008 年第 1 期。

王向远：《"阐发研究"及"中国学派"：文字虚构与理论泡沫》，《中国比较文学》2002 年第 1 期。

王以铸：《论诗之不可译》，《编译参考》1981 年第 1 期。

王以铸：《论神韵》，《翻译通报》1951 年第 3 卷第 5 期。

王富仁：《他摸到了学院学者文学家的脉搏——读于慈江〈杨绛，走在小说边上〉》，《博览群书》2015 年第 1 期。

吴方：《小窗一夜听秋雨——重读〈干校六记〉》，《当代作家评论》1991 年第 2 期。

吴学峰：《论杨绛小说中的男性形象》，《中北大学学报》（社会科学版）2014 年第 1 期。

吴琪：《杨绛的翻译观对科技翻译的启示》，《中国科技翻译》2016 年第 4 期。

许江：《福尔摩斯与奥斯丁——重读杨绛的小说》，《文学评论》2015年第3期。

徐岱：《大智慧与小文本：论杨绛的小说艺术》，《文艺理论研究》2002年第1期。

杨联芬：《现代性与中国现代文学的反思》，《西南师范大学学报》（人文社会科学版）2004年第2期。

杨绛：《答宗璞〈不得不说的话〉》，《文学自由谈》1998年第5期。

杨绛：《杨绛致李景端的信（摘录）》，《出版史料》2004年第2期。

杨绛：《斐尔丁在小说方面的理论和实践》，《文学研究》1957年第2期。

杨绛、[法]刘梅竹：《杨绛先生与刘梅竹的通信两封》，《中国文学研究》2006年第1期。

余承法：《文学世界主义研究的最新力作——〈中国的文学世界主义者：钱锺书、杨绛和文学世界〉述评》，《当代作家评论》2016年第2期。

余杰：《知、行、游的智性显示——重读杨绛》，《当代文坛》1995年第5期。

张晓东：《"缘情"与"反讽"：重评〈干校六记〉》，《青岛海洋大学学报》（社会科学版）1994年第1期。

张立新：《流落民间的"贵族"：论杨绛新时期创作的民间立场》，《当代作家评论》2007年第6期。

张瑷：《温暖而美丽的生命之火——〈我们仨〉的思情价值》，《荆门职业技术学院学报》2006年第4期。

周宝东：《杨绛与〈红楼梦〉》，《红楼梦学刊》2017年第2期。

张晓风：《杨绛和法塔》，《明月报刊》2016年第7期。

朱光潜：《编辑后记》，《文学杂志》1937年创刊号。

朱光潜：《谈翻译》，《华声》1944年第1卷第4期。

朱凌：《爱情从张扬到落寂——论杨绛对"五四"知识女性"爱情神话"的颠覆》，《哈尔滨学院学报》2008年第2期。

朱瑞芬：《钱钟书杨绛眷属语象论》，《铁道师院学报》1996年第3期。

朱虹：《读〈春泥集〉有感》，《读书杂志》1980年第3期。

庄浩然：《论杨绛喜剧的外来影响和民族风格》，《福建师范大学学报》（哲学社会科学版）1986年第1期。

邹世奇：《杨绛〈洗澡〉人物三角关系析论——从〈红楼梦〉的角度》，《扬子江评论》2016年第3期。

邹建军、王金黄：《文本决定论：对比较文学中国学派"双向阐发"的反思》，《学习与实践》2017年第11期。

五 报纸论文

林纾：《〈译林〉序》，《清议报》1900年第69期。

沈毓桂：《论西学为当务之急》，《万国公报》1891年第19期。

陶东风：《戏中人看戏——从杨绛〈干校六记〉说到中国革命的文学书写》，《中华读书报》2016年6月。

武丛伟：《从〈洗澡〉到〈洗澡之后〉》，《中华读书报》2015年2月25日第024版。

后　　记

按照惯例，一部博士论文完成之后，我们都需要对自己过去的工作和生活做一个总结，回顾自己学生生涯的悲欢，感谢父母老师、朋友爱人，以表示自己这段岁月的艰辛确实如论文般厚重，而成功尤其不易。这也是我撰写博士论文期间的预期。然而事实是，在经历了长期熬夜状态，终于可以落下最后一笔的时候，我只有如下感觉：内心毫无波动，且不想勉强自己进入一个自我感动的状态写致谢。

从成长经历看，不管是与年纪轻轻就在学术界有了一席之地的弄潮儿相比，还是与一步一个脚印靠自己努力的寒门学子相比，我的人生可以说得上乏善可陈。

作为一个没有什么故事的女同学，有时夜深人静，我也会有很多假设：假如从高中开始，我没有选择文科，按照自己小时候的兴趣选理科然后去大学里面念生物，我的生活会和现在不一样吗？又或者，大学毕业的时候，我没有选择考研，而是选择直接工作，我能够如自己所想，坚持不懈地写作，然后成为一个自己梦想中的作家吗？想象总是美好的，它能使人的精神得到暂时的放逸。但那些没有走过的路，很多时候不是用来被选择的，而是用来被叹息的。而且根本的问题是，当我做出这些假想的时候，究竟是在为了一种可能的生活而激动，还是不过因为没有成为世俗标准的"成功者"而不甘？

每当这个时候，我都会想起中学时代和同学散步的那个傍晚。

那时我高二，已经进入了完全杜绝课外读物，为了成绩每天疯狂刷题的状态。那一天是高考前夕，住在教学楼最高层的高三年级孩子们跑出来兴奋地高声叫嚷，只因为有人用打火机点燃了一张作业纸，并把它抛下楼。围观了一场疯狂的演出，以至于那天我的心情前所未有地压抑。晚饭后，我拉着同学去了学校足球场遛弯。在一圈又一圈的沉默中，我忍不住问她："你觉得我们活着有意义吗？"同学微讶地看着我，想了想说："我不知道，也许……我觉得好像是没有的。"12年过去了，我基本和中学时代的同学断联，但我衷心希望那个同学在后来的岁月里面对很多事情时依然可以保留心中一丝丝茫然和犹豫，而不是成为一个对己、对事毫无怀疑的"优秀"人才。

毕竟，唯一的正确是一件多么可怕的事情。在17岁我面临人生意义的困惑，终于因长期的阅读生活而把文学当作自己生命中最大信仰后，我不得不一次又一次处理世界观崩塌的问题。文学语言，太容易把人带入虚幻的感动之中。对于阅历不够、智慧不足的孩子来说，作家的创造很容易使我们相信，文学的美与善可疗救人心，使天下大同。但什么是天下大同呢？大学四年我见过了对古代经典极度追捧的老师和同学，他们把阅读中国传统典籍视为唯一真理。那些老师和同学们后来有没有因为这唯一真理成为真正的智者，我不得而知。我只记得大约大学毕业一年后，一位同学在他公开的网络日记中赞赏自己的一个学生对经典的尊崇。他说自己所教的班级有一个小姑娘很珍惜海伦·凯勒的传记，班上的一个小男孩从这个小女孩那里拿过那本书，态度很随意地翻看。女孩子恶狠狠地从男孩儿手中抢过书，斥责道："这是经典！"在这位同学公开的日记底下，一群人赞赏着女孩子小小年纪就知道崇敬经典，都是老师教得好云云。对此我无话可说，甚至让我更加怀疑文学是否真的可以疗救人心。因为在现实生活中，大多数人看起来并不需要它，而很多文学狂热爱好者，他们的终极目的似乎只是为了显示自己的与众不同，或者使别人与他们相同。

20岁出头的时候，我抱着这样的疑问向硕士导师吴子林感叹，文学现在变得十分边缘，是否还能拯救人心？那时的我无比期望从吴老师口中得到一个肯定的答案。我希望老师告诉我文学是有意义的，这样我就可以依然坚定地走下去。然而，老师的回答是文学本来就是边缘的。我试图向老师坦诚，如果我接受的是文学是边缘且不能拯救人心的现实，便很难对它保持长久的激情。吴老师对我的想法很疑惑，他不解我为什么会考上研究生之后反而失去激情。我对吴老师的想法同样疑惑，我不解为什么他能够在承认一件事情没有现实意义的时候依然对此保持激情。

刚考入社科院的时候，不得不说我内心其实是失望的。研究生院地处京城边缘地带，少有活动，同学们交流的唯一地点除了教室就是食堂，其他时间见不着人影，与大学时代一群人聚在一起为了同一件事情奋斗的生活大相径庭。老师们也不会像大学一样系统地给学生上课，大家都在各自忙着各自的事情。这样的研究生院与我心目中的学术圣地相去甚远，使我在心中困惑尚未得到解答时变得更加茫然，直到吴老师把我带进了他和安琪师母的日常生活。

安琪师母是著名的诗人。因为师母的这层身份，吴老师经常被文学所的其他老师戏称为"诗人家属"。诗人家属同样爱写诗，写完之后喜欢把自己的作品给学生们看，从学生这里得到赞扬时，便会乐不可支。对待自己的学术同样如此。每次吴老师写完论文，都要发给几个弟子，要我们提一点意见。如果能够提出真问题，老师会高兴得眉飞色舞；即便不能，老师也会循循善诱，告诉我们怎么去发现问题。安琪师母对待自己的作品甚至不需要依靠他人的评价。每次在吴老师家，如果安琪师母那一天碰巧写了满意的诗歌，或者画出满意的画作，都会迫不及待地向大家展示自己的成果，开开心心地表扬自己写（画）得真好。老师和师母的自得其乐，让我很多时候觉得他们像两个大孩子。而这样的天真，让我羞愧于自己对所谓意义的执着，那不过是急功近利的另一种心理形态而已。

与吴老师不同，我的博士导师李建军内敛而谨严，跟他的批评风格看起来风马牛不相及。在与李老师第一次见面之前，我总觉得写起文章来嬉笑怒骂的老师在生活中定然话多。没想到第一次师生见面差点冷场。我在社交上一向被动，从来不是话题发起者，而李老师在花了十几分钟说完三年博士生活需要读哪些书之后，突然安静下来。老师和学生坐在当代文学研究室的沙发上大眼瞪小眼，各自手足无措，让第一次会面在尴尬中潦草收场，后来每每想起此情此景，总觉得十分有趣。所谓"立身先须谨重，文章且须放荡"，这话放在老师身上，倒颇有些恰如其分的意思。和李老师的相处，很有些传统师门的意味。李老师话少，往往能在关键处对学生进行点拨。他对学生有时言语上严厉，行动上却总有慈蔼处。学生在生活工作上如有困难，很少能得到李老师口头上的安慰，但一定能得到他实际的帮助。但也因为这务实而深沉的风格，李老师在学习上的指导意见，很多时候需要经过时间上的历练才能懂得。

　　记得确定博士论文选题之前，我对作家研究有些排斥，觉得有价值的当代文学研究，应该是现象研究而非个案研究。然而李老师还是坚持建议我做杨绛研究，并告诉我他认为"杨绛比钱锺书的文化价值更深远"。一开始我对此不以为然，就跟我很长一段时间都不能理解他为何激赏路遥这类作家一样，何况随着文献阅读的深入，我发现钱杨的婚姻生活并不如人们所赞的那般耀眼。人大约都是喜欢树立偶像的，而偶像一旦出现瑕疵，要么就是偶像破碎，要么就是追随者精神破碎。那时我常常疑惑李老师对路遥、陈忠实等作家的关注是否也是在树立偶像。但这些疑问始终没有向老师提出。等到自己经历生活中更为复杂的人际关系，对学术圈内的事情有了更切实的了解之后，才终于明白为什么一个批评家需要有自己牢固的文学趣味及立场。因为文学不仅是有关自己内心的事情，它同时还是有关人类生活的事情。真正的作家和知识分子，他们未必是人类历史上的道德楷模，却一定是人类历史上最坚韧、最勇敢的那一群。知易行难，而知行合一最难。

　　那么学术研究又何为呢？在今天我依然没有确切答案，但博士三年中有两件事情让我记忆犹新。其一是某学期初当代文学研究室师生聚餐。李老师与老教师们聊社会形势，年轻老师们聊个人生活，声音不同，却不吵闹。其二是某日在食堂与同学一起吃饭。其间我与金灿兄就文学研究是否该介入现实的问题争得面红耳赤，一旁历史系的来虎兄悠悠一句，"你们为啥老要纠结意义不意义的问题，要我看，每天读读书吃吃饭就挺好的"。众人遂拊掌大笑而归。

如今毕业将近两年，处于人生的十字路口，面对这步履匆匆的世界，有时抬头四顾，竟有不知今夕何夕之感。想来，人类千百万年也并没有多少新鲜事可言，衣食住行、繁衍生息，最终归宿也不过一埋骨之地而已。他们并不需要我做什么，而我如今也不能确定自己还可以做什么。但路途漫漫，倘若将来我不至于堕落下去，那么一定是社科院这六年珍贵的时光还在照亮我前行。

陈浩文

2020 年 7 月 12 日于北京

中国社会科学院大学优秀博士学位论文出版资助项目书目

- 元代刑部研究
- 杨绛的人格与风格
- 与时俱化：庄子时间观研究
- 广告法上的民事责任
- 葛颇彝语形态句法研究
  越南海洋战略与中越海洋合作研究